Research on China's Overcapacity under the Supply-side Structural Reform
——From the Perspective of Government Governance

陈俊龙 初钊鹏 等\著

供给侧结构性改革下中国产能过剩问题研究

——基于政府治理的视角

中国财经出版传媒集团
中国财政经济出版社

图书在版编目（CIP）数据

供给侧结构性改革下中国产能过剩问题研究：基于政府治理的视角／陈俊龙等著． ——北京：中国财政经济出版社，2019.12

ISBN 978－7－5095－9317－2

Ⅰ.①供… Ⅱ.①陈… Ⅲ.①生产过剩－行政干预－研究－中国 Ⅳ.①F124

中国版本图书馆 CIP 数据核字（2019）第 233132 号

责任编辑：彭　波　　　　　责任印制：党　辉
封面设计：卜建辰　　　　　责任校对：胡永立

中国财政经济出版社 出版

URL：http://www.cfeph.cn

E－mail：cfeph@cfeph.cn

（版权所有　翻印必究）

社址：北京市海淀区阜成路甲 28 号　邮政编码：100142
营销中心电话：88190406　北京财经书店电话：64033436　84041336
北京财经印刷厂印刷　各地新华书店经销
710×1000 毫米　16 开　18 印张　237 000 字
2019 年 12 月第 1 版　2019 年 12 月北京第 1 次印刷
定价：68.00 元
ISBN 978－7－5095－9317－2
（图书出现印装问题，本社负责调换）
本社质量投诉电话：010－88190744
打击盗版举报热线：010－88190492、QQ：634579818

目　　录

第1章　绪论 …………………………………………………… 1

　1.1　选题的背景与意义 ………………………………………… 3

　1.2　国内外研究现状 …………………………………………… 5

　1.3　主要研究内容 ……………………………………………… 14

　1.4　研究方法 …………………………………………………… 15

第2章　中国产能过剩与政府治理现状 ……………………… 17

　2.1　中国产能过剩概况及其危害 ……………………………… 19

　2.2　中国产能过剩的测度 ……………………………………… 20

　2.3　中国产能过剩政府治理的现状 …………………………… 30

　2.4　案例分析——以河北省为例 ……………………………… 35

第3章　基于寡头垄断模型的政府因素对产能过剩影响的理论分析 …………………………………………………… 53

　3.1　研究方法——双寡头垄断分析 …………………………… 55

　3.2　交叉所有权、产能过剩与政府管制 ……………………… 56

　3.3　产品差异化、政府管制与产能过剩 ……………………… 64

　3.4　产品差异化、软预算约束与产能过剩 …………………… 82

3.5 政府补贴、管制与公共产品产能过剩
——以教育产品为例 …………………………… 96
3.6 国有企业、分类改革与产能过剩 …………………… 110
3.7 市场不确定性、政府规制与产能过剩分析 ………… 123
3.8 员工工资、政府管制与产能过剩 …………………… 133
3.9 国有股比例与产能过剩 ……………………………… 147

第4章 政府因素与中国产能过剩的实证分析 …………… 149

4.1 政府行为与产能过剩——基于2006～2016年工业
行业面板数据的实证研究 …………………………… 151
4.2 案例研究——以光伏产业为例 ……………………… 158

第5章 产能过剩治理过程中的员工权益保障分析 ……… 175

5.1 问题的提出 …………………………………………… 177
5.2 去产能过程中员工权益保障现状及面临的困境 …… 178
5.3 对去产能过程中员工权益保障的行为法经济学
分析 …………………………………………………… 186

第6章 治理产能过剩的新思路——产能共享与
国际产能合作 ………………………………………… 199

6.1 基于IAD框架的产能共享治理 ……………………… 201
6.2 "一带一路"倡议下的国际产能合作 ……………… 211

第7章 供给侧结构性改革下政府治理产能过剩的对策 …… 229

7.1 充分发挥市场的决定性作用 ………………………… 231
7.2 转变发挥好政府职能,严格预算约束 ……………… 234
7.3 优化政府的产业政策 ………………………………… 238

7.4 以国有企业改革推进去产能 …………………… 240
7.5 积极推进国际产能合作 …………………… 241
7.6 积极推进产能共享 …………………… 245

参考文献 …………………… 248
后记 …………………… 282

供给侧结构性改革下
中国产能过剩
问题研究
Chapter 1

第1章 绪 论

第 1 章 绪 论

1.1 选题的背景与意义

党的十九大报告指出要深化供给侧结构性改革,而去产能是供给侧结构性改革的重中之重。中国经济进入新常态以来,面临着严峻的产能过剩难题,严重制约了社会经济的转型。以钢铁行业为例,我国钢铁行业的产能过剩情况十分严重,钢铁产能供给情况远远高于市场对钢铁的需求数量,造成的过剩钢铁高达 1.2 亿吨,过剩供给导致企业利润大幅减少;除钢铁生产总量过剩之外,钢铁产品质量分化情况也十分严重,低端产品生产过剩,而高端产品的研发与创新能力却明显不足,出现了粗钢产能远高于精钢产能,高端产品产能不足、低端产品产能过剩的不均衡现象;大量堆积的库存难以处理,进一步降低了钢铁行业的产能利用效率,钢铁行业严重的产能过剩现象直接导致了全国各大中型钢铁价格不断被压低,企业几乎全部承担着亏损的压力,企业库存积压严重,产能过剩已严重影响了钢铁行业的健康发展。除钢铁行业之外,我国水泥、玻璃、电解铝和煤炭等行业内也同样存在着相似的产能过剩情况,企业生产运营困难,随时面临着破产的风险。从短期来看,产能过剩影响企业正常的生产与经营,但是从长期来看,严重的产能过剩必然会阻碍整个行业的正常发展。

2015 年 11 月 10 日,中央财经领导小组第十一次会议上首次提出供给侧结构性改革的概念,并指明"在适度扩大总需求的同时,着力加强供给侧结构性改革,着力提高供给体系质量和效率,增强经济持续增长动力,推动中国社会生产力水平实现整体跃升"。2016 年 1 月 27 日,中央财经领导小组第十二次会议提出要去产能、去杠杆、去库存、降成本、补短板,即"三去一降一补",从生产领域加强优质供给,减少无效供给,扩大有效供给。中央经济工作会议更是把"去产能"任务列为供给侧结构性改革五大任务之首,提出"去产能"是供给侧结构性改革任务的重中之重,只有解决好产能过剩的问题,才能进一步推进行业结构的优化升级。近几年经过政府和企业的共同努力,"去产能"工作不断深入推进,目前全国去产能工作进展顺利,钢铁、煤炭行业的去产能工作取得显著成效。2016年,各地区和企业的去产能成效明显,化解钢铁产能逾6500万吨、煤炭产能超过2.9亿吨,超额完成该年度"去产能"目标。在这个过程中,政府规制扮演着十分重要的角色,包括河北省在内的很多地区去产能任务采取了下指标的方式。由此可见,在中国特殊的政企关系和市场经济体制下,政府可以通过直接的行政手段和间接的市场手段来影响企业的产能决策,甚至可以直接左右企业的产能决策,使其决策符合政府的政策目标。尽管如此,我国各行业中依然存有过剩产能,产能过剩问题并未从根源上得以解决。2018年12月21日闭幕的中央经济工作会议强调了深化供给侧结构性改革要在"巩固、增强、提升、畅通"八个字上下功夫,其中明确提出要巩固"三去一降一补"成果,推动更多产能过剩行业加快出清。面对我国现阶段各行业中仍普遍存在的产能过剩现状,深化推进"去产能"工作仍然是实现供给侧结构性改革的重点之一。

关于产能过剩形成的原因及治理思路,一部分学者将其归因为政府不当干预所致,而另一部分学者则认为是经济周期的表现。对于中国而言,事实证明政府在产能过剩形成和治理中扮演着极其重要的角色。政府行为对产能过剩的形成有何作用,政府在去产能过程中应当扮演什么角色,目前严厉的产能规制政策是否能起到有效的化解作用,这些问题都是治理产能过剩所无法回避的,需要以此为切入点深入揭示过剩产能的形成根源,提出切实可行的治理对策。

基于此,本书拟将各类政府因素置于同一个理论研究框架,在不同情景下从理论和实证两个层面探索政府行为对产能过剩形成的作用机理,并探索科学的去产能策略。这有助于丰富关于产能过剩形成及治理的研究,推进去产能改革的有序推进。在这个过程中,探索符合国情及不同行业特点的国有股最优比例，有助于深化混合所有制经济发展理论；揭示软预算约束与产能过剩之间的内在关系，探索适度的软预算约束水平，有助于深化软预算约束理论，更为全面深入地认识软预算约束的双重作用，处理好政府和企业在产能选择上的关系，遏制恶性软预算约束，实施适度软预算约束，实现政企关系正常化，推进去产能改革。

1.2 国内外研究现状

产能过剩作为市场经济的常见现象，具有鲜明的中国式特点，一直以来都是国内学者关注的热点和难点。国外学者在该问题上的理论和实证研究亦十分丰富，对国内研究提供了很好的借鉴性思路和工具方法。已有研究主要集中在产能过剩的内涵、测度、形成根源及治理策略等四个层面，文献十分丰富，具有很高的理论及实践价值，对当前去产能改革具有较强的理论及现实意义。

1.2.1 产能过剩的内涵

关于产能过剩的内涵，学者们主要是从企业、行业及宏观经济三个层面去诠释。从企业层面来看，Chamberlin（1993）等一批学者认为产能过剩是企业的实际产出没有达到其产能水平，造成企业平均成本高，设备利用率低。从行业层面看，以林毅夫等（2010）为代表的一部分学者认为产能过剩是行业内的产出低于其产能水平所造成的资源限制。从宏观层面来看，刘航、孙早（2014）等一批学者认为产能过剩是指社会产出水平没有达到预期，出现产能富裕，造成生产要素闲置等。虽然切入视角不同，但学者们普遍认为产能过剩是资源配置扭曲所导致的资源浪费，对经济效率有负面影响。从整体来看，学术界关于产能过剩尚无一个统一观点，学者们对于某一具体情境中是否存在产能过剩存在争议。我们通常理解的产能为生产能力，反映了产品生产的供给水平，而产能过剩是产品生产过程中供给与需求不均衡的一种状态，社会上通常将"供过于求"作为产能过剩的评判标准，但实际上产能过剩并不是一种简单的"供过于求"的现象，而是总供给不正常地大于总需求的情况，总供给在合理的范围内大于总需要是市场机制作用的正常现象，但是总供给与总需要的差值一旦超出了正常合理的过剩范围，那么总供给与总需求之间的失衡就会影响整个社会经济活动的均衡，会对社会经济发展造成危害，甚至制约国民经济的发展（王岳平，2006）。

对于产能过剩情况的判断，国际上通常选取产能利用率作为产能过剩的衡量指标。产能利用率是生产的实际产出与设计生产能力之间的比值，设计产能指经济主体在生产过程中可实现的最大可能产量，因此产能利用率反映了实际生产产量占最大可能产量的比重，是反映生产能力利用程度的指标，能够衡量经济主体对生产资源的利用效率，因此学术界普遍通过产能利用率来判断行业是否存在产能过剩。产能利用率越高说明经济活动的实际产出越接近可能的最大产出水平，对资源要素的利用也更加充分，此时产能过剩现象不明显；相反，当产能利用率较低时，说明实际产出无法达到经济活动的设计产出，此时生产过程中的资源并没有得到充分利用，因而产能利用效率低下，便会呈现出产能过剩的现象。在一般正常的生产中产能利用率处于合理的范围之内，当产能利用率一旦突破正常范围时，则有出现产能过剩的风险。

1.2.2 产能过剩的测度

学术界一般采用产能利用率指标来衡量产能过剩。钟春平和潘黎（2014）的研究指出，"产能过剩"在很多时候都存在着似是而非的争议，且在国际层面和学术研究层面，产能利用率通常比"产能过剩"显得更为科学和客观。通过对近年来中国若干产业产能利用率的测度，学者们普遍认为中国很多地区和行业存在严重的产能过剩问题。Pan 等（2017）依据 2012 年和 2013 年的历史数据和模型分析结果，认为中国炼油业的产能过剩已经非常严重。其设计思想和方法可用于其他能源产业分析。Shen 和 Chen（2017）分析了 2011~2013 年的产能过剩问题和"僵尸企业"现象，发现产能过剩问题在西部和东北地区，以及重化工企业和国有企业中尤为严重。对于具体的测度方法，经过长期发展，目前常见的方法主要有生产函数法、峰值法、随机前沿法、数据包络分析法和成本函数法，这些方法各有优缺点，并各自具有不同的适用范围（贺京同和何蕾，2016）。

峰值法是早期的一种产能利用率计算方法，最早由 Klein（1973）提出，峰值法的核心思想是以一段时间内的产出峰值为基准，在此基础上推演其他时刻的产能利用率。峰值法通过对一段时间内的产能利用率进行统计，认定某一时间达到峰值产出时的产能利用率为 100%，在此峰值基础上推算出其他时刻的产能利用率。峰值法测算产能利用率较为简单，因此该方法也被学者广为采用，沈利生（1999）、沈坤荣等（2012）均通过峰值法测算了我国不同时期各行业的产能利用率，Lin 等（2017）运用峰值法计算电力行业产能利用率，发现我国电力能源领域存在一定程度的产能过剩。通过峰值法来测算产能利用率具有一定的优点，例如，峰值法的计算操作比较简单，计算时对于数据要求较低，可操作性很强，因此被学者广泛运用。但同时峰值法也存在明显的缺陷，峰值法测算产能利用率在计算操作中具有较强的主观性质，在峰值的选择上可能存在较大的误差，计算操作方法缺乏经济学的理论支撑，峰值法的基本假设较为简单，认为产能利用率的变化只受到技术水平因素的影响，计算过程中不考虑资本投入以及规模经济等其他因素，因此峰值法更适用于简单的单一投入、单一产出的生产情况，不具有普遍代表性。

协整法测算产能利用率是由 Shaiokh 和 Moudud（2004）最先提出并使用计算的，虽然协整法提出较晚，但是近年来在学术界被广泛使用。协整法测度产能利用率的核心思想认为经济活动的生产产出与固定资本投入之间存在着协整关系，而这种协整关系可以被理解为一种较为稳定的长期趋势，生产过程中的实际产出会围绕着固定投入的长期趋势进行波动。因此通过协整法的思想认为生产长期的平均产出即资本投入的最优产出，并认为此时最优产出情况下产能利用率为100%，测算得出的产能利用率低于100%时为产能过剩，高于100%时为产能不足，这与国际上产能过剩的判断标准略有不同。马轶群（2017）通过协整法测算了我国制造业行业的产能利用率，并从技术进步和政府干预等角度解释了我国制造业行业出现产能过剩的原因；马军和窦超（2017）也通过协整法测算出我国钢铁行业的产能利用率并发现我国钢铁行业的产能过剩亟待解决。相比于峰值法，协整法具备一定的经济学理论基础，同时协整法对数据的要求也较低，在测算的过程中只需要产出水平和固定资产投入的数据，另外，协整法的计算操作难度不大，不需要烦琐的生产函数计算，只需要证明生产的产出水平与固定资本投入之间存在协整关系，因此协整法可以测算多个领域的产能利用率，应用范围广，可操作性强。但是，协整法同样存在一定的缺陷，协整法的计算过程过分强调固定资本投入对产出的长期影响，而忽略了生产过程中其他因素对产出水平的约束，因此具有一定的局限性。

成本函数法是以微观经济学理论为基础的产能利用率测算方法，成本函数法基于企业追求利润最大化的假设，认为在进行生产过程中利润最大时所获得的产出水平即最优产出水平。成本函数法认为在长期，企业会通过调整要素投入，以最少的成本获取最大的利润，而在短期内，由于企业无法及时调整要素投入，因此实际产出与最优产出水平之间具有一定的差异。Garofalo 和 Malhotra（1997）利用成本函数法对美国各州制造业的产能利用率进行测度，韩国高等（2011）

通过成本函数法测算了我国28个制造行业的产能利用水平，Shen 和 Chen（2017）运用成本函数法分析了2011～2013年中国"僵尸企业"现象，发现产能过剩问题在重化工企业和国有企业中更为明显。成本函数法测算产能利用率最大的优点在于成本函数法具有严谨的微观经济学理论支撑，并且在计算过程中充分考虑了多种要素对于产出水平的影响，因此得出的产能利用率更为准确。但是，成本函数法也有一定的缺陷，由于成本函数法具有严谨的理论依据，因此其计算的过程十分复杂，计算时对数据的精确度要求比较苛刻，计算过程中产生的误差会大大降低产能利用率结果的准确度，进而加大了成本函数法测算的难度，因此在学术研究中利用成本函数法进行产能利用率计算并不是十分普遍。

生产函数法是目前被广泛采用的产能利用率计算方法之一，由 Klein 和 Preston（1967）提出，通过对既定生产函数的参数进行估计，进而确定出不同资本投入、技术水平条件下生产的最优产出水平。余东华（2015）以我国光伏产业为例，通过生产函数法研究了政府不当干预对新兴行业产能过剩的影响。生产函数法具有以下优点：首先，生产函数法具有完整严谨的经济学理论基础，每个参数均具有经济学含义；其次，生产函数法综合考虑了技术水平、要素投入及经济结构等多种影响因素，计算得到的结果有一定的经济解释和经济预测意义；最后，与成本函数法相比，生产函数法对数据要求较低，计算操作过程难度也较低，因此生产函数法应用领域更为广泛。但是生产函数法同样具有一定的缺陷：生产函数法在设定生产函数形式通常选取柯布－道格拉斯生产函数（C－D 生产函数），而该函数形式是经验数据推导得到的结果，因此该函数在实际应用过程中同样具有一定局限性。

数据包络法（DEA 方法）是利用数学、运筹学及管理学知识对多投入、多产出决策进行数学规划的方法，数据包络法通过判断生产可能性边界是否在生产前沿上，进而确定生产产出水平。Kirkley

（2002）利用数据包络分析法和随机生产前沿方法计算了美国渔业的产能利用率；董敏杰等（2015）也利用数据包络法测算了我国工业行业的产能利用率；张少华和蒋伟杰（2017）利用数据包络法测算了我国各省工业行业的静态和动态产能利用率，最终通过比较发现产能过剩现象更多地出现在国有企业、重工业行业、东北地区企业中。数据包络法不仅适用于单一投入产出的生产模型，并且可以应用于多投入、多产出的模型测算中，同时数据包络法不需要设定特定的模型假设和函数形式，可以通过实际数据推导测算出最优的生产产能，因此数据包络法更具有客观性。但是，由于数据包络法测算过程中不考虑数据、计量等因素引起的随机误差，该方法将会把所有的边界偏离均归于生产的低效率，因而造成数据的不准确。

综上所述，本书拟采用协整法和生产函数法两种方法来对中国产能过剩程度进行测度。

1.2.3　产能过剩形成的根源

产能过剩形成的根源是学者们研究的重点，也是争论最多的问题。学者们从多个不同的角度对该问题进行了解释，既有理论研究，亦有实证分析，较为有效地揭示了产能过剩产生的根源。目前学术界对产能过剩产生根源主要有两类观点：一类观点主要从政府干预的视角去剖析产能过剩，认为是政府过度干预诱导了产能过剩的出现；另一类观点从市场机制的角度来解释产能过剩的形成，认为市场机制的失灵是导致产能过剩的重要原因。

由于在现实中不存在完全竞争的市场环境，市场经济体制在资源分配时往往会存在无法避免的缺陷，因此政府部门有必要发挥"看得见的手"的职能，对经济活动进行一定程度的管理与干预。恰当的政府干预有利于促进社会资源的合理分配，而不当的政府干预反而会造成社会福利的损失，政府干预行为体现在政府购买、政府投资和政府补贴等方面。多数学者认为产能过剩是由政府不合理的行政干预导致的，这些行为突出表现在软预算约束、国有产权和政府不合理的产业政策，而这些行为之间存在相互作用，共同对产能过剩造成影响。大量学者从不同的政府行为视角对产能过剩进行了诠释，对这种"政府失灵"的剖析不断深化。周瑞辉和廖涵（2014）的研究表明，所有制异质下的国企高管和官员都追求产值最大化，导致投资过度和产能过剩；私有企业的产能过剩源于政府补贴带来的软预算约束。王文甫等（2014）从财政视角研究认为是政府的不当干预导致了产能过剩，由于地方政府盲目追求 GDP 和税收的增长，因此地方政府有鼓励本地企业扩大生产的偏好与倾向，为了更好地实现高 GDP、高税收的政策目标，政府部门往往通过加大政府购买与政府补贴的方式使当地企业投资增加、规模扩大，进而扩增企业产能，但是政府过度的鼓励性政策使企业忽视了原有的生产模式，开始盲目生产，片面的投资和过度的生产并不利于企业产能利用效率的提高，只会造成和加剧产能过剩。干春晖等（2015）发现地方官员的任期时间与当地产能过剩情况之间同样存在一定的联系，政府官员往往会在晋升的关键时期追求更高的经济效益和经济成果来获得个人晋升机会，因此政府方面会提供土地、融资等优惠政策来刺激企业扩大生产、推动当地经济增长，政府的优惠政策降低了企业对资源获取的难度，企业生产可利用的要素资源增加、生产成本降低，生产投资规模扩大，大规模、大批量的生产最终导致产能利用效率低下，出现产能过剩的情况。贺京同和何蕾（2016）分析了国有企业国有股比例以及信贷扭曲对于产能过剩的影响，研究结果表明，国有企业扩张规模的内在动力以及政府的软预算约束是国有企业成为产能过剩"重灾区"的主要原因。程俊杰（2016）认为，政府的产业政策给有限理性的企业以错误市场信号和一定的政策扶持，使大量企业都纷纷涌入政府支持发展的行业，是"体制性产能过剩"的主要原因。罗弘毅（2017）分别从财政补贴、资源补助和金融支持三个方面分析政府行为，同样得出过度的政府干预会诱发行业出现产能过剩现象的结论。政府不同形式的补贴政策是造成产能过剩的重要因素,政府补贴的力度越大,造成的产能过剩情况也越为严重(耿强,2011;江飞涛,2012;刘奕,2018;徐齐利,2019);政府的不当投资更是直接加剧了产能过剩的情况(王立国和鞠蕾,2012;马军和窦超,2017;席鹏辉,2017;白雪洁和闫文凯,2017)。由这些文献可以发现,政府不当投资、过度补贴的行为使企业资金充裕、成本降低,使企业有增加投资、扩大生产的倾向,这些干预政策扭曲了企业正常生产的行为,企业盲目扩大生产规模,使其对资本要素等资源的利用不充分,产能利用的效率不断降低。因此,政府的干预行为与产能过剩之间存在着密切联系,政府行为是影响产能过剩的重要因素之一。但是,已有研究在某种程度上夸大了软预算约束和国有产权等政府因素的负面作用。实际上,中国式产能过剩在具有中国特点的同时,不应当忽略外部市场不确定性等一般性因素,应当从市场不完全的视角全面考察影响因素。

产能过剩与市场机制之间的关系也备受学术界关注。总体而言,市场机制层面对产能过剩的影响主要体现在三个方面:第一,市场中的信息不对称引发了行业内的产能过剩。林毅夫等(2010)认为市场中的信息不对称是诱发产能过剩的重要因素,市场的信息不完全导致大量投资集中涌向部分产业项目,投资的"羊群"效应造成了投入资本利用效率的低下,而资金的投入又会推动下一轮的新兴产业,这种"潮涌"现象是导致产能过剩的重要原因。第二,市场结构影响产能利用的效率。徐朝阳和周念利(2015)在研究中强调市场机制的重要性,认为建立公平良好的市场环境是解决治理产能过剩问题的根本方法,企业间通过公平的竞争能够充分发挥企业生产潜能,使生产更加高效,同时让市场机制更好地发挥产能集中的作用,进而有利于缓解产能过剩的问题;崔永梅和王孟卓(2016)从市场结构的角度研究市场对于产能过剩影响,研究基于产业经济的 SCP 理论,发现并购活跃度和市场集中度与产能利用率之间有明显的正相关关系，认为提高市场并购活跃度和市场集中度是有助于减轻产能过剩的重要途径。第三，企业的行为是影响产能过剩的原因之一。韩文龙等（2016）通过研究发现，在不完全竞争市场中，企业为了增强自身的竞争优势往往通过扩大产能的方式与竞争对手相竞争，这种被迫性、策略性的企业竞争方式并不利于整个行内生产效率的提高，因而造成了产能过剩的现象；同样杨振兵和张诚（2015）也认为行业内部的恶性竞争是企业过度生产、诱发产能过剩的重要原因。

1.2.4 产能过剩治理的对策

关于应当如何应对中国式产能过剩问题，学者们主要着眼于减少政府不合理的干预并制定有效的政策措施，让市场发挥决定性作用。范林凯等（2015）认为，解决产能过剩必须要加强政府管制。王文甫等（2014）认为，应当构建多元化的地方官员政绩考核指标体系。王立国和高越青（2014）认为应当坚持市场化的治理手段，政府应当努力建立完善市场退出机制。李正旺和周靖（2014）认为，政府应当采取积极的财税政策帮助企业去产能。于立和张杰（2015）认为治理产能过剩应当做到简政放权，塑造可竞争性的市场结构。刘瑞和高峰（2016）基于"一带一路"倡议背景认为，化解传统产业产能过剩宜采取对外投资为主、产品贸易为辅的方式，推进国际产能合作。从目前来看，如何在坚持市场决定性地位的前提下，理顺政府和市场在去产能过程中相互作用的关系，发挥好政府在去产能改革中的作用，是研究的趋势。

纵观已有研究，学术界相关研究十分丰富，具有很高的理论与实际价值，为本书奠定了坚实的前期基础。但是，很少有学者将政府行为的各种因素完全结合起来，置于一个系统的理论框架之中。而且，在探索中国产能过剩根源时，存在过于注重定性而忽视定量分析，或忽略中国式产能过剩中政府因素的特殊性。这就为本书提供了必要的理论与现实需求，构成了基本切入点。

1.3　主要研究内容

本书共分为七章，具体内容如下：

第 1 章是绪论。首先指出了本书的研究背景和研究意义，继而对相关课题国内外研究现状进行了阐释，从产能过剩的内涵、测度方法、产能过剩形成根源与治理等方面进行了综述；其次，阐述了本书的主要研究内容；最后，说明了本书所采用的各类研究方法。

第 2 章是中国产能过剩与政府治理现状。首先，对中国产能过剩状况进行了概括，并指出其危害性；其次，运用生产函数法和协整法测度了中国工业行业的产能过剩程度；再次，对中国政府治理产能过剩的现状进行了分析，并指出存在的问题；最后，对产能过剩最为严重的河北省进行了案例分析。

第 3 章是基于寡头垄断模型的政府因素对产能过剩影响的理论分析。通过构建双寡头垄断模型，将政府直接管制、补贴、软预算约束、分类改革、国有股比例等政府因素纳入不同情景下产能过剩产生根源的分析框架之中，通过博弈分析全面揭示了各类政府因素对产能过剩的影响及内在作用机理。

第 4 章是政府因素与中国产能过剩的实证分析。基于第 3 章的理论分析，构建了动态面板数据模型，分别考察了整个工业领域和光伏产业中政府因素对于产能利用率的影响，实现与理论研究的有机融合。

第 5 章是产能过剩治理过程中的员工权益保障分析。首先，本章对目前去产能过程中员工权益保障的现状及面临的困境进行梳理；其次，运用行为经济学法经济学理论对员工权益保障的一些难点问题进行解析。

第 6 章是治理产能过剩的新思路——产能共享与国际产能合作。本章突破所有权和国界的限制，从政府治理的角度分析产能共享与国际产能合作这两类相互联系的新型治理手段。首先，基于 IAD 框架分析了产能共享问题；其次，基于"一带一路"倡议分析了国际产能合作的必要性、现状、效率及存在问题。

第 7 章是供给侧结构性改革下政府治理产能过剩的对策。基于以上的理论与实证研究，从政府治理的视角，从多个维度提出了政府治理产能过剩的有效对策。

1.4 研究方法

本书主要采用了规范分析与实证分析、定量分析与定性分析的方法，主要方法如下：

一是序贯博弈法。构建由多主体构成的多阶段动态序贯博弈模型，采用逆向归纳法求解产能决策相关主体的最优策略。在这个过程中，运用 MATLAB 软件进行辅助模拟，并利用其揭示各类政府因素与企业效用及与社会福利之间的内在关系。

二是生产函数法与协整法。在对全国、河北省各工业行业以及光伏产业产能利用率进行测度时，本书采用了生产函数法。首先，确定边界生产函数的基本形式，利用普通最小二乘法（OLS）估计出平均生产函数的具体形式；其次，计算样本区间内的产出量观测值与其相对应的平均生产函数的估计值之差，取其差的最大值加到平均生产函数的常数项上，得到边界生产函数的具体形式，最后，根据边界生产函数的具体形式，计算出潜在产出，将潜在产出与实际产出进行比较，得到产能利用率和产能过剩率。此外，我们还利用 Shaikh 和 Moudud 提出的协整法对我国 2006～2016 年各工业行业产能利用率进行测度，并与运用生产函数法计算的产能利用率进行了比较。

三是动态面板数据分析法。动态面板数据模型是指通过在静态面板数据模型中引入滞后被解释变量以反映动态滞后效应的模型，其特殊性在于被解释变量的动态滞后项与随机误差组成部分中的个体效应相关，造成估计的内生性。产能过剩程度受因变量滞后项的影响，应当采用动态面板数据。运用广义矩阵法（GMM）设计动态面板实证模型，对存在的滞后项采取 GMM 方法估计，如此可有效控制模型设定的异方差性问题和解决潜在的内生性问题。本书以各行业产能利用率为被解释变量，并加入相关的控制变量，构建政府行为与我国工业行业产能过剩关系研究的 GMM 动态面板模型，剖析政府因素在产能过剩形成过程中的作用机制，通过稳健性检验验证模型的稳健性。

四是文献阅读法。本书利用文献阅读法搜集、整理现有文献，通过全面梳理关于产能过剩的研究背景及现状，为本书提供了必要的文献支持和思路启示，并在已有研究的基础上，进行了拓展与改进。

除以上方法外，本书还采用了比较分析法、案例分析法和文献计量法，并注重多种方法的交叉和综合运用。

供给侧结构性改革下
中国产能过剩
问题研究

Chapter 2

第 2 章 中国产能过剩与政府治理现状

第 2 章 中国产能过剩与政府治理现状

2.1 中国产能过剩概况及其危害

随着我国经济步入新常态，产能过剩成为制约我国经济可持续发展的一大难题。早在 2000 年前后，随着我国房地产行业和汽车行业的迅速发展，使国内对钢铁、水泥、平板玻璃等需求出现了大幅增长。为了满足市场对于这些材料的需求，政府和企业不断加大投资力度。数据显示，在 2003 年，中国钢铁行业投资增长 92.6%，水泥行业投资增长 121.3%。与此同时，政府也意识到在这不断扩张的产能背后潜在的过剩隐患，在 2003 年年底陆续出台了《关于制止钢铁行业盲目投资的若干意见》和《关于防止水泥行业盲目投资加快结构调整的若干意见》等政策来防止我国出现过度的盲目投资和低水平重复建设。2006～2011 年，我国累计淘汰炼钢产能 1 亿吨，炼铁产能 1.6 亿吨。然而，即使国家出台了许多产业政策，去产能的标准也在不断提高，但相比于已淘汰的落后产能，新增的产能却要大得多，钢铁的产量也逐年稳步上升。同时，受到国内房地产行业增速放缓与国际经济危机的影响，国内外对于钢铁、水泥等需求逐渐减少，在企业无法及时减缩产能、转型升级的情况下，导致了严重的产能过剩问题。

因此，2015 年我国政府提出了以供给侧结构性改革为核心的政策目标，并将"去产能、去库存、去杠杆、降成本、补短板"作为工作重点。但由于政策实施的滞后性和"一刀切"等问题，目前我国仍然有很多行业未彻底摆脱产能过剩问题，或具有潜在的产能反弹风险，不仅是钢铁、煤炭、水泥、平板玻璃这种传统工业行业出现了产能过剩，光伏产业、风电行业和新能源汽车行业等新兴行业也面临着很大的产能过剩风险。

这一系列的产能过剩问题给我国经济造成了巨大的危害。第一，产能过剩导致企业资源闲置，过度投资的产能无法得到有效利用。产能过剩同时也意味着产品的供给大于需求，市场上产品的价格会下降，从而企业的经济效益随之下滑。第二，适度的产能过剩有利于行业内的充分竞争，但严重的产能过剩会导致行业整体发生危机，行业利润率下降，亏损拉大，行内库存量上升，影响行业健康发展和实现产业转型升级。第三，产能过剩为我国的宏观经济增长带来了不稳定因素，减慢经济增长，增加不良资产数量和信贷风险。产能过剩也会导致物价水平下降，带来通货紧缩的压力。同时，产能过剩行业往往是高排放、高污染、高耗能的行业，这些行业的扩张也为我国经济实现可持续发展造成了阻碍。第四，产能过剩阻碍了我国新常态下的经济转型。只有从根本上解决产能过剩问题，坚持创新驱动战略，实现经济从低端产业向高端产业延伸，才能实现我国经济的转型升级。第五，产能过剩导致了一系列环境污染问题。例如，河北省是我国的传统工业大省，河北省的经济支柱行业钢铁、水泥、平板玻璃等是典型的产能过剩行业。河北省产能的粗放式发展模式对环境造成了巨大伤害，严重的雾霾问题、水源污染问题给人民生活带了困扰。第六，产能过剩孕育着严重的经济社会风险。当产能过剩企业出现由于产品价格过于低廉、投资的产能无法得到预期回报时，一旦企业资金链断裂，出现资不抵债、企业破产清算的情况时，会导致银行信贷、地方债务等问题集中爆发。同时，产能过剩也可能带来行业恶性竞争和市场秩序恶化的问题。过度的产能投资导致了钢铁行业新增了大量规模小、专业化生产水平低的小钢铁企业，从而加剧了行业竞争。

由此可见，为了从根本上解决我国的产能过剩问题，优化资源配置、实现经济可持续发展刻不容缓。

2.2 中国产能过剩的测度

学界一般采用产能利用率来反映产能过剩程度。测度产能利用率的方法主要有生产函数法、峰值法、随机前沿面法和数据包络分析法、成本函数法、协整法以及滤波法等，国内外学者尚未形成统一的标准。本书将分别运用较为常见的协整法和生产函数法进行分析。

2.2.1 协整法

（1）方法介绍。

采用 Shaikh 和 Moudud 提出的协整法对产能利用率进行测度，该方法的优点在于操作方法较为简单，数据获取难度小，并且不受市场竞争性约束限制，所得的结果更具有客观性，因此这一方法被广泛应用。协整法的核心思想是：如果可以证明各工业行业实际产出和固定资本存量存在协整关系，即存在一种长期稳定的关系，那么便可说明各工业行业产出会随着固定资本存量的变化而改变，从而形成一个长期的趋势，而这一趋势便可作为各工业行业的产能。

存在一个恒等式：

$$Y_i = \frac{Y_i}{Y_i^*} \times \frac{Y_i^*}{K_i} \times K_i \tag{2.1}$$

其中，Y_i 是各工业行业的实际产出，Y_i^* 是各工业行业的产能，K_i 是各工业行业的固定资本存量，定义产能利用率 $u_i = \frac{Y_i}{Y_i^*}$，资本产能比 $v_i = \frac{K_i}{Y_i^*}$。将恒等式（2.1）左右分别取对数可得：

$$\ln Y_i = \ln K_i + \ln u_i - \ln v_i \tag{2.2}$$

因为各行业的实际产量会随着产能上下波动，所以可以将 $\ln u_i$ 设为随机误差项（$eu_i = \ln u_i$）。此外，各工业行业的资本产能比与行业的自主技术进步（系数 α）、资本带动的技术进步（系数 β）直接相关，再加上技术进步带来的随机误差项 ev_i，可以得到：

$$\ln v_i = \lambda_i + \alpha_i t + \beta_i \ln K_i + ev_i \qquad (2.3)$$

将上述式（2.1）、式（2.2）、式（2.3）进行合并，可以得到行业产出和固定资本存量的一般模型：

$$\ln Y_i = a_i + b_i t + c_i \ln K_i + e_i \qquad (2.4)$$

其中，$a_i = \lambda_i$，$b_i = -\alpha_i$，$c_i = 1 - \beta_i$，随机误差项 $e_i = eu_i - ev_i$。

上述模型可作为工业行业产能测度模型。当方程 $\ln Y_i = a_i + b_i t + c_i \ln K_i + e_i$ 中的 $\ln Y_i$ 与 $\ln K_i$ 存在协整关系时，便可以证明各工业行业的实际产出随着固定资本存量的变化存在长期趋势 Y_i^*。只须针对上述方程进行回归并剔除随机误差项，便可以得到行业产出的长期趋势，即各工业行业的产能。

（2）测度结果与分析。

运用协整法测度中国各工业行业的产能利用率。首先，对行业实际产出和固定资本存量进行协整检验，证明了两者之间存在协整关系。其次，通过 Hausman 检验，采用固定效应模型进行回归，得到回归方程：

$$\ln Y_i = 0.6438 \ln K_i + 0.0422 t + 4.0062 \qquad (2.5)$$

最后，代入各行业固定资本存量的面板数据，进而计算出 2006～2016 年各工业行业的产能利用率，结果见表 2-1。

根据应用协整法所测度出我国 25 个工业行业产能利用率的测度结果，我们对 2006～2016 年我国各工业行业产能利用率的基本情况和周期性变化趋势进行如下分析：2006～2008 年，我国绝大多数工业行业的产能利用率呈上升趋势，且以有色金属冶炼业、黑色金属冶炼业、废弃资源和废旧材料回收加工业为代表的部分重工业行业和以食品加工业为代表的少数轻工业行业的产能利用率上升幅度较大；2008～2011 年，除交通运输设备制造业、食品制造业等工业行业外，我国各工业行业产能利用率整体呈平稳下降趋势；2011 年之后，我国各工业行业产能利用率整体呈缓慢下降趋势。其中，2011～2014 年，

第 2 章 中国产能过剩与政府治理现状

表 2-1 工业行业的产能利用率（2006～2016 年）

行　业	2006 年	2007 年	2008 年	2009 年	2010 年	2011 年	2012 年	2013 年	2014 年	2015 年	2016 年
煤炭采选业	0.51	0.55	0.74	0.70	0.79	0.90	0.85	0.72	0.59	0.44	0.42
石油和天然气开采业	0.52	0.48	0.48	0.30	0.39	0.43	0.41	0.37	0.31	0.20	0.17
黑色金属矿采选业	0.44	0.55	0.69	0.58	0.67	0.80	0.79	0.77	0.69	0.50	0.44
有色金属矿采选业	0.55	0.62	0.56	0.50	0.56	0.68	0.68	0.67	0.60	0.55	0.52
非金属矿采选业	0.38	0.47	0.50	0.54	0.63	0.74	0.69	0.71	0.68	0.63	0.62
食品加工业	1.15	1.52	1.87	1.94	2.23	2.65	2.26	2.24	2.08	2.00	1.98
食品制造业	0.74	0.83	0.85	0.96	1.02	1.13	1.16	1.17	1.13	1.10	1.11
饮料制造业	0.98	1.00	1.30	1.37	1.39	1.59	0.96	0.96	0.92	0.90	0.90
服装及其他纤维制品制造业	1.74	1.88	1.97	2.01	2.07	1.10	1.49	1.48	1.44	1.38	1.37
皮革、毛皮、羽绒及其制品	1.11	1.16	1.04	1.01	1.05	1.60	1.42	1.38	1.39	1.37	1.33
木材加工及竹、藤、棕、草制品业	0.85	1.02	1.21	1.33	1.48	0.97	1.16	1.19	1.15	1.12	1.14
印刷业、记录媒介的复制业	0.69	0.76	0.80	0.83	0.89	0.98	0.63	0.72	0.72	0.72	0.72
石油加工及炼焦业	0.83	0.85	0.90	0.73	0.86	1.70	1.59	1.57	1.42	1.13	1.00
医药制造业	0.86	0.97	1.17	1.37	1.54	0.73	1.08	1.09	1.09	1.06	1.06
化学纤维制造业	0.71	0.73	0.61	0.56	0.63	0.73	0.70	0.68	0.64	0.61	0.60

续表

行　业	2006年	2007年	2008年	2009年	2010年	2011年	2012年	2013年	2014年	2015年	2016年
非金属矿物制造业	0.53	0.61	0.71	0.72	0.84	1.01	1.31	1.36	1.37	1.29	1.29
黑色金属冶炼业	1.46	1.68	1.84	1.35	1.48	1.82	1.51	1.46	1.34	1.09	1.05
有色金属冶炼业	1.88	2.21	1.97	1.70	1.00	1.32	1.47	1.47	1.39	1.30	1.30
金属制品业	0.85	0.94	0.97	0.90	0.94	1.04	1.50	1.51	1.34	1.43	1.42
普通机械制造业	0.74	0.97	1.03	1.00	1.19	1.28	1.64	1.66	1.62	1.50	1.46
专用设备制造业	0.53	0.60	0.66	0.67	0.74	0.81	1.43	1.40	1.33	1.28	1.26
交通运输设备制造	1.06	1.35	1.30	1.43	1.73	1.78	1.49	1.56	1.55	1.49	1.93
仪器仪表及文化办公用机械制造业	1.11	1.16	1.12	1.06	1.20	1.26	0.93	0.94	0.92	0.89	0.90
废弃资源和废旧材料回收加工业	0.52	0.82	0.70	0.74	1.07	0.89	0.94	0.98	0.90	0.78	0.75
电力、蒸汽、热水的生产和供应业	0.51	0.55	0.53	0.53	0.58	0.64	0.63	0.62	0.55	0.51	0.46

绝大多数工业行业的产能利用率基本保持平稳，变化幅度较小；而在2014年之后，这一下降趋势产生了一定幅度的加剧。

对我国各工业行业近11年间的平均产能利用率进行比较，我们可以发现，平均产能利用率最低的五个工业行业分别为：石油和天然气开采业，电力、蒸汽、热水的生产和供应业，有色金属矿采选业，非金属矿采选业，黑色金属矿采选和化学纤维制造业，其平均产能利用率分别为：36.9%、55.5%、59.0%、62.9%、65.4%；而大多数制造业行业的产能利用率均在整体行业排名中等或中等偏后水平，其中部分轻工业制造业的产能利用率甚至超过1.0。基于此，可以得出结论：采矿业和电力热力燃气及水生产和供应业产能过剩程度较为严重，产能过剩问题亟待缓解；在制造业层面，重工业制造业的产过剩程度要普遍高于轻工业制造业；有一定比例的轻工业制造业产能利用率稳定在1.0左右，产能利用状况较为良好。

2.2.2 生产函数法

（1）方法介绍。

生产函数法是根据行业生产的生产函数，在投入的资本要素和劳动要素得到充分利用时，计算出行业能够得出的最大产量水平，通过实际产量与最大产能的比值进而测算出行业的产能利用率。该种方法生产函数中所采用的参数具有特定的经济含义，能够揭示技术因素、固定资本投入以及劳动力要素与产量之间的关系，具有广泛的适用性，是目前国际上采用最多的产能利用率测度方法，因此本部分采用生产函数法测算我国工业行业产能利用率。

本部分采用柯布－道格拉斯（C－D）生产函数建立生产函数模型，其基本形式如下：

$$Y_{i,t} = f(K_{i,t}, L_{i,t}) = A_i K_{i,t}^{\alpha} L_{i,t}^{\beta} e^{-\mu}, i = 1,2,3,5, t = 1,2,\cdots,T \quad (2.6)$$

其中，i 为制造业、采矿业内各个不同的行业，t 为样本年数；$Y_{i,t}$ 是实际产出值，以年度工业总产值表示；$K_{i,t}$ 是固定资本存量，用年度固定资产合计表示；$L_{i,t}$ 是劳动力投入量，用年全部从业人员年平均人数表示；A 表示技术水平，一般为固定常数。参数 α、β 分别表示固定资产和劳动力投入的产出弹性，同时假设该生产函数为规模报酬不变的生产函数，因此有：

$$0 < \alpha、\beta < 1，且 \alpha + \beta = 1 \quad (2.7)$$

首先，对式（2.6）进行对数化处理，可得：

$$\ln Y_{i,t} = \alpha \ln K_{i,t} + \beta \ln L_{i,t} + \ln A - \mu \quad (2.8)$$

将生产函数推演到其"边界"，得到边界生产函数：

$$\ln Y_{i,t}^* = \alpha \ln K_{i,t} + \beta \ln L_{i,t} + \ln A \quad (2.9)$$

其中，$Y_{i,t}^*$ 表示理论上最大的产出水平，即产能产出。令 $\ln A = \alpha$，$E(\mu) = \varepsilon$，代入式（2.8）则有：

$$\ln Y_{i,t} = \alpha \ln K_{i,t} + \beta \ln L_{i,t} + (\alpha - \varepsilon) - (\mu - \varepsilon) \quad (2.10)$$

由于 $E(\mu - \varepsilon) = 0$，利用普通最小二乘法（OLS）对式（2.10）进行估计可得：

$$\ln \hat{Y}_{i,t} = \hat{\alpha} \ln K_{i,t} + \hat{\beta} \ln L_{i,t} + (\alpha - \hat{\varepsilon}) \quad (2.11)$$

式（2.11）为平均生产函数，通过对其常数项进行调整即式（2.9）的边界生产函数，进一步处理可以得到：

$$\text{Max}(\ln Y_{i,t} - \ln \hat{Y}_{i,t}) = \text{Max}\{\ln Y_{i,t} - [\hat{\alpha} \ln K_{i,t} + \hat{\beta} \ln L_{i,t} + (\alpha - \hat{\varepsilon})]\}$$

$$(2.12)$$

式（2.12）得到的最大值即 $\hat{\varepsilon}$ 的取值，代入式（2.11）可以得到最大产能的值。于是，通过估计推演出来的边界生产函数为：

$$\hat{Y}_{i,t} = e^{\hat{\alpha}} K_{i,t}^{\hat{\alpha}} L_{i,t}^{\hat{\beta}} \quad (2.13)$$

产能利用率表达式即：

$$CU = Y_{i,t} / \hat{Y}_{i,t} \qquad (2.14)$$

（2）测度结果与分析。

采用柯布-道格拉斯（C-D）生产函数法对 2005~2016 年我国工业各行业的产能利用率进行测度，测度结果见表 2-2。

从表 2-2 中我国工业行业产能利用率的测算结果可以看出，不同时间、不同行业产能过剩情况有所不同。从时间来看，2005~2016 年我国工业行业产能利用率呈倒"U"形的变化趋势，在 2008 年前，工业行业产能利用率较为稳定，各行业产能利用率均有小幅度提升的趋势，在 2008 年后受到经济危机和投资救市计划的影响，各行业产能利用水平普遍降低，2009~2013 年各行业均有不同程度的波动情况，自 2015 年起各行业产能利用率又呈现出回升的趋向。从各个行业来看，我国工业各行业产能利用情况在这段时间不断波动和变化，其中低级和中级制造业变动幅度较大，各分类行业中普遍存在产能过剩的现象，制造业的产能利用率高于采矿行业，采矿行业产能过剩情况更为严重；参考 OECD 的制造业行业分类，高级制造业产能利用水平相对较高，行业间产能利用率差异较小，较为稳定，低级和中级制造业各行业的产能利用率有所差异，波动较大，并且存在部分行业产能利用率较低、产能过剩严重情况。

对比协整法以及生产函数法估算出的我国工业行业产能利用率，可以发现两种方法得出的结果是基本一致的，各个行业的产能利用率整体水平大体接近，变化趋势呈现明显的周期性特征。

表 2-2　我国工业行业产能利用率（2005～2016 年）

行　业	2005 年	2006 年	2007 年	2008 年	2009 年	2010 年	2011 年	2012 年	2013 年	2014 年	2015 年	2016 年
采矿业												
煤炭开采洗选业	0.558	0.566	0.600	0.817	0.754	0.845	0.947	0.866	0.738	0.597	0.453	0.443
黑色金属矿采选业	0.497	0.548	0.667	0.818	0.660	0.698	0.838	0.814	0.799	0.708	0.503	0.449
有色金属矿采选业	0.587	0.683	0.800	0.658	0.583	0.636	0.774	0.761	0.745	0.654	0.608	0.566
非金属矿采选业	0.472	0.511	0.642	0.689	0.729	0.869	0.890	0.958	0.912	0.895	0.838	0.845
低技术行业												
农副食品加工业	0.814	0.808	0.854	0.824	0.755	0.759	0.836	0.805	0.751	0.665	0.644	0.658
食品制造业	0.689	0.737	0.791	0.764	0.765	0.796	0.864	0.811	0.784	0.734	0.688	0.711
饮料制造业	0.639	0.706	0.772	0.689	0.778	0.788	0.882	0.847	0.802	0.757	0.724	0.737
烟草制品业	0.598	0.682	0.552	0.793	0.749	0.661	0.661	0.957	0.942	0.922	0.889	0.808
纺织业	0.645	0.679	0.717	0.693	0.718	0.777	0.855	0.794	0.821	0.794	0.823	0.806
纺织服装制造业	0.803	0.822	0.812	0.746	0.786	0.806	0.896	0.760	0.734	0.698	0.661	0.669
皮革、毛皮制品业	0.814	0.831	0.863	0.781	0.788	0.807	0.828	0.755	0.691	0.689	0.692	0.689
木材加工制品业	0.620	0.689	0.772	0.708	0.751	0.751	0.862	0.856	0.837	0.773	0.760	0.810
家具制造业	0.830	0.778	0.755	0.796	0.808	0.854	0.860	0.755	0.739	0.686	0.666	0.672
造纸及纸制品业	0.625	0.665	0.754	0.768	0.718	0.780	0.830	0.811	0.766	0.778	0.779	0.803
印刷业	0.543	0.588	0.641	0.656	0.688	0.738	0.919	0.874	0.927	0.891	0.894	0.900

续表

行业	2005年	2006年	2007年	2008年	2009年	2010年	2011年	2012年	2013年	2014年	2015年	2016年
中技术行业												
石油加工、炼焦及核燃料加工业	0.722	0.744	0.763	0.815	0.596	0.685	0.795	0.756	0.777	0.701	0.578	0.519
橡胶制品业	0.619	0.667	0.639	0.646	0.696	0.743	0.804	0.769	0.735	0.696	0.681	0.680
塑料制品业	0.540	0.594	0.672	0.653	0.658	0.709	0.784	0.769	0.753	0.761	0.749	0.776
非金属矿物制品业	0.517	0.583	0.654	0.675	0.665	0.693	0.781	0.740	0.758	0.756	0.727	0.753
黑色金属冶炼及压延加工业	0.669	0.631	0.720	0.797	0.635	0.680	0.846	0.746	0.716	0.679	0.583	0.599
有色金属冶炼及压延加工业	0.562	0.762	0.800	0.678	0.572	0.647	0.774	0.696	0.682	0.638	0.637	0.636
金属制品业	0.723	0.775	0.824	0.746	0.687	0.706	0.769	0.679	0.662	0.546	0.635	0.664
通用设备制造业	0.571	0.721	0.742	0.697	0.657	0.655	0.767	0.712	0.713	0.690	0.658	0.673
高技术行业												
化学原料及化学制品制造业	0.550	0.554	0.612	0.614	0.549	0.598	0.702	0.653	0.635	0.608	0.565	0.585
医药制造业	0.651	0.684	0.658	0.668	0.697	0.648	0.760	0.714	0.689	0.668	0.640	0.644
化学纤维制造业	0.657	0.625	0.600	0.684	0.691	0.691	0.780	0.682	0.674	0.657	0.642	0.639
专用设备制造业	0.552	0.602	0.646	0.697	0.608	0.638	0.696	0.656	0.626	0.590	0.578	0.600
交通运输设备制造业	0.608	0.645	0.588	0.633	0.564	0.614	0.632	0.626	0.637	0.607	0.597	0.634
电气机械及器材制造业	0.604	0.678	0.730	0.654	0.602	0.607	0.646	0.586	0.592	0.594	0.585	0.593
通信设备制造业	0.665	0.688	0.656	0.596	0.590	0.512	0.661	0.611	0.609	0.617	0.637	0.605
仪器仪表及文化、办公用机械制造业	0.624	0.661	0.687	0.643	0.602	0.581	0.675	0.617	0.635	0.616	0.609	0.640

2.3　中国产能过剩政府治理的现状

产能过剩问题引起了中央和地方政府的高度重视，各级政府陆续出台了相关政策对我国的过剩产能进行规制。2006 年，国务院发布《国务院关于加快推进产能过剩行业结构调整的通知》，提出在产能过剩治理原则和政策上要侧重调整行业结构优化产能在行业中的分布。2009 年，中央发布《关于抑制部分行业产能过剩和重复建设引导产业健康发展的若干意见》，强调要抑制重复建设治理低效产能。2010 年，《国务院关于进一步加强淘汰落后产能工作的通知》以电力、煤炭、钢铁等行业为重点，对落后产能淘汰工作进行了部署。2014 年，政府陆续出台了《工业和信息化部关于做好部分产能严重过剩行业产能置换工作的通知》和《关于做好部分产能严重过剩行业产能置换工作的通知》，提出构建产能置换平台的概念，并出台了产能指标交易细则，这标志着市场化解产能过剩有了现实的市场交易载体。随后，在《关于推进国际产能和装备制造合作的指导意见》中，政府提出将钢铁等行业作为重点，积极推动国际产能合作。2016 年，国务院陆续发布《国务院关于钢铁行业化解过剩产能实现脱困发展的意见》和《国务院关于煤炭行业化解过剩产能实现脱困发展的意见》，对钢铁和煤炭行业去产能实施政策进行了部署。2018 年，国家发改委在《关于 2018 年光伏发电有关事项的通知》中提出要加快光伏发电补贴退坡、限制新增产能规模，防止引发行业内大幅震荡。

地方政府也积极响应中央的去产能政策，各个省份陆续出台去产能方案，积极参与国际产能合作。河北省作为国家钢铁产业结构调整重点省，2014 年率先出台《河北省钢铁产业结构调整方案》，提出实施压减产能规模、推进联合重组等 7 项钢铁产业结构调整方案。2016

第 2 章 中国产能过剩与政府治理现状

年,江苏省在《江苏省政府关于供给侧结构性改革去产能的实施意见》中要求各地各部门禁止备案新增产能的钢铁、水泥、平板玻璃、船舶项目,并且技改和搬迁项目必须实行产能减量置换。随后,河南省发布《河南省化解过剩产能煤矿关闭退出实施方案的通知》,积极稳妥推进河南省煤矿关闭退出。2019 年,黑龙江省出台《黑龙江省煤矿关闭退出或核减无效低效产能认定办法》,旨在做好资源枯竭、灾害严重、安全保障程度低、长期不达产煤矿关闭退出或核减无效低效产能认定工作。

近年来,中央和地方政府的去产能政策见表 2-3。

表 2-3 中央和地方政府的去产能政策

序号	部门级别	时间	政策名称	主要解决问题
1	中央	2006 年 3 月	《国务院关于加快推进产能过剩行业结构调整的通知》	指出部分行业出现明显过剩和潜在过剩,并提出了产能过剩行业的外在经济表现。在产能过剩治理原则和政策上,侧重于以调整行业结构优化产能在行业中的分布
2		2009 年 9 月	《关于抑制部分行业产能过剩和重复建设引导产业健康发展的若干意见》	旨在抑制重复建设治理低效产能,做出了许多有益的探索
3		2010 年 4 月	《国务院关于进一步加强淘汰落后产能工作的通知》	专门就落后产能淘汰工作进行了部署。这份专门针对落后产能淘汰的政策文件,以电力、煤炭、钢铁、水泥、有色金属、焦炭、造纸、制革、印染等行业为重点,对具体产能淘汰任务进行了详细的界定,以质量提升为主
4		2013 年 5 月	《关于坚决遏制严重过剩行业盲目扩张的通知》	在我国产能过剩治理政策文件估语体系中,官方首次将行业定义为"严重过剩"状态

续表

序号	部门级别	时间	政策名称	主要解决问题
5		2013年10月	《国务院关于化解产能严重过剩矛盾的指导意见》	针对钢铁、水泥、平板玻璃等产能严重过剩行业进行严格规制
6		2014年7月	《工业和信息化部关于做好部分产能严重过剩行业产能置换工作的通知》	构建一个产能置换平台,允许高效率产能通过付费进入的形式替代低效率产能;另一方面规范竞争,将原有的地方政府竞争性招商引资导致的要素投入扭曲予以矫正
7		2014年7月	《关于做好部分产能严重过剩行业产能置换工作的通知》	产能指标交易细则出台,标志着由市场化解产能过剩有了现实的市场交易载体
8		2014年11月	《国务院关于清理规范税收等优惠政策的通知》	进一步限制和约束地方政府制定税收优惠政策的权力
9	中央	2015年5月	《关于推进国际产能和装备制造合作的指导意见》	一是将钢铁、有色、建材、铁路、电力、化工、轻纺、汽车、通信、工程机械、航空航天、船舶和海洋工程等12个重点行业作为重点,推进国际产能合作;二是将与我国装备和产能契合度高、合作愿望强烈、合作条件和基础好的发展中国家作为推进国际产能和装备制造合作的重点国别
10		2016年2月	《国务院关于钢铁行业化解过剩产能实现脱困发展的意见》	以钢铁和煤炭行业脱困发展实施分类施策成为有效的路径选择
11		2016年2月	《国务院关于煤炭行业化解过剩产能实现脱困发展的意见》	
12		2017年3月	《政府工作报告》	扎实有效去产能,淘汰落后产能,提高行业效率,运用市场化法制化手段,有效处置"僵尸产业"。这些政策措施对于优化我国产业结构起到了积极作用

续表

序号	部门级别	时间	政策名称	主要解决问题
13	中央	2018年4月	《钢铁化解过剩产能工作要点》	钢铁行业在去产能过程中存在债务较重、财务风险较高的问题，要谨慎防范
14		2018年5月	《关于2018年光伏发电有关事项的通知》	要求加快光伏发电补贴退坡、限制新增规模，防止引发行业内大幅震荡
15	地方	2014年2月	《化解产能严重过剩矛盾实施方案的通知》	有序完成京唐二期、石钢搬迁等企业改革重组的目标；扎实有效去产能，实现产业结构优化升级
16		2014年11月	《河南省水泥工业结构调整方案（2014—2017年）》	明确要积极推动水泥制造与水泥制品业一体化发展，走环保、节能、高效的绿色发展道路，不断增强核心竞争力
17		2014年12月	《河北省钢铁产业结构调整方案》	河北省作为国家钢铁产业结构调整重点省，实施压减产能规模、推进联合重组等7项钢铁产业结构调整
18		2015年3月	《省政府核准的投资项目目录（2015年本）》	规定辽宁省产能过剩行业不允许进行投资
19		2016年5月	《江苏省政府关于供给侧结构性改革去产能的实施意见》	"各地、各部门不得以任何名义、任何方式备案新增产能的钢铁、水泥（熟料）、平板玻璃、船舶项目，技改和搬迁项目必须实行产能减量置换"
20		2016年5月	《关于支持钢铁行业化解过剩产能整合重组结构调整转型升级若干政策的通知》	提出要加大专项资金补贴力度，加快淘汰落后产业，个别钢铁产业集聚市要结合本地实际落实减产任务，促使落后产能尽快退出
21		2016年8月	《河南省人民政府关于印发河南省煤炭行业化解过剩产能实现脱困发展总体方案的通知》（豫政〔2016〕59号）	有序退出过剩产能。明确煤矿关闭程序，严格煤矿关闭退出标准，依法有序实施煤矿关闭退出计划

续表

序号	部门级别	时间	政策名称	主要解决问题
22	地方	2016年8月	《河南省人民政府办公厅关于印发河南省化解过剩产能煤矿关闭退出实施方案的通知》（豫政办〔2016〕154号）	贯彻落实党中央、国务院和省委、省政府关于化解煤炭行业过剩产能工作的决策部署，切实做好河北省化解煤炭行业过剩产能工作，积极稳妥推进煤矿关闭退出
23		2016年8月	《河北省2016年化解钢铁过剩产能分月计划表》	对落后产能进行市场淘汰，主动压减过剩产能，通过国际化方式转移和化解部分产能
24		2016年12月	《关于处置"僵尸企业"的指导意见》	促使"僵尸企业"通过兼并重组等手段实现出清
25		2017年9月	《关于推进供给侧结构性改革防范化解煤电产能过剩风险的意见》	积极预防和化解煤电产能过剩风险
26		2017年12月	《吉林省大气污染防治目标任务考核办法（试行）》（吉政办发〔2014〕36号）	省环境保护厅、省发展改革委、省工业和信息化厅等部门对2016年各市（州）大气污染防治工作情况进行考核，旨在改善全省环境空气质量
27		2018年1月	《政府工作报告》	积极稳妥化解国企和产能过剩行业企业债务风险，支持重点省属国企开展市场化法治化债转股
28		2018年3月	《关于组织开展煤矿产能利用状况研究的通知》	对各类型煤矿的产能、产量情况进行梳理统计，分析部分典型煤矿产能利用情况及其未能达产或超产的原因
29		2019年1月	《2018年全省金融工作综述》	着力推进金融供给侧结构性改革。围绕中心任务，切实提升金融资源配置质量效率。去产能方面，引导金融机构实施"有扶有控"的信贷政策，严格控制对产能过剩行业信贷投放。对有竞争力、有市场、有效益的企业继续给予信贷支持，确保行业稳定发展

续表

序号	部门级别	时间	政策名称	主要解决问题
30	地方	2019年2月	《2019年省〈政府工作报告〉任务分解和责任分工方案》	按照"巩固、增强、提升、畅通"总要求，着力巩固"三去一降一补"成果，加大破、立、降力度，继续推进去产能
31		2019年3月	《黑龙江省煤矿关闭退出或核减无效低效产能认定办法》	为规范做好资源枯竭、灾害严重、安全保障程度低、长期不达产煤矿关闭退出或核减无效低效产能认定工作
32		2019年4月	《辽宁省人民政府办公厅关于印发辽宁"16+1"经贸合作示范区总体方案的通知》	促进辽宁省国际产能合作，化解过剩产能
33		2019年5月	《2019年黑龙江省淘汰落后产能工作方案》	各市地要主动向相关企业解读国家产业政策和法律法规，引导企业主动承担社会责任，依法依规有序推动落后产能退出。要组织企业制定淘汰落后产能实施方案，并在地方政府门户网站公告计划淘汰企业名单及落后设备清单、产能

2.4 案例分析——以河北省为例

2.4.1 河北省产能过剩现状分析

河北省是我国传统工业大省，截至2018年年底，河北省第二产业增加值占地区GDP比重为44.5%，远高于同期全国第二产业增加值占GDP的比重。2014年，河北省规模以上工业中传统工业占比为88.2%，玻璃、钢铁和煤炭等产能利用率较低的行业更是占了

79.1%。这些行业往往伴随着高耗能、高排放、高污染的特点,给资源和环境带来了巨大压力。

2017年《政府工作报告》制定全国压减钢铁产能5000万吨的去产能任务,同时,河北省定下压减炼钢产能1562万吨、炼铁产能1624万吨的压减钢铁产能目标。由此可见,河北省产能过剩问题尤为严重,承担着全国绝大部分的去产能任务,因此河北省去产能工作的成效直接关系到供给侧结构性改革下全国去产能改革的成败。

2.4.1.1 钢铁行业及其产能过剩现状

钢铁行业是河北省经济发展的中流砥柱。河北省的钢材产量在2012~2018年一直保持在2亿吨以上,粗钢和生铁的产量在2018年突破了2亿吨。自供给侧结构性改革以来,河北省钢铁产量增速有所放缓,但由于多年积累的过剩产能导致河北省的钢铁产量全国占比仍然居高不下。

河北省面临着严峻的产能过剩问题。一方面,钢铁企业存在着生产效率低下和技术落后等问题,导致生产的钢铁大多数为质量较低的粗钢,无法满足市场上对高质量精钢的需求,出现了钢铁产能过剩和仍需进口大量精钢并存的局面。另一方面,受到中美贸易争端、经济危机和欧债危机的影响,国际上对于河北省钢铁的需求相对减少,造成了河北省钢铁企业钢材的销售量逐年减少,库存累积。在企业无法及时缩减产能、转型升级的情况下,导致了严重的产能过剩问题。对此,河北省政府高度关注钢铁行业的去产能情况,深刻指出钢铁去产能是河北省推进供给侧结构性改革的"重头戏""硬骨头",是调整优化产业结构、培育经济增长新动能的关键之策。2017年压减退出炼钢产能2754万吨、炼铁产能2132万吨(见表2-4)。

表 2-4　　　　　2012～2018 年河北省及全国钢铁产量

	2012 年	2013 年	2014 年	2015 年	2016 年	2017 年	2018 年
河北省粗钢产量（万吨）	18048.38	18849.60	18530.30	18832.00	19259.97	19121.47	23723.40
全国粗钢产量（万吨）	72388.22	81313.89	82230.63	80382.50	80760.94	87074.10	92800.90
河北省粗钢产量占全国产量的百分比（%）	24.93	23.18	22.53	23.43	23.85	21.96	25.56
河北省钢材产量（万吨）	21026.10	22861.56	23995.20	25244.30	26150.43	24551.08	26916.90
全国钢材产量（万吨）	95577.83	108200.54	112513.12	103468.41	104813.45	104642.05	110551.70
河北省钢材产量占全国产量的百分比（%）	22.00	21.13	21.33	24.40	24.95	23.46	24.35
河北省生铁产量（万吨）	16358.54	17027.60	16941.95	17382.30	18398.37	17997.27	21396.00
全国生铁产量（万吨）	66354.40	71149.88	71374.78	69141.30	70227.33	71361.93	77105.40
河北省生铁产量占全国产量的百分比（%）	24.65	23.93	23.74	25.14	26.20	25.22	27.75

资料来源：中经网统计数据库。

2.4.1.2　水泥行业及其产能过剩现状

2000～2010 年，河北省水泥行业投资过热，水泥产量增长迅速，平均增长率达到 11.2%，河北省水泥行业存在着产品结构不合理的情况，致使河北省水泥行业出现严重的产能过剩。自 2012 年以来，水泥产量呈稳步下降的趋势，在 2015 年缩减到了 1 亿吨以下。河北省水泥产量占全国水泥产量的百分比也逐渐下降，产能过剩情况有所缓解。但是，河北省水泥行业仍须控制产能增量，优化产能存量，调整产业结构和产品结构,淘汰落后生产工艺,增加高标号水泥的产量和比例,提升行业整体发展水平(见表2-5)。

表2-5　2012~2018年河北省及全国水泥产量

	2012年	2013年	2014年	2015年	2016年	2017年	2018年
河北省水泥产量(万吨)	13131.84	12747.38	10721.46	9126.17	9898.58	9125.50	9554.30
全国水泥产量(万吨)	220984.08	241923.89	249207.08	235918.83	241030.98	233084.06	220770.70
河北省水泥产量占全国产量的百分比(%)	5.94	5.27	4.30	3.87	4.11	3.92	4.33

资料来源:中经网统计数据库。

2.4.1.3 玻璃行业及产能过剩现状

平板玻璃作为河北省基础设施建设的支柱产业,其产能过剩问题一直备受关注。21世纪以来,在全社会固定资产投资飞速增长的带动下,基础设施建设、汽车生产行业等相关行业突飞猛进,房地产行业也开启了高速发展的新纪元,社会对于平板玻璃等原材料的需求也在不断增加,拉动了河北省玻璃行业的飞速发展。这些因素都促进了河北省玻璃生产企业不断增加产能投资、扩大生产。其中,2000~2010年产量的年均增长率达到23.6%。河北省平板玻璃行业产能过剩属于典型的结构性过剩,低档产品产量远大于高档产品,产品深加工能力不足导致新增产能利用率低,最终造成产能过剩。

河北省的平板玻璃产量曾在2014年到达近1.6亿重量箱的峰值,供给侧结构性改革实施后,平板玻璃产量开始回落,河北省平板玻璃产量占全国产量的百分比稳步降低。现今,河北省平板玻璃企业效益明显好转,产业结构得到优化。河北省的去产能政策提高了企业的创新能力,使企业实现了转型升级,一些企业从过去简单地生产平板玻璃到生产耐腐蚀、轻质高强的复合材料。平板玻璃在传统行业继续发挥重要作用的同时，也在电子信息产业、太阳能产业等新兴技术产业中扮演着重要角色（见表2-6）。

表2-6　　2012~2018年河北省及全国平板玻璃产量

	2012年	2013年	2014年	2015年	2016年	2017年	2018年
河北省平板玻璃产量（万重量箱）	14898.03	11836.36	15844.52	14615.36	13693.57	13780.23	12156.00
全国平板玻璃产量（万重量箱）	75050.50	79285.8	83128.16	78651.63	80408.45	83765.80	86863.50
河北省平板玻璃产量占全国产量的百分比（%）	19.85	14.93	19.06	18.58	17.03	16.45	13.99

资料来源：中经网统计数据库。

2.4.2　自供给侧结构性改革以来采取的政策梳理

2.4.2.1　河北省现有去产能政策梳理

从2015年起，我国开始实施供给侧结构性改革，去产能是改革的重中之重。2018年12月我国中央经济工作会议指出，2019年我国经济工作必须坚持以供给侧结构性改革为主线不动摇，巩固"三去一降一补"成果，推动更多产能过剩行业加快出清。为了响应中央供给侧结构性改革的政策，河北省采取一系列措施。自2015年起，河北省成为全国唯一的钢铁煤炭去产能"双先行"省份。2016年4月，河北省政府在《关于做好去产能、调结构、转型升级过程中放射源安全监管的通知》中要求各市高度重视这些去产能、调结构、转型升级企业的放射源安全监管工作，保障去产能过程中各部门人员的人身安全。同年5月，河北省人民政府在《关于印发河北省煤炭行业化解过剩产能 实现脱困发展实施方案的通知》中提出河北省用3~5年时间，全省退出煤矿123处、退出产能5103万吨的目标，为河北省去产能工作订立了新的标准。2016年10月，河北省人民政府办公厅在《关于实施约束性资源使用权交易的意见》中提出企业采取化解过剩产能、实施技术改造等措施形成的减量指标可以通过市场交易出售，强调了用市场化手段化解产能过剩的重要性。

2017年4月，河北省在《关于下达2017年水泥、平板玻璃行业淘汰落后和化解过剩产能计划的通知》中提出了河北省2017年水泥、平板玻璃行业淘汰落后和化解过剩产能计划，并对项目申报、设备拆除和验收环节等工作流程进行了严格规定。同年6月，在《关于下达2017年火电行业去产能目标任务的通知》中，河北省提出了2017年全省计划淘汰火电机组34台、容量68.4万千瓦的年度火电行业去产能目标。2017年9月，河北省发改委等转发《关于推进供给侧结构性改革防范化解煤电产能过剩风险的意见》这一文件，积极预防和化解煤电过剩产能风险。同年9月，在《转发国家发展改革委等四部门关于明确煤炭产能置换和生产能力核定工作有关事项的通知》中，河北省政府对产能置换的比例要求和产能置换指标的计算进行了规定。河北省人民政府办公厅在《关于印发河北省"十三五"能源发展规划的通知》中，提出了到2020年全省压减煤炭产能5100万吨，炭开采企业控制在10家以内、煤矿数量60处左右，同期，张家口、承德、秦皇岛、保定基本形成"无煤市"的目标。2017年6月，河北省在化解煤炭过剩产能工作中，在全国率先开启煤炭产能指标交易先河，用"市场之手"去产能，取得了明显成效。

2018年2月，河北省政府在《河北省2018年化解煤炭行业过剩产能任务确定的通知》中指出河北省2018年计划退出煤矿14处、产能842万吨，且拟退出煤矿将继续采取产能指标交易的方式。同年4月，《关于下达2018年火电行业去产能目标任务的通知》中提出了

2018年河北省计划淘汰火电机组13台,容量54.95万千瓦的去产能目标。截至2018年6月底,当年河北省关闭煤矿21处、产能1162万吨,缩减煤矿产能1处、缩减产能55万吨,去产能工作取得了积极的进展。2018年7月,在《河北省钢铁行业去产能工作方案(2018~2020年)》中,政府提出了三年内实现"两减两降四提高"的工作目标。截至2018年年底,河北省去产能改革取得了显著成效,利用"产能指标交易",2018年共退出煤炭产能1291.76万吨,涉及60个关闭煤矿,筹集资金20.6亿元,有效缓解了去产能企业职工安置、债务处置等资金问题,化解了社会风险。今后三年,河北省将继续坚定不移地推进去产能,实施"432511"工程,即压减退出钢铁产能4000万吨、煤炭3000万吨、平板玻璃2300万重量箱、水泥500万吨、焦炭1000万吨、火电150万千瓦。

国有企业在去产能改革过程中起着带头的示范性作用。2019年3月,河北省人民政府在《关于印发河北省国有资本投资、运营公司改革试点实施方案的通知》中强调了国有企业要助力供给侧结构性改革,带头去产能,按要求全面完成各相关企业的产能压减任务。4月,河北省发改委在《关于印发河北省煤炭化解过剩产能奖补办法(2019~2020)的通知》对相关企业的奖补办法进行了明确的规定。随着一系列政策的落实,河北省在去产能改革中取得了一定的成效。《2019年河北省政府工作报告》显示,2018年全省超额完成了六大行业年度去产能任务,三次产业结构得到优化,钢铁"僵尸企业"全部出清。与此同时,报告中也指出,河北省制造业发展质量仍然不高,供给侧矛盾仍然突出,结构性调整阵痛明显。2019年,去产能仍须深入推行。2019年4月,河北省政府在《关于下达2019年煤电行业淘汰落后产能目标任务的通知》提出了2019年度全省计划淘汰煤电机组13台,容量50.6万千瓦的新目标。从今往后,河北省在坚决去产能的同时,应该积极扩大优质增量,把产业升级、产业结构调整作为河北省去产能的重中之重。

2.4.2.2 河北省开展国际产能合作政策梳理

河北省的去产能改革不仅要通过一系列政策来缩减本省企业的生产能力，与此同时，更应该开拓海外市场，积极参与到"一带一路"建设中，通过国际产能合作来对外输出产能。因此，2016年4月河北省政府出台了《关于主动融入国家自由贸易区战略 进一步提高开放水平的意见》，提出按照"企业主体、政府推动、商业运作"等原则，围绕钢铁、水泥和玻璃等优势产业，通过股权并购、合资合营等方式，促进河北省优势过剩产能"走出去"。同年6月，河北省人民政府在《关于促进加工贸易创新发展的实施意见》中指出要推动国际产能合作与省内产业转型升级良性互动、融合发展，支持企业利用河北省产业与相关国家和地区产业的互补性，积极开展国际产能合作。2018年7月，河北省人民政府办公厅印发《关于积极参与"一带一路"建设推进国际产能合作的实施方案》的通知，要求到2020年，全省境外投资中方投资额力争达到50亿美元，全省钢铁境外产能力争达到1200万吨，水泥境外产能力争达到400万吨，玻璃境外产能力争达到500万重量箱。在《关于印发河北省钢铁企业国际产能合作实施方案的通知》中，要求到2020年年末，河北省在境外初步形成以生产基地为龙头，以关联产业相配套，以上下游产业相衔接的海外钢铁布局。

在以上政策的引领下，河北省积极开展国际产能合作，并取得了显著的成效，去产能改革再谱新篇章。2016年6月，河钢集团完成对塞尔维亚斯梅代雷沃钢厂的资产收购，2017年产钢147.6万吨，实现销售收入7.4亿美元，创出历史最好水平；2018年产钢176.9万吨，实现销售收入10.62亿美元，首次成为塞尔维亚第一大出口企业。2019年第一季度，河北省备案对外投资企业27家，同比增长3.8%，对外投资总额24.6亿美元，同比增长38.1%；对"一带一路"沿线国家投资企业9家，投资总额18.2亿美元，同比增长

2.7倍。

2.4.2.3 河北省现有员工安置政策梳理

去产能改革的过程中也伴随着许多问题,其中最为严重的便是职工合理安置问题。对此,河北省政府十分重视,出台了一系列政策积极解决该问题。2016年,河北省人民政府办公厅发布《关于做好化解钢铁煤炭等行业过剩产能 职工安置工作的实施意见》,对去产能改革中的下岗职工实行内部退养、给予特定政策补助、促进转岗就业创业和失业保险支持就业创业等帮持,并给予招用化解过剩产能企业失业人员的企业每人1000元的一次性吸纳就业补贴。随后,河北省陆续出台《河北省人民政府关于做好就业创业工作的实施意见》和《河北省人民政府关于推行终身职业技能培训制度加快技能强省建设的实施意见》,对去产能企业职工,实施失业人员和转岗职工特别职业培训计划并加强创新创业培训。

2.4.3 河北省产能过剩测度

2.4.3.1 测度方法

本部分采用柯布－道格拉斯（C-D）生产函数建立河北省2007~2016年的生产函数模型,测算各个行业的产能利用率。

2.4.3.2 指标选取及数据来源

《国民经济行业分类》是工业部门进行行业分类的主要依据。随着我国产业结构的调整及对外开放的扩大等需要,在该分类标准于2011年进行的修订中,工业行业的大类由原来的39个调整为41个,并且在各个分类的指标上和结构上有较大的变动。这直接导致了河北省2007~2016年各个指标的统计口径的不同以及一部分行业数据的缺失。考虑到数据的可得性与准确性,本部分将对河北省26个工业行业的产能利用率进行测度，并按技术类型将这 26 个行业划分为低技术行业、中技术行业、高技术行业及采矿行业进行分析。

Y 代表河北省工业部门各个行业 2007～2016 年的总产出，一部分由 2007～2011 年各个行业的工业总产值来表示，由于 2012 年以后国家统计局不再公布工业总产值数据，将以各个行业的工业销售总产值来表示。

资本投入（K）指标由河北省各个行业的固定资产净额来表示，固定资产净值指固定资产的原始价值减去已计提的折旧，能够综合地反映行业现有的投资规模和固定资本存量水平。

此外，劳动力投入（L）指标由河北省各个行业的全部从业人员年平均人数来表示。但由于 2012 年该统计数据的缺失，本部分将用 2011 年和 2013 该指标的平均值来替代 2012 年的劳动力投入指标。

以上数据均来自历年的《中国工业统计年鉴》。

2.4.3.3 测度结果

经计算，得到各个行业的产能利用率如表 2－7 所示。

（1）河北省产能过剩整体状况。

目前学术界尚未形成关于产能利用率与产能过剩关系的统一标准，本部分参照大部分学者的分类，即产能利用率大于 90% 为产能不足，80%～90% 为正常水平，80% 以下为产能过剩，75% 以下则存在严重的产能过剩。

如表 2－7 所示，2007～2016 年产能利用率水平均高于 79% 的只有农副食品加工业，该行业甚至在 2008～2013 年出现了产能不足的情况。而其他行业在这十年间存在着较为严重的产能过剩，有些甚至出现了连年产能利用率下降，去产能适得其反的情况。

总的来说，自 2016 年中央提出经济社会发展供给侧结构性改革后，河北省积极响应中央的号召，落实去产能的各项政策，工业部门产能利用率整体上升，但各个行业间存在着较大的差异。其中，采矿

第2章 中国产能过剩与政府治理现状

表 2-7 2007~2016 年工业 25 个行业产能利用率

单位:%

行　　业	2007 年	2008 年	2009 年	2010 年	2011 年	2012 年	2013 年	2014 年	2015 年	2016 年
采矿行业										
煤炭开采和洗选业	25.03	38.97	35.68	44.74	52.45	55.82	47.65	39.06	32.18	29.10
黑色金属矿采选业	81.38	74.95	73.09	87.67	100.00	85.78	79.28	75.49	68.12	89.80
有色金属矿采选业	41.09	55.33	58.02	54.06	61.70	54.42	50.59	59.08	33.73	41.75
非金属矿采选业	25.02	41.52	41.74	62.50	60.29	58.84	64.32	77.72	76.89	78.18
低技术行业										
农副食品加工业	88.13	96.62	91.68	95.72	100.00	90.81	93.48	90.34	85.86	84.52
食品制造业	53.05	49.35	52.61	55.80	65.47	61.62	61.23	63.33	63.25	60.99
酒、饮料和精制茶制造业	35.82	39.87	38.02	42.89	51.44	47.00	49.70	50.19	46.90	44.37
烟草制造业	76.64	80.23	60.41	60.80	66.17	79.92	87.65	92.41	93.26	84.86
纺织业	48.27	56.53	62.08	65.41	70.06	67.67	69.65	69.35	71.41	71.98
纺织服装、服饰业	72.93	75.33	64.09	64.22	72.54	75.64	73.92	73.82	70.35	58.53
造纸及纸制品业	37.61	42.12	40.29	49.00	60.85	67.70	55.55	49.51	48.75	51.44
中技术行业										
石油加工、炼焦及核燃料加工业	69.04	81.81	73.55	77.21	84.65	96.32	81.74	70.55	68.24	63.70
非金属矿物制品业	41.85	48.00	43.73	44.30	46.25	42.18	40.93	40.32	39.92	40.17
黑色金属冶炼和压延加工业	84.87	100.00	79.62	81.25	96.84	82.53	76.66	67.44	59.76	60.45

续表

行　业	2007年	2008年	2009年	2010年	2011年	2012年	2013年	2014年	2015年	2016年
中技术行业										
有色金属冶炼和压延加工业	60.09	54.22	31.72	52.38	68.32	69.10	70.35	64.93	66.67	66.71
金属制品业	76.08	69.55	72.41	84.75	68.51	53.59	56.41	33.91	62.87	71.10
通用设备制造业	64.18	66.95	70.61	80.88	87.13	71.97	75.02	67.18	63.04	67.25
高技术行业										
化学原料和化学制品制造业	56.71	58.52	51.01	65.96	77.19	76.09	79.24	79.81	77.12	87.64
医药制造业	43.46	51.23	51.02	58.25	64.89	62.85	64.57	63.57	65.92	66.10
化学纤维制造业	49.65	47.32	53.47	66.04	83.65	87.41	75.33	71.51	92.34	61.04
专用设备制造业	57.80	56.52	52.04	68.59	81.15	63.77	61.21	64.05	59.42	59.03
交通运输设备制造业	57.47	59.31	68.11	81.87	92.13	82.78	85.91	77.15	80.61	78.39
电气机械和器材制造业	88.48	97.83	88.47	83.38	80.52	74.05	85.59	93.42	92.75	91.08
计算机、通信和其他电子设备制造业	55.91	47.47	41.05	44.57	45.28	44.69	48.58	51.06	46.78	58.71
仪器仪表制造业	70.19	73.27	80.52	89.69	100.00	84.65	93.20	91.01	73.90	75.09

行业的产能过剩情况最为普遍也最为严重,低技术行业的产能利用率低于中技术行业的产能利用率,中技术行业的产能利用率低于高技术行业的产能利用率。这是由低技术行业的产能长期高居不下,而市场的有效需求却逐渐趋于平缓所导致。河北省工业部门各行业间存在的产能过剩呈现差异化,部分行业的产能利用率随时间推移发生剧烈的波动。因此,治理产能过剩需要因行业制宜、因地制宜、因时制宜,"一刀切"式的行政规制手段有造成产能利用率不降反升的风险。

(2) 采矿行业。

河北省拥有十分丰富的矿产资源,传统矿业的发展面临着大规模的长期产能过剩问题,其中煤炭开采和洗选行业最为严重,其次是有色金属采矿业,而黑色金属矿采选业在一半以上的观测年度里不存在产能过剩。除煤炭开采和洗选业外,其他采矿行业在2016年去产能的过程中取得了良好的经济效益,产能利用率有所提高,非金属矿采选业甚至摆脱了长达九年的产能过剩(见图2-1)。

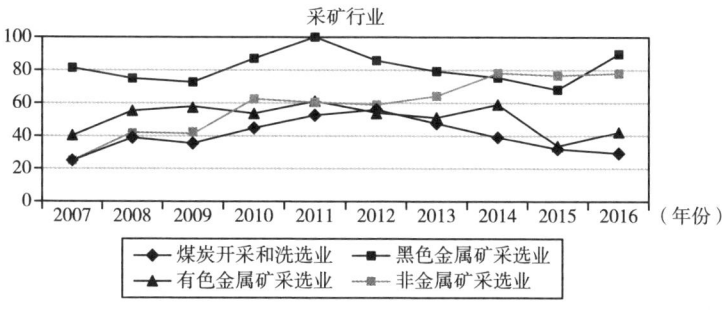

图2-1 河北省采矿行业产能利用率(2007-2016年)

(3) 低技术行业。

低技术行业包括比较传统的工业,如农副食品加工业、食品制造业和纺织业。由于行业特殊性,农副食品加工业的需求一直高居不下,导致了该行业在半数以上的观测年度甚至出现了产能不足的情况。只有纺织业、造纸和纸制品业在2016年实现了有效的去产能,其他行业均在2016年出现了产能过剩越发严重的情况。纺织服装、服饰业的产能利用率在 2016 年出现了大幅度下跌。这表明过剩产能逐渐转移到了下游轻工业（见图 2-2）。

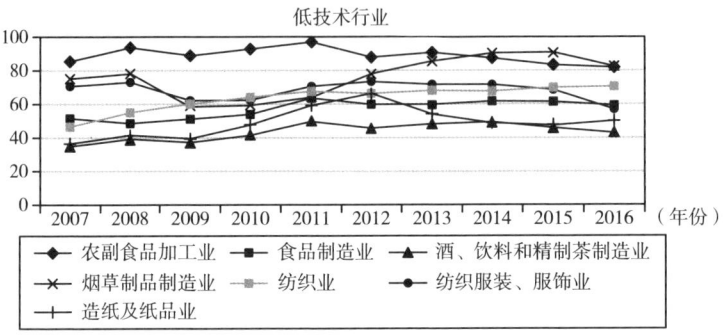

图 2-2　河北省低技术行业产能利用率（2007~2016 年）

（4）中技术行业。

中技术行业包括河北省主要的重工业加工业和制造业。非金属矿物制品业涵盖了玻璃、水泥、陶瓷等河北省传统的产能过剩行业。非金属矿物制品业的产能利用率有将近九年为该年中技术行业的最低值，该行业的产能过剩最为严重。黑色金属冶炼和压延加工业在 2007~2012 年不存在产能过剩，但在 2013 年以后成为产能过剩行业。石油加工、炼焦及核燃料加工业在 2014 年之后出现较为严重的产能过剩情况，并在 2016 年进一步加剧。除了该行业外，其他中技术行业虽未能摆脱产能过剩，但均不同程度地提高了产能利用率（见图 2-3）。

（5）高技术行业。

高技术行业中的电气机械和器材制造业在观测年度中均不存在产能过剩，交通运输设备制造业和仪器仪表制造业在半数以上观测年度里不存在产能过剩。化学原料和化学制品制造业，医药制造业和计算机、通信和其他电子设备制造业虽然存在着长期的产能过剩，但其在 2016 年出现了产能利用率普遍上升的情况，去产能取得了显著的成效。化学纤维制造业和专用设备制造业产能过剩情况加剧，化学纤维

第 2 章 中国产能过剩与政府治理现状

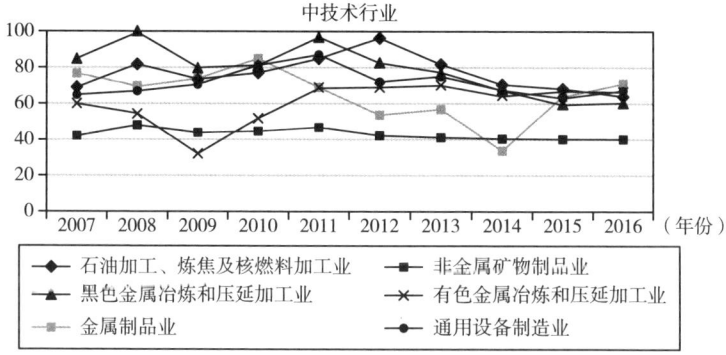

图 2-3 河北省中技术行业产能利用率 (2007~2016 年)

制造业甚至从 92.34% 下降到了 61.94%（见图 2-4）。

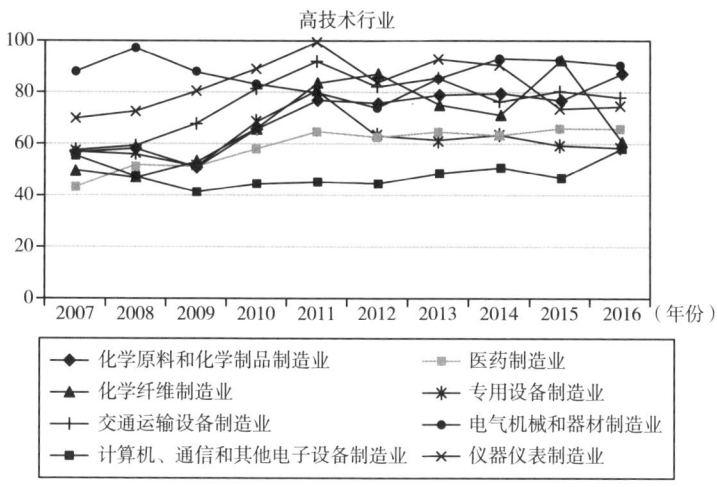

图 2-4 河北省高技术行业产能利用率 (2007~2016 年)

2.4.4 河北省产能过剩典型行业去产能情况

2018 年河北省去产能工作成效显著，超额完成六大行业年度去产能任务，压减退出炼钢产能 1230 万吨、煤炭 1401 万吨、水泥 313 万吨、平板玻璃 810 万重量箱、焦炭 517 万吨、火电 55 万千瓦，钢铁"僵尸企业"全部出清,并且对传统产业大力改造提升,努力实现传统产业的转型升级。本部分以钢铁、水泥和玻璃行业为例对河北省去产能改革取得的成效进行了概述,并对河北省去产能改革中存在的问题进行了分析。

2.4.4.1 取得的成效

(1) 钢铁行业去产能取得的成效。

2016年河北省加大钢铁行业去产能力度,全面落实"三去一降一补"重点任务,深入实施"6643"工程,钢铁行业去产能成效显著。河北省压减炼钢产能1624万吨、炼铁产能1761万吨,分别占国家下达任务的198%、169.5%。2017年河北省在重视去产能数量的同时还严格保证去产能的质量。2017年年底,装备制造业可比价增加值占省规模以上工业的比重为27.0%,比钢铁工业高2.2个百分点,钢铁工业增加值下降0.1%。规模以上装备制造业生产呈现较快增长态势,并首次超过钢铁工业,成为全省工业第一大行业。

2018年河北省供给侧结构性改革迈出新步伐,超额完成六大行业年度去产能任务,生铁产量下降3.9%,压减退出炼钢产能1230万吨,钢铁"僵尸企业"全部出清。并且大力推动传统产业转型升级,实施千项技改工程,工业技改投资增长10%左右,钢铁行业运行平稳,效益良好。

(2) 水泥行业去产能取得的成效。

2010~2017年,河北省累计淘汰落后水泥产能12784.5万吨,其中2012年和2014年淘汰落后产能均超过3100万吨。仅2013年和2014年,河北省累计淘汰和压减水泥产能5634万吨。近几年来,减压量逐年减少,2016年压减水泥产量286万吨,2017年为261.5万吨,2018年压减水泥产量313万吨。

(3) 玻璃行业去产能取得的成效。

2013~2014年,河北省总共淘汰4021.5万重量箱的平板玻璃产能。2016年,河北省继续深入实施"6643"工程,淘汰平板玻璃产能2189万重量箱。2017年年底"6643"工程超额完成,总共削减了平板玻璃产能累计7173万重量箱。2018年削减平板玻璃810万重量箱,平板玻璃产量下降1.7%,平板玻璃企业效益明显好转,产业结构得到优化。部分企业从过去简单地生产平板玻璃到生产耐腐蚀、轻质高强的复合材料。

2.4.4.2 存在的问题

(1) 部分产能过剩行业存在"僵尸企业"。

2018年3月国务院公布的政府工作报告中多次强调了市场化、法治化手段去产能的重要性以及出清"僵尸企业"的紧迫性。自河北省政府颁布《关于处置"僵尸企业"的指导意见》以来,大多数"僵尸企业"通过兼并重组、破产重组、债务和解、破产清算等方式已实现出清。2018年年底,河北省钢铁"僵尸企业"已全部出清,但由于兼并激励不足、利益相关方消极对待、企业转型升级力度不足等原因,除钢铁外的其他行业"僵尸企业"出清不彻底。

(2) 产能出清进程的推进带来的职工安置问题。

自钢铁、水泥、平板玻璃等行业企业去产能实施以来大量职工面临下岗问题。下岗职工多具有年龄较大、再就业能力不足、家庭生活和就业压力大等特征。这些特点导致他们在就业市场上居于劣势地位,成为劳动力市场上的弱势群体。当企业通过兼并重组的方式实现产能出清时,原企业职工可以继续在新企业中工作。而对于部分无法通过兼并重组的企业,地方政府通常会让企业先进行内部岗位调剂,实现转岗转产而非失业。随着去产能任务的推进,企业内部的岗位调剂空间越来越小,而企业内部仍然存在大量年龄大、再就业能力低的员工。虽然在企业裁员时,政府会发挥其"兜底"职能:提供相应的经济补偿和社会保障、开展就业培训帮助其再就业。但是由于这些职工年龄偏大、承受风险能力低,加之政府财力有限,因此职工的妥善安置会越加困难。

（3）部分产能过剩企业负债率较高。

产能过剩是导致企业负债率过高的重要原因。企业产能过剩、产品滞销、资金周转困难，直接导致企业的流动性资金需求增大，迫使企业增加融资，从而使杠杆率越来越大，企业的财务支出越来越多，偿债能力因此也就越来越差。以往河北省钢铁企业的负债率普遍高达70%，而煤炭企业的负债率也在70%左右，远高于全国整体工业55.8%的负债率。截至2018年年底，钢铁行业资产负债率实现在前两年连续下降基础上同比再降3.39个百分点至65.74%，过半数钢铁企业降至60%以下。但目前仍有部分企业资产负债率高于60%。

第3章　基于寡头垄断模型的政府因素对产能过剩影响的理论分析

第3章 基于寡头垄断模型的政府因素对产能过剩影响的理论分析

为从政府视角揭示产能过剩产生的根源,本章拟通过构建双寡头垄断模型,将政府直接管制、补贴、软预算约束、分类改革、国有股比例等政府因素纳入不同情景下产能过剩产生根源的分析之中,以全面揭示政府因素对产能过剩的影响。

3.1 研究方法——双寡头垄断分析

那么如何解释政府与产能过剩之间的内在关联呢?本书拟采用双寡头垄断模型方法。双寡头垄断模型考察了特定市场中两个市场主体之间的相互博弈,进而得出子博弈完美纳什均衡下的最优决策,是考察市场主体理性决策行为的有效方法。一方面,只考察两个市场主体之间的竞争,有助于简化分析,更易于得出结论,其揭示的内在作用机理同样适用于多主体之间的竞争,而且便于进行深化扩展;另一方面,可以通过竞争类型、成本和效用函数等要素的设计将其应用于大量的现实社会经济问题。因此,双寡头垄断模型是经济学界广泛采用的有效方法,实践证明其得出的结论具有较强的现实解释力和应用性。

一部分学者运用双寡头垄断模型研究了产能过剩问题,通过多阶段的产能产量博弈分析,揭示在寡头垄断竞争均衡状态下产能过剩的形成机理。研究结果表明,产能过剩普遍存在于大多数的私人寡头垄断市场中。Ogawa(2006),Bárcena-Ruiz 和 Garzón(2007)分别研究了在产品异质条件下的混合寡占市场中,产量竞争和价格竞争情况下的企业产能选择问题。此外,Elhadj 等(2012)考虑了拥挤的垂直差异化市场中的产能选择问题。Fernández Ruiz(2012)分析了由国有企业和外资企业组成的混合寡占市场中的产能选择。Nakamura 和 Saito(2013)研究了一个私有企业追求相对利润的混合双寡头中的产能选择。Lavrutich(2017)研究了不确定性下寡头垄断市场的产能选择。Chen 等（2019）通过双寡头模型来检验异质性和软预算约束对产能决策的影响。在这些研究中，国有产权是否必然导致产能过剩，学者们存在一定的争议，这也是学术界重要的争论点。Wen 和 Sasaki（2001）的研究认为，在双寡头垄断竞争均衡状态下，会出现企业产能过剩问题。在子博弈完美纳什均衡下，国有企业存在产能过剩。然而，Tomaru 等（2011）、Nakamura（2014）等学者利用不同的混合寡占模型得出了相反的结论，认为国有企业不一定会出现产能过剩。这些结论对探讨政府因素与产能过剩之间的关系具有一定的借鉴意义。教育作为准公共产品，未必只会出现产能不足，在特定条件下还会出现产能过剩。在研究过程中，有学者采取了同时博弈分析法，如 Nishimori 和 Ogawa（2004）；还有的采用序贯博弈法，如 Lu 和 Poddar（2005a）采用了序贯博弈的分析方法，研究结果表明，国有企业从不选择过剩产能，而私有企业从不选择产能不足。随后，Lu 和 Poddar（2006b）研究了市场需求不确定条件下的企业产能选择。由于现实中市场主体往往是先选择产能，而后在进行产量选择进行生产，因而本书拟采取序贯博弈法。

基于以上分析，本书拟采用双寡头垄断分析方法来揭示政府因素与产能过剩之间的关系，梳理出内在的逻辑和作用机理。

3.2 交叉所有权、产能过剩与政府管制

3.2.1 问题的提出

对于如何治理产能过剩，某些国家如中国政府采取了严厉的政府规制政策，力求基于社会福利最大化对企业产能进行严格控制，同时希望通过大规模的企业兼并重组来控制产能过剩。那么这些行为能否对产能过剩起到有效的抑制作用呢？为了回答这一问题，本部分将基

于双寡头垄断模型,将交叉所有权、产能过剩与政府规制置于同一个分析框架之中。一方面考察当实施严厉规制政策时,能否起到化解产能过剩的作用;另一方面考察企业间的兼并重组对产能过剩的影响。

为了在双寡头垄断模型中体现行业内的兼并重组,我们运用交叉所有权(cross ownership)这一概念。交叉所有权不同于双向的交叉持股(cross shareholding),也不同于没有投资范围限制的股权投资(equity investment),而是在一个由多市场主体构成的相同或相似市场中,一家企业对另一家企业的股权持有行为。有研究表明,通过交叉所有权,一个企业获得竞争对手的股权,虽然并不一定拥有决策权,但可以获取利润分成,并且会抑制市场竞争,获取竞争对手专用知识,实现协同效应及多样化投资(Gilo et al., 2006; Alley, 1997; Macho-Stadler & Verdier, 1991; Reynolds & Snapp, 1986)。因此,在很多行业中都存在交叉所有权的现象,典型代表是传媒行业。[①] 大量证据表明,交叉所有权广泛地存在于寡头垄断市场之中(Cai & Karasawa-Ohtashiro, 2015; Jain & Pal, 2012)。因此,我们运用交叉所有权来表示行业内的兼并重组。

3.2.2 模型构建

基于以上分析,进行如下假设:

假设 3-1:存在一个由企业 1 和企业 2 组成的双寡头垄断竞争市场。两家企业的产品同质,市场需求函数为 $p = a - q_1 - q_2$, $a > 0$。两家企业采取的生产技术相同,如果产能大于或小于产量,会造成沉淀成本等资源浪费或机器超负荷运转带来的额外成本,而产能产量均

[①] 需要注意,交叉所有权行为容易导致默契合谋或垄断,例如,当一个企业对行业内企业实施高度交叉所有权时,该企业对市场的掌控力或垄断势力将大为加强。这就给政府对企业交叉所有权行为的规制造成难题。政府对企业交叉所有权的规制要着眼于整个社会福利的增进,只要交叉所有权行为能够提升社会福利,政府无须干预。

衡有助于降低成本。为了体现产能产量不均衡给企业带来的额外成本，参照 Vives (1986)、Tomaru 等（2011）等广泛采用的方法，将成本函数设为$c_i = m q_i + (x_i - q_i)^2$，$x_i$代表产能，m 为大于 0 的常数，i = 1 或 2。可见，实现产能产量均衡有助于降低成本。很明显，a > m，否则生产将无利可图。如此一来，企业利润$\pi_i = (a - q_1 - q_2)q_i - m q_i - (x_i - q_i)^2$。社会福利 $sw = \pi_1 + \pi_2 + cs$，cs 代表消费者剩余（consumer surplus），$cs = \dfrac{(q_1 + q_2)^2}{2}$。

假设 3 - 2：企业 1 对企业 2 实施交叉所有权安排，即持有对方的 δ 比例的股权，$0 \leq \delta \leq 1$。如果 $0 \leq \delta \leq \dfrac{1}{2}$，则控股权由企业 2 原股东掌握；如果 $\dfrac{1}{2} < \delta \leq 1$，则控股权由企业 1 股东掌控。

假设 3 - 3：两家企业进行两阶段的动态序贯博弈。第一阶段，由两家企业根据效用最大化或社会福利最大化确定产能。如果政府不进行管制，则由企业根据效用最大化进行产能决策；否则，根据社会福利最大化进行决策。第二阶段，由两家企业围绕产量进行古诺竞争，根据效用最大化确定产量。

3.2.3 模型分析

3.2.3.1 当 $0 \leq \delta \leq \dfrac{1}{2}$ 时的情况

首先假设 $0 \leq \delta \leq \dfrac{1}{2}$，则意味着企业 2 决策权仍由其原股东掌握。两家企业的效用函数为$u_1 = \pi_1 + \delta \pi_2, u_2 = (1 - \delta)\pi_2$。

首先看第一阶段的博弈。两家企业的经营者根据其效用最大化进行产量决策，需要满足：$\dfrac{\partial u_1}{\partial q_1} = 0$ 与 $\dfrac{\partial u_2}{\partial q_2} = 0$，可以得到：

第3章 基于寡头垄断模型的政府因素对产能过剩影响的理论分析

$$q_1 = \frac{(3-\delta)(a-m) + 8x_1 - 2(1+\delta)x_2}{15-\delta} \quad (3.1)$$

$$q_2 = \frac{3(a-m) - 2x_1 + 8x_2}{15-\delta} \quad (3.2)$$

再看第二阶段的博弈，可以分为两种情况：

（1）由企业自行决定产能。

为了实现效用最大化，两家企业的产能需要满足 $\frac{\partial u_1}{\partial x_1} = 0$ 与 $\frac{\partial u_2}{\partial x_2} = 0$，将式（3.1）、式（3.2）代入企业效用函数，可以得到：

$$x_1 = \frac{(\delta^3 - 34\delta^2 + 301\delta - 208)(a-m)}{\delta^3 - 37\delta^2 + 363\delta - 559} \quad (3.3)$$

$$x_2 = \frac{16(\delta - 13)(a-m)}{\delta^3 - 37\delta^2 + 363\delta - 559} \quad (3.4)$$

将式（3.3）、式（3.4）代入

$x_1 - q_1 = \dfrac{(\delta-3)(a-m) + (7-\delta)x_1 + 2(1+\delta)x_2}{15-\delta}$ 与 $x_2 - q_2 = \dfrac{-3(a-m) + 2x_1 + (7-\delta)x_2}{15-\delta}$，可以得到：

$$x_1 - q_1 = \frac{(-\delta^2 + 18\delta - 13)(a-m)}{\delta^3 - 37\delta^2 + 363\delta - 559} > 0 \quad (3.5)$$

$$x_2 - q_2 = \frac{(\delta^2 - 12\delta - 13)(a-m)}{\delta^3 - 37\delta^2 + 363\delta - 559} > 0 \quad (3.6)$$

（2）由政府掌握产能决策权。

如果由政府进行严厉的产能规制，则需要根据社会福利最大化，即 W 最大化进行决策。

由 $\frac{\partial sw}{\partial x_1} = 0$ 与 $\frac{\partial sw}{\partial x_2} = 0$，可以得到：

$$x_1 = \frac{(-3\delta^4 + 96\delta^3 - 861\delta^2 + 1530\delta - 1350)(a-m)}{-3\delta^4 + 100\delta^3 - 988\delta^2 + 2640\delta - 2925} \quad (3.7)$$

$$x_2 = \frac{(4\delta^3 - 126\delta^2 + 1080\delta - 1350)(a-m)}{-3\delta^4 + 100\delta^3 - 988\delta^2 + 2640\delta - 2925} \quad (3.8)$$

将式（3.7）、式（3.8）代入

$x_1 - q_1 = \dfrac{(\delta-3)(a-m) + (7-\delta)x_1 + 2(1+\delta)x_2}{15-\delta}$ 与 $x_2 - q_2 = \dfrac{-3(a-m) + 2x_1 + (7-\delta)x_2}{15-\delta}$，可以得到：

$$x_1 - q_1 = \frac{(\delta^3 - 45\delta^2 + 675\delta - 3375)(a-m)}{(15-\delta)(-3\delta^4 + 100\delta^3 - 988\delta^2 + 2640\delta - 2925)} > 0 \quad (3.9)$$

$$x_2 - q_2 = \frac{(-\delta^4 + 46\delta^3 - 720\delta^2 + 4050\delta - 3375)(a-m)}{(15-\delta)(-3\delta^4 + 100\delta^3 - 988\delta^2 + 2640\delta - 2925)} > 0 \quad (3.10)$$

命题 3-1：当企业 1 不对企业 2 实施交叉所有权，或实施低水平的交叉所有权而控股权由企业 2 原股东掌控时，则无论政府是否实施严厉的产能管制，都会出现产能过剩现象。

3.2.3.2 当 $\dfrac{1}{2} < \delta < 1$ 时的情况

当 $\dfrac{1}{2} < \delta < 1$ 时，企业决策权由企业 1 股东掌握。两家企业的效用函数变为 $u_1 = \pi_1 + \delta\pi_2$ 与 $u_2 = \delta(\pi_1 + \delta\pi_2)$。

在第二阶段的博弈中，双方产量决策需要满足 $\dfrac{\partial u_1}{\partial q_1} = 0$ 与 $\dfrac{\partial u_2}{\partial q_2} = 0$，即：

$$q_1 = \frac{(\delta^2 - 3\delta)(a-m) - 8\delta x_1 + (2\delta^2 + 2\delta)x_2}{\delta^2 - 14\delta + 1} \quad (3.11)$$

$$q_2 = \frac{(1-3\delta)(a-m) + 2(1+\delta)x_1 - 8\delta x_2}{\delta^2 - 14\delta + 1} \quad (3.12)$$

第3章 基于寡头垄断模型的政府因素对产能过剩影响的理论分析

(1) 企业自行决定产能。

如果企业自己掌握产能决策,那么根据 $\frac{\partial u_1}{\partial x_1} = 0$ 与 $\frac{\partial u_2}{\partial x_2} = 0$,在保证产能不为负的情况下的均衡产能水平为:

$$x_1 = 0 \tag{3.13}$$

$$x_2 = \frac{(1-3\delta)(a-m)}{\delta^2 - 6\delta + 1} \tag{3.14}$$

将式(3.13)、式(3.14)代入

$x_1 - q_1 = \dfrac{(-\delta^2 + 3\delta)(a-m) + (\delta^2 - 6\delta + 1)x_1 - 2(\delta^2 + \delta)x_2}{\delta^2 - 14\delta + 1}$ 与 $x_2 -$

$q_2 = \dfrac{(3\delta - 1)(a-m) - 2(1+\delta)x_1 + (\delta^2 - 6\delta + 1)x_2}{\delta^2 - 14\delta + 1}$,可以得到:

$$x_1 - q_1 = \frac{(-\delta^4 + 15\delta^3 - 15\delta^2 + \delta)}{(\delta^2 - 14\delta + 1)(\delta^2 - 6\delta + 1)} < 0 \tag{3.15}$$

$$x_2 - q_2 = 0 \tag{3.16}$$

命题3-2:在企业1掌握企业2决策权的情况下(非完全兼并),如果企业自行决定产能,企业1非但不会出现产能过剩,还会出现产能不足。企业2产能产量相等,实现了均衡。

(2) 由政府掌握产能决策权。

在政府实施严厉产能规制、掌握决策权的情况下,由 $\frac{\partial sw}{\partial x_1} = 0$ 与 $\frac{\partial sw}{\partial x_2} = 0$ 可以得到:

$$x_1 = 0 \tag{3.17}$$

$$x_2 = \frac{(-4\delta^4 - 14\delta^3 + 98\delta^2 - 18\delta + 2)(a-m)}{14\delta^4 - 32\delta^3 + 120\delta^2 - 24\delta + 2} \tag{3.18}$$

将式(3.17)、式(3.18)代入

$x_1 - q_1 = \dfrac{(-\delta^2 + 3\delta)(a-m) + (\delta^2 - 6\delta + 1)x_1 - 2(\delta^2 + \delta)x_2}{\delta^2 - 14\delta + 1}$ 与 $x_2 -$

$$q_2 = \frac{(3\delta-1)(a-m)-2(1+\delta)x_1+(\delta^2-6\delta+1)x_2}{\delta^2-14\delta+1}，可以得到：$$

$$x_1 - q_1 = \frac{(-6\delta^6+110\delta^5-384\delta^4+224\delta^3-42\delta^2+2\delta)(a-m)}{(\delta^2-14\delta+1)(14\delta^4-32\delta^2+120\delta^2-24\delta+2)} < 0$$

(3.19)

$$x_2 - q_2 = \frac{(-4\delta^6+52\delta^5+68\delta^4-228\delta^3+16\delta^2)(a-m)}{(\delta^2-14\delta+1)(14\delta^4-32\delta^2+120\delta^2-24\delta+2)} > 0$$

(3.20)

命题 3-3：在企业 1 掌握企业 2 决策权的情况下（非完全兼并），如果政府掌控企业的产能决策，那么企业 1 会出现产能不足，企业 2 会出现产能过剩。

3.2.3.3 当 δ=1 时的情况

如果企业 1 对企业 2 进行完全兼并，那么两家企业的效用函数相同，$u_1 = \pi_1 + \pi_2 u_2 = \pi_1 + \pi_2$。

第一阶段双方的均衡产量为：

$$q_1 = \frac{2(a-m)+8x_1-4x_2}{12} \quad (3.21)$$

$$q_2 = \frac{2(a-m)-4x_1+8x_2}{12} \quad (3.22)$$

在第一阶段博弈中，如果企业自行决定产能，则均衡产能为：

$x_1 = x_2 = q_1 = q_2 = \frac{a-m}{4}$，$x_1 - q_1 = x_2 - q_2 = 0$。

如果政府掌握产能决策，则 $x_1 = x_2 = \frac{2(a-m)}{5}$，$q_1 = q_2 = \frac{3(a-m)}{10}$，$x_1 - q_1 = x_2 - q_2 = \frac{a-m}{10} > 0$。

命题 3-4：当企业 1 对企业 2 进行完全兼并时，如果企业拥有产能决策权，那么两家企业产能产量相等；如果政府掌握产能决策权，那么两家企业都会出现产能过剩。

3.2.4 结论

通过以上分析，得出如下结论：

第一，交叉所有权行为在一定条件下可以起到抑制产能过剩的作用。企业1不对企业2实施交叉所有权安排时，无论产能决策权由企业还是政府掌握，两家企业都会出现产能过剩。如果企业1对企业2的交叉所有权水平较低，未获取企业决策权，那么依旧会存在产能过剩。但是如果实施高水平的交叉所有权安排，甚至是完全兼并，此时两家不一定会产生产能过剩，产能不足或产能产量相等都可能出现。这取决于产能决策权掌握在企业还是政府手中。因此，可以说，交叉所有权安排在一定条件下可以起到抑制产能过剩的作用，其经济学含义便是行业内的兼并重组对于化解行业严重的产能过剩具有一定的政策意义。

第二，政府严厉的产能规制政策不一定会解决产能过剩。研究发现，在低水平交叉所有权的情况下，严厉的政府产能规制政策虽然能够保证产能决策符合社会福利最大化要求，但是仍然会出现产能过剩。在由企业1掌握企业2决策权的情况下（非完全兼并），如果政府掌控企业的产能决策，那么企业1会出现产能不足，企业2会出现产能过剩；而如果由企业自行决策，则都不会出现产能过剩。在企业1对企业2完全兼并时，严厉的产能规制政策反而不如企业自行决策时的效果好，会造成产能过剩。其经济学含义是，政府严厉的产能规制政策一定经过充分的科学论证，坚持市场的决定性地位，否则会诱发"政府失灵"，无利于产能过剩问题的解决。

3.3 产品差异化、政府管制与产能过剩

3.3.1 问题的提出

产能过剩作为一种常见的经济现象,即使严厉的产能规制政策能在短期内起到立竿见影的缓解作用,但根治还需要找出产能过剩产生的根源,以此对症下药。仅靠政府的外部政策支持难以实现去产能的目标,还要依靠企业自身的努力,其中产品差异化至关重要。中国光伏、钢铁、水泥、船舶等行业存在严重产能过剩问题,普遍存在产品同质严重的现象。在钢铁行业,2014~2016年中国计划投产汽车用钢的生产企业十多家,设计产能约1068万吨,远远大于国内汽车用钢的需求;在煤炭行业,神华集团、中煤集团、山西焦煤和同煤集团等特大型煤炭企业加上地方大型煤炭集团,都在重点发展煤化工、电力、煤矿装备等产业,同质化竞争十分突出;在水泥行业,水泥企业多生产普通水泥,产能过剩问题突出,且企业研发能力较为薄弱,只有少量企业开发出适合各种工程要求的混凝土产品和水泥制品。一般观点认为,产品差异化程度越低,即同质性越强,企业面临的竞争就越激烈,越容易导致产品销售困难,进而出现产能过剩。产品差异度越大,企业面临的竞争压力就越小。然而,过高的产品差异化容易产生垄断问题,进而有损于社会福利。那么产品差异化对产能产量决策有何作用?产品差异化是否一定会解决产能过剩?对于社会福利而言,产品差异化是越高越好吗,是否存在一个最优的水平?关于产品差异化作用的相关研究则为笔者提供了文献依据和研究思路。纵观已有研究,关于产品差异化的作用有两种观点:一种观点认为,差异化可以增强产品的市场竞争力,提升企业绩效(Caves,1971;乔友庆等,2002;Ju et al.,2013);避免同类产品市场的高强度竞争,获得

第3章 基于寡头垄断模型的政府因素对产能过剩影响的理论分析

高额利润（袁梁，2011）。另一种观点则认为，产品差异化提升了财务绩效但未提升市场绩效（陈叶婷等，2015）。因而，产品差异化对社会福利有正负两个方面的影响，产品差异化有助于解决产能过剩，但其负面影响不可忽视，有必要探索最优的差异化水平。那么如何将产品差异化纳入产能过剩的寡头垄断博弈模型呢？对此，有研究运用寡头垄断模型及博弈论方法来探讨了产品差异化的作用。例如，赵德余（2006）在霍特林线段模型的基础上构建了三阶段伯川德-斯塔克尔伯格市场下的价格竞争与产品差异化策略博弈模型，揭示了产品差异化程度的提高对双寡头垄断市场中的均衡价格与利润变动的影响；唐丁祥等（2010）将产品差异化置于一个三阶段动态博弈框架，考察了竞争性价格歧视策略对企业研发激励的影响；乔芳丽等（2012）构建了技术外溢条件下双寡头垄断企业R&D投资和产量决策模型，分析了产品差异化程度和技术外溢程度组合条件下的决策行为对创新投入、企业利润和社会福利的影响。这些问题有待从理论上进行探讨。

纵观已有研究，存在如下问题：（1）在采用寡头垄断模型对产能过剩进行理论探索时，多数研究假设企业根据其效用函数做出产能决策，较少考虑到政府实施严厉规制条件下的产能决策，而中国目前的产能规制政策十分严厉，因此这些研究假设不符合目前的中国实际情况；同时，由于缺乏两种情况的对比分析，现有研究没有深入揭示政府的产能规制政策对化解产能过剩的内在作用机理，因而对政府规制政策制定调整的指导意义有限。（2）虽然有学者探索了产品差异化导致产能过剩的内在作用机理，但是少有将产品差异化、产能过剩及社会福利结合起来分析并探索最优产品差异化水平，更多研究的主要目的在于揭示产能规制政策对治理产能过剩的作用，涉及对社会福利影响的研究反而不多，如此容易陷入"为了去产能而去产能"的误区。而这些正是为本书的研究提供了切入点。

基于此，本部分试图构建寡头垄断模型，以分析产品差异化对产能过剩的影响及其作用机理，考察政府基于社会福利最大化的产能规制政策是否会对产能过剩起到抑制作用；同时，推导出不同条件下的产品差异化最优水平，扩展寡头垄断模型的应用范围，从而揭示产能过剩形成的影响因素及内在机理，为政府和企业制定科学的去产能对策提供借鉴。

3.3.2 模型构建

构建由两家企业组成的双寡头垄断市场，相关假设如下：

假设3-4：存在一个由企业1与企业2组成的双寡头垄断市场，围绕产量进行古诺竞争。市场需求函数为$P_i = a - q_i - r q_j$，i及j的取值为1或2，且$i \neq j$，r代表产品差异化程度，$r \in [0, 1]$值越大，产品差异程度越低，a为大于0的常数。

假设3-5：两家企业的成本函数仍然设定为$C(q_i, x_i) = m q_i + (x_i - q_i)^2$，其中，边际成本$m > 0$，$q_i$代表产量，$x_i$代表产能。企业利润函数为$\pi_i = p_i q_i - c_i$，即$\pi_i = (a - q_i - r q_j)q_i - m q_i - (x_i - q_i)^2$。社会福利函数为$W = \pi_1 + \pi_2 + CS$，CS代表消费者剩余，$CS = \dfrac{q_1^2 + q_2^2 + 2 r q_1 q_2}{2}$。

假设3-6：纵观已有文献，关于企业产量决策目标的假设主要有两种：第一种是不考虑企业内部委托代理关系，假设产量决策按照企业效用最大化来制定（Saha et al., 2011；Jain et al., 2012）；第二种是假设存在委托代理关系，分为完全授权（产能产量决策都由经营者掌握）和部分授权（经营者只掌握产量决策）（Tomaru et al., 2011；高蓓等，2013）。企业的委托代理关系与规模、治理机制有关，有的企业委托代理问题非常严重，而有的企业却因所有权和经营权未分离而问题相对较轻。为了全面描述这一事实，我们假设企业的产量目标存在两种情况：一种是在不存在委托代理的情况下，追求企业效用最大化;另一种是存在部分管理授权情况下,参考 Tomaru 等(2011)的做法,假设产量决策由经营者掌握,经营者的效用函数为 $U_i = \delta \pi_i + \theta_i q_i$,$\delta$ 为常数,代表着企业经营者效用对利润的边际倾向,两家企业相同,$0 < \delta < 1$。θ_i 为产量与效用的关联系数,$i = 1, 2$。完全授权的情况并不符合目前中国国情,因此不予考虑。

假设 3-7:企业的产能决策有两种情况:一种是由企业掌握,政府不进行规制,根据企业效用最大化进行决策,这是一种市场经济条件下的常见现象;另一种是由政府掌握,根据社会福利最大化进行严格的产能控制。

在以上前提条件下,双方进行两阶段或三阶段的动态序贯博弈。如果实施部分管理授权,则分为三个阶段:

第 1 阶段:两家企业制定对经营者的激励契约,确定 θ_1、θ_2。

第 2 阶段:确定企业的产能水平,即 x_1、x_2。

第 3 阶段:两家企业进行产量竞争,确定每家企业的具体产量,即 q_1、q_2。

如果产量决策由企业自行掌握,则只有第 2 与第 3 阶段。

3.3.3 模型分析

3.3.3.1 部分管理授权下的产能过剩分析

假设企业采取部分管理授权,产量决策由经营者掌握,此时存在三阶段的动态序贯博弈。采用逆向归纳法,首先看第 3 阶段博弈。

在第 3 阶段,由两家企业的经营者根据其效用最大化来决定产量。由 $\dfrac{\partial U_1}{\partial q_1} = 0$ 及 $\dfrac{\partial U_2}{\partial q_2} = 0$ 可以推出:

$$q_1 = \frac{t - r\delta q_2}{4\delta} \tag{3.23}$$

$$q_2 = \frac{e - r\delta q_1}{4\delta} \tag{3.24}$$

其中，$t = \theta_1 + \delta(a-m) + 2\delta x_1$，$e = \theta_2 + \delta(a-m) + 2\delta x_2$。

联立式（3.23）、式（3.24）可以得到均衡产量为：

$$q_1(x_1, x_2) = \frac{4t - re}{\delta(16 - r^2)} \qquad (3.25)$$

$$q_2(x_1, x_2) = \frac{4e - rt}{\delta(16 - r^2)} \qquad (3.26)$$

再看第 2 阶段博弈，分两种情况讨论。

（1）由企业掌握产能决策的情况。

如果企业自行掌握产能决策，则根据利润最大化来确定产能。将式（3.25）、式（3.26）代入 π_i，由 $\frac{\partial \pi_1}{\partial x_1} = 0$ 及 $\frac{\partial \pi_2}{\partial x_2} = 0$，可以得到：

$$x_1 = \frac{4r^2 \theta_1 - 16r\theta_2 + 16(4-r)(a-m)\delta - 32r\delta x_2}{(128 - 32r^2 + r^4)\delta} \qquad (3.27)$$

$$x_2 = \frac{4r^2 \theta_2 - 16r\theta_1 + 16(4-r)(a-m)\delta - 32r\delta x_1}{(128 - 32r^2 + r^4)\delta} \qquad (3.28)$$

联立式（3.27）、式（3.28）得到均衡产能为：

$$x_1 = \frac{A}{B}(a-m) + \frac{C\theta_1}{B\delta} - \frac{D\theta_2}{B\delta} \qquad (3.29)$$

$$x_2 = \frac{A}{B}(a-m) + \frac{C\theta_2}{B\delta} - \frac{D\theta_1}{B\delta} \qquad (3.30)$$

其中，$A = 8192 - 4096r - 1536r^2 + 512r^3 + 64r^4 - 16r^5$，$B = 16384 - 9216r^2 + 1280r^4 - 64r^6 + r^8$，$C = 1024r^2 - 128r^4 + 4r^6$，$D = 2048r - 384r^3 + 16r^5$。

最后，观察第 1 阶段的博弈情况，由企业根据利润最大化确定对经营者进行产量激励。进一步将式（3.29）、式（3.30）代入 π_i，求 $\frac{\partial \pi_1}{\partial \theta_1} = 0$ 及 $\frac{\partial \pi_2}{\partial \theta_2} = 0$，可以得到：

$$\theta_1 = -\left(\frac{I(a-m)\delta}{J} + \frac{K\theta_2}{J} \right) \qquad (3.31)$$

第3章 基于寡头垄断模型的政府因素对产能过剩影响的理论分析

$$\theta_2 = -\left(\frac{I(a-m)\delta}{J} + \frac{K\theta_1}{J}\right) \quad (3.32)$$

其中,

$$\begin{aligned}
I = &\ 4294967296r^2 - 2147483648r^3 - 2952790016r^4 \\
&+ 1342177280r^5 + 838860800r^6 - 343932928r^7 \\
&- 130023424r^8 + 48234496r^9 + 12124160r^{10} \\
&- 4096000r^{11} - 700416r^{12} + 217088r^{13} \\
&+ 24576r^{14} - 7040r^{15} - 480r^{16} + 128r^{17} + 4r^{18} - r^{19}。
\end{aligned}$$

$$\begin{aligned}
J = &\ -17179869184 + 21474836480r^2 - 10066329600r^4 \\
&+ 2399141888r^6 - 333709312r^8 + 28835840r^{10} \\
&- 1572864r^{12} + 52736r^{14} - 992r^{16} + 8r^{18}。
\end{aligned}$$

$$\begin{aligned}
K = &\ -1073741824r^3 + 738197504r^5 - 209715200r^7 \\
&+ 32505856r^9 - 3031040r^{11} + 175104r^{13} - 6144r^{15} \\
&+ 120r^{17} - r^{19}。
\end{aligned}$$

联立式（3.31）、式（3.32）可以得到两家企业均衡的产量激励水平：

$$\theta_1 = -\frac{I(a-m)\delta}{J+K} \quad (3.33)$$

$$\theta_2 = -\frac{I(a-m)\delta}{J+K} \quad (3.34)$$

通过分析此种情况下的产能过剩状况,将式（3.33）、式（3.34）代入式（3.29）、式（3.30）,可以得到：

$$x_1^* = x_2^* = (a-m)\frac{AJ + AK + DI - CI}{B(J+K)} \quad (3.35)$$

将式（3.35）代入式（3.27）、式（3.28）,可以得到：

$$q_1^* = q_2^* = (a-m)\frac{BJ + BK - BI + 2AJ + 2AK + 2DI - 2CI}{(4+r)(BJ+BK)} \quad (3.36)$$

因此,产能与产量之差为：

$$x_1^* - q_1^* = x_2^* - q_2^* = (a - m)$$

$$\frac{(J+K)[(2+r)A - B] + I[(2+r)D + B - (2+r)C]}{(4+r)(BJ+BK)} \quad (3.37)$$

因为 a – m > 0，所以由式（3.37）可以看出，产能与产量之差的大小及正负与 r 相关。

当 r = 0 时，$x_1^* - q_1^* = x_2^* - q_2^* = 0$。当 r ∈ (0,1]时，$x_1^* - q_1^* = x_2^* - q_2^*$的正负与 $\frac{(J+K)[(2+r)A - B] + I[(2+r)D + B - (2+r)C]}{(4+r)(BJ+BK)}$ 正负相同。

运用 MATLAB 2016 软件，假设 a – m = 1①，可以得到产能过剩情况，具体见图 3 – 1。

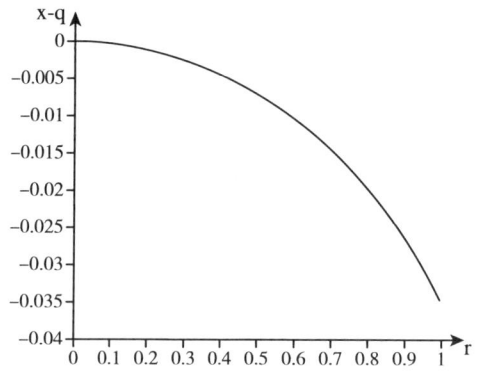

图 3 – 1　部分管理授权情况下由企业自行掌握产能决策时的产能过剩

由图 3 – 1 可知，除了 r = 0 外，其余情况下产能都小于产量，即不会出现产能过剩，反而会出现产能不足。同时，随着产品同质化程度（r）的不断提高，$\left|\frac{\partial(x_i - q_i)}{\partial r}\right|$ 越来越大，这意味着每单位产品同质化程度的提高带来的产能不足程度的增幅越来越大。

命题 3 – 5：通过对经营者实施部分管理授权，由其掌握产量决策，并由企业掌握产能决策的情况下，此时会出现产能不足。产品差

---

① 在后面的图形分析中，都采用该假设。

第3章 基于寡头垄断模型的政府因素对产能过剩影响的理论分析

异化程度越高,产能不足程度越低。随着产品差异化程度的不断提高,每单位产品差异化程度的提高带来的产能不足程度的降幅越来越小。

由此可见,在没有政府干预的情况下,企业间的竞争未必会导致产能过剩。所以产能过剩不是政府进行产能规制的充分条件,政府不能够以预防产能过剩为由过度干预市场。在一定条件下,企业的自由竞争反而也会出现产能不足,这同样也是一种资源配置的失效,需要引起政府的重视。企业间产品差异越大,越有利于解决产能不足问题。可见,产品差异化是解决产能产量均衡问题的有效手段。

其对中国产能规制政策的启示是:产能过剩是目前我国经济发展面临的重要难题,但是产能不足也不可忽视。产能不足和过剩一样都是社会资源的低效配置。目前,中国在钢铁、煤炭、电解铝等行业中产能严重过剩的同时,在一些高尖端领域却存在产能不足,这应当引起政府足够重视。而且,积极推进产品差异化不仅对产能过剩,对抑制产能不足也具有积极影响,如此产品差异化的政策含义则更加丰富。

(2)由政府掌握产能决策情况下的产能过剩分析。

如果政府掌握企业的产能决策,则按照社会福利最大化的标准来制定企业产能决策。那么将式(3.25)、式(3.26)代入 W,由 $\frac{\partial W}{\partial x_1}=0$ 及 $\frac{\partial W}{\partial x_2}=0$ 可以得到:

$$x_1 = \frac{(4-r)^2(5+r)(a-m)\delta + (16+r^2)\theta_1 - 8r\theta_2 + (2r^3-48r)\delta x_2}{(r^4+96-26r^2)\delta}$$
(3.38)

$$x_2 = \frac{(4-r)^2(5+r)(a-m)\delta + (16+r^2)\theta_2 - 8r\theta_1 + (2r^3-48r)\delta x_1}{(r^4+96-26r^2)\delta}$$
(3.39)

联立式(3.38)、式(3.39)可以得到均衡产能为:

$$x_1 = \frac{E}{F}(a-m) + \frac{G\theta_1}{F\delta} - \frac{H\theta_2}{F\delta} \tag{3.40}$$

$$x_2 = \frac{E}{F}(a-m) + \frac{G\theta_2}{F\delta} - \frac{H\theta_1}{F\delta} \tag{3.41}$$

其中，$E = 7680 - 6144r - 1216r^2 + 1024r^3 + 62r^4 - 56r^5 - r^6 + r^7$。

$F = 9216 - 7296r^2 + 1060r^4 - 56r^6 + r^8$。

$G = 1536 + 64r^2 - 26r^4 + r^6$。

$H = 1536r - 192r^3 + 6r^5$。

再看第 1 阶段博弈，将式（3.40）、式（3.41）代入 π_i，求 $\frac{\partial \pi_1}{\partial \theta_1} = 0$ 以及 $\frac{\partial \pi_2}{\partial \theta_2} = 0$ 可以得到：

$$\theta_1 = -\left(\frac{L(a-m)\delta}{M} + \frac{N\theta_2}{M}\right) \tag{3.42}$$

$$\theta_2 = -\left(\frac{L(a-m)\delta}{M} + \frac{N\theta_1}{M}\right) \tag{3.43}$$

$L = -1207959552 + 1207959552r + 2466250752r^2 - 2063597568r^3$
$\quad - 1463287808r^4 + 1077411840r^5 + 396492800r^6 - 268042240r^7$
$\quad - 60045312r^8 + 38025216r^9 + 5546752r^{10} - 3324672r^{11}$
$\quad - 321352r^{12} + 183368r^{13} + 11448r^{14} - 6240r^{15} - 230r^{16} + 120r^{17}$
$\quad + 2r^{18} - r^{19}$。

$M = -6039797760 + 9915334656r^2 - 5806489600r^4 + 1580859392r^6$
$\quad - 240457728r^8 + 22265600r^{10} - 1290856r^{12} + 45960r^{14}$
$\quad - 922r^{16} + 8r^{18}$。

$N = -402653184r^3 + 385875968r^5 - 128450560r^7 + 22020096r^9$
$\quad - 2222080r^{11} + 137984r^{13} - 5208r^{15} + 110r^{17} - r^{19}$。

联立式（3.42）、式（3.43）可以得到均衡的产量激励水平：

$$\theta_1 = -\frac{L(a-m)\delta}{M+N} \tag{3.44}$$

第3章 基于寡头垄断模型的政府因素对产能过剩影响的理论分析

$$\theta_2 = -\frac{L(a-m)\delta}{M+N} \tag{3.45}$$

分析此种情况下的产能过剩情况，将式（3.44）、式（3.45）代入式（3.40）、式（3.41），可以得到均衡产能：

$$x_1^* = x_2^* = (a-m)\frac{EM + EN + HL - GL}{FM + FN} \tag{3.46}$$

将式（3.46）代入式（3.38）、式（3.39）可以得到均衡产量：

$$q_1^* = q_2^* = (a-m)\frac{FM + FN - FL + 2EM + 2EN + 2HL - 2GL}{(4+r)(FM+FN)} \tag{3.47}$$

此时，产能与产量之差为：

$$\begin{aligned}x_1^* - q_1^* &= x_2^* - q_2^* \\ &= (a-m)\frac{(M+N)[(2+r)E - F] + L[(2+r)H - (2+r)G + F]}{(4+r)(FM+FN)}\end{aligned} \tag{3.48}$$

由式（3.48）可见，$x_1^* - q_1^* = x_2^* - q_2^*$ 的正负大小以及正负与 r 相关，因此也与 $\dfrac{(M+N)[(2+r)E - F] + L[(2+r)H - (2+r)G + F]}{(4+r)(FM+FN)}$ 的正负情况相同。此种情况下的产能产量之差情况见图3-2。

由图3-2可见，如果由政府掌控产能决策，产能将大于产量，即出现产能过剩。而且，随着 r 的不断增加，即产品同质性越高，产能过剩水平越低。

命题3-6：在对经营者实施部分管理授权，由其掌握产量决策，并由政府掌握产能决策的情况下，会出现产能过剩。产品差异化程度越高，产能过剩水平越高。

在上述情况下，政府基于社会福利最大化的产能规制政策反而会导致产能过剩，在某种程度上说明了政府规制并非一定会解决产能过剩。之所以出现这种现象，原因在于：政府的产能规制政策乃是基于

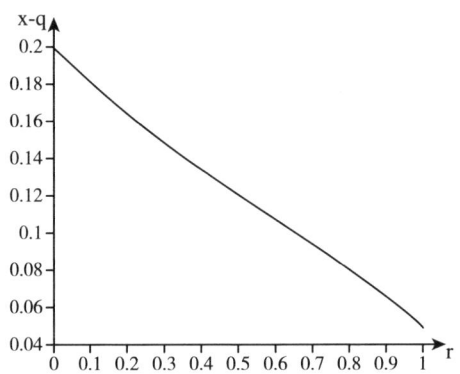

图 3-2 部分管理授权情况下由政府掌握产能决策时的产能过剩

社会福利最大化,而不是前一种情况追求利润最大化。为了实现更高的社会福利,政府会倾向于让企业形成相对更多的产能,虽然容易造成资源浪费与企业成本上升,但最终的均衡产能和产量却能从整体上增加社会总剩余,实现帕累托改进。这说明产能过剩未必都是消极的,一味地去产能未必有助于增进社会福利。这对于中国去产能改革的启示在于:去产能改革要坚持适度原则,不要刻意追求产能产量的绝对均衡,产能过剩作为一种常见的市场经济现象,只要不严重影响到宏观经济的稳定,不必刻意化解。

另外,产品越同质,产能过剩水平越低,说明一味地追求产品差异化也未必会解决产能过剩。这一结论乃是基于政府进行产能规制而得,与产品差异化不足是导致产能过剩重要原因的观点相反。原因在于,产品差异化会导致垄断势力增强,影响产量,降低消费者剩余,进而整体上有损于社会福利。在政府追求社会福利最大化的产能政策下,为了保证产量,产品差异化程度越高,政府制定的产能相对就越大,因此产能过剩越严重。

3.3.3.2 不存在管理授权条件下的产能过剩分析

假设企业的产量决策由企业掌握,不存在部分管理授权这种委托代理关系,接下来分析这种情况下的产能过剩情况。

第3章 基于寡头垄断模型的政府因素对产能过剩影响的理论分析

首先看第 2 阶段博弈,由 $\frac{\partial U_1}{\partial q_1} = 0$ 以及 $\frac{\partial U_2}{\partial q_2} = 0$ 可以得到均衡产量为:

$$q_1 = \frac{(4-r)(a-m) + 8x_1 - 2rx_2}{16 - r^2} \quad (3.49)$$

$$q_2 = \frac{(4-r)(a-m) + 8x_2 - 2rx_1}{16 - r^2} \quad (3.50)$$

接下来,我们分为两种情况进行讨论:

(1) 由企业掌握产能决策的情况。

在第 1 阶段的博弈中,将式(3.49)、式(3.50)代入 π_i,并由 $\frac{\partial \pi_1}{\partial x_1} = 0$ 以及 $\frac{\partial \pi_2}{\partial x_2} = 0$ 可以得到均衡产能:

$$x_1^* = x_2^* = \frac{16(4-r)(a-m)}{128 + 32r - 32r^2 + r^4} \quad (3.51)$$

进一步可以得到:

$$q_1^* = q_2^* = \frac{(a-m)(4-r)^2(4+r)}{128 + 32r - 32r^2 + r^4} \quad (3.52)$$

此时,产能与产量的差为:

$$x_1^* - q_1^* = x_2^* - q_2^* = \frac{r^2(4-r)(a-m)}{128 + 32r - 32r^2 + r^4} \quad (3.53)$$

当 $r = 0$ 时,$x_1^* - q_1^* = x_2^* - q_2^* = 0$;当 $r \in (0,1]$ 时可以得到 $\frac{r^2(4-r)}{128 + 32r - 32r^2 + r^4} > 0$,则 $x_1^* - q_1^* = x_2^* - q_2^* > 0$ 恒成立。具体见图3-3。

命题3-7:在由企业掌握产量与产能决策的情况下,存在产能过剩。随着产品差异化程度的不断提高,产能过剩水平越来越低。在完全同质的条件下,产能产量达到均衡状态。

可见,如果不存在委托代理及政府干预,企业积极推进产品的差

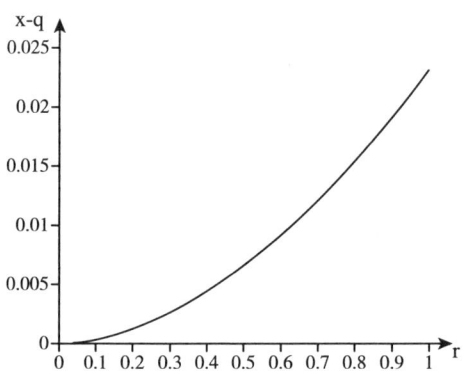

图 3-3 无管理授权情况下由企业掌握产能决策时的产能过剩

异化有助于增强产品竞争力,进而减少产能过剩。当产品差异化程度很高,以至于没有替代品时,产能产量相等,产能过剩问题将会得到解决。

与部分管理授权的情况相比,产能产量关系发生了根本性变化,产能不足情况将不再存在,以致出现了产能过剩。原因在于:部分管理授权下,经营者为了增加收益会提高产量,而无委托代理关系下企业的产量决策完全追求利润最大化,因此会控制产量,进而由产能不足转为产能过剩。其启示在于:在企业自主决策的条件下,委托代理对于产能过剩具有重要影响,政府对企业的规制政策要考虑这一因素,做到因地制宜。

(2)由政府掌握产能决策的情况。

由 $\frac{\partial W}{\partial x_1}=0$ 以及 $\frac{\partial W}{\partial x_2}=0$ 可以得到均衡产能:

$$x_1^* = x_2^* = \frac{(4-r)^2(5+r)(a-m)}{96+48r-26r^2-2r^3+r^4} \tag{3.54}$$

进一步得到均衡产量:

$$q_1^* = q_2^* = \frac{(a-m)(4-r)^2(4+r)}{96+48r-26r^2-2r^3+r^4} \tag{3.55}$$

第 3 章 基于寡头垄断模型的政府因素对产能过剩影响的理论分析

此时,产能与产量的差为:

$$x_1^* - q_1^* = x_2^* - q_2^* = \frac{(4-r)^2(a-m)}{96+48r-26r^2-2r^3+r^4} \quad (3.56)$$

当 $r \in [0,1]$ 时,$\frac{(4-r)^2}{96+48r-26r^2-2r^3+r^4} > 0$ 恒成立,即 $x_1^* - q_1^* = x_2^* - q_2^* > 0$ 恒成立。具体见图 3-4。

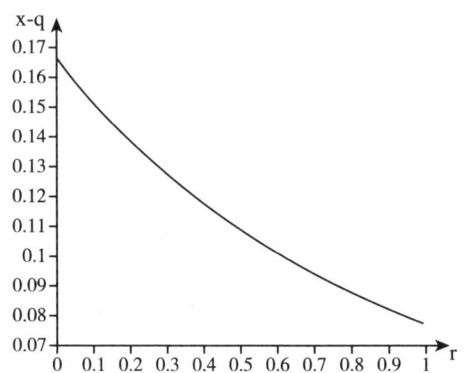

图 3-4 无管理授权情况下由政府掌握产能决策时的产能过剩

命题 3-8:在无管理授权且政府掌握企业产能决策的情况下,此时存在产能过剩。随着产品差异化程度的不断提高,产能过剩水平会越高。

通过与前种情况的对比可以发现,一方面,政府干预会导致更为严重的产能过剩,这意味着政府干预效果可能会适得其反,虽然在企业自由竞争下会产生过剩产能,但政府干预的实际效果反而不如市场。当然,这仅是对产能过剩而言,产能过剩水平虽然提高,但却并未增进社会福利。另一方面,政府干预会导致产品差异化对产能过剩的影响发生根本性转变。产品差异化程度与产能过剩水平正相关,提高产品差异化水平会提高产能过剩水平。这种情况与部分管理授权条件下的情形一致,与一般观点相悖,原因在于产品差异化的双重影响。

3.3.3.3 最优产品差异化水平

由前面分析可见,在不同条件下,产品差异化对产能过剩的影响存在差异。那么应当采取何种产品差异化水平呢?本部分基于社会福利最大化来探索产品差异化最优水平。

(1) 部分管理授权条件下的产品差异化最优水平。

当企业自行掌握产能决策时,社会福利 $W = \dfrac{P(a-m)^2}{(4+r)^2(BJ+BK)^2}$,其中,$P = B^2(J+K-I)[(5+r)(J+K)+(3+r)I]+8B(J+K)(AJ+AK+DI-CI)+(8+4r)BI(AJ+AK+DI-CI)-(36+20r+2r^2)(AJ+AK+DI-CI)^2$,其与 r 的关系如图 3-5 所示。

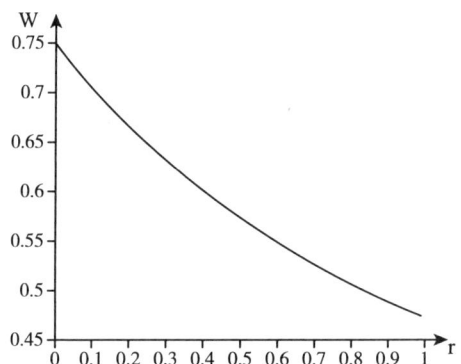

图 3-5 部分管理授权下由企业掌握产能决策情况下的社会福利与 r 的关系

当企业决策权由政府掌握时,社会福利 $W = \dfrac{Q(a-m)^2}{(4+r)^2(FM+FN)^2}$,其中,$Q = F^2(M+N-L)[(5+r)(M+N)+(3+r)L]+8F(M+N)(EM+EN+HL-GL)+(8+4r)FL(EM+EN+HL-GL)-(36+20r+2r^2)(EM+EN+HL-GL)^2$,具体见图 3-6。

(2) 不存在管理授权条件下的产品差异化最优水平。

由企业掌握产量及产能决策情况下的社会福利为:

$$W = \frac{(a-m)^2(12288-512r-5632r^2+1120r^3+368r^4-88r^5-3r^6+r^7)}{16384+8192r-7168r^2-2048r^3+1280r^4+64r^5-64r^6+r^8},$$

第3章 基于寡头垄断模型的政府因素对产能过剩影响的理论分析

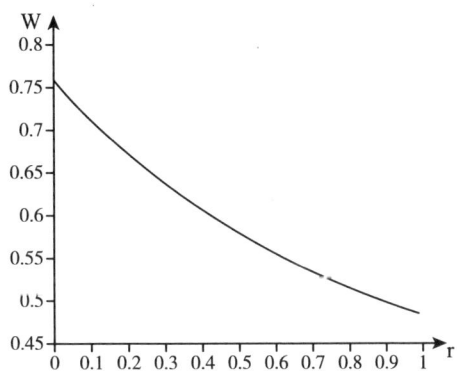

图 3-6 部分管理授权下由政府掌握产能决策情况下的社会福利与 r 的关系

其与 r 的关系见图 3-7。

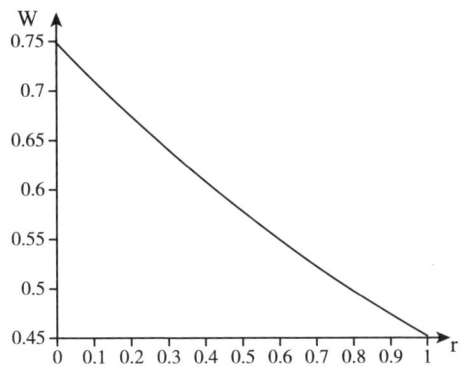

图 3-7 由企业掌握产量及产能决策情况下的社会福利与 r 的关系

由企业掌握产量决策，政府掌握产能决策情况下的社会福利为：

$$W = \frac{(a-m)^2(7680 + 1536r - 3520r^2 + 416r^3 + 254r^4 - 44r^5 - 5r^6 + r^7)}{9216 + 9216r - 2688r^2 - 2880r^3 + 676r^4 + 200r^5 - 48r^6 - 4r^7 + r^8},$$

具体见图 3-8。

由图 3-5~图 3-8 可见，随着产品差异化程度的降低，社会福利越来越高。对整个行业而言，完全异质的产品是最优的。

命题 3-9：无论是否存在部分管理授权，不论产能决策由政府还是企业掌握，产品差异化与社会福利正相关，提高产品差异化有助

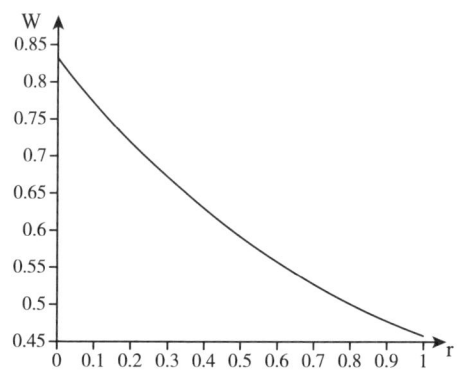

图 3-8 由企业掌握产量决策、政府掌握产能决策情况下的社会福利与 r 的关系

于提升社会福利。

由此可见,在本部分所涉及的各种情境下,即使产品差异化会带来弱化竞争,增强垄断的作用,但完全的产品差异化对整个社会福利而言是最优的。在可竞争的市场环境中,产品差异化往往需要依靠持续的研发投入和体制机制创新,差异化带来的高利润会促进更多企业模仿及进入,如果在位者不持续进行产品研发与创新,则可能丧失竞争优势。因此,鼓励企业产品差异化发展对企业和行业都是有益的。与前面的产能过剩分析结果进行对比可以发现,产品差异化在不同条件下对产能过剩的影响存在差异,但对社会福利的影响是一致的。这也进一步地说明,产能过剩未必就一定有损于社会福利,即使实现产能产量完全均衡也未必有益于增进社会福利。

3.3.4 结论

通过构建双寡头垄断模型,考察是否存在部分管理授权条件下的产能过剩情况,揭示产品差异化对产能过剩的作用机理,比较企业独立决策和政府干预决策下的产能过剩情况,并基于社会福利最大化探索最优的产品差异化水平,得出如下结论:

第3章　基于寡头垄断模型的政府因素对产能过剩影响的理论分析

第一，产品差异化与产能过剩之间存在密切关系，在不同条件下，前者对后者的作用存在显著差异。（1）如果企业采取部分管理授权，在企业掌握产能决策的情况下，会出现产能不足。产品差异化程度与产能不足程度负相关，每单位产品差异化程度的增加带来的产能不足程度的降幅越来越小；在由政府掌握产能决策的情况下，存在产能过剩。产品差异化程度与产能过剩水平正相关。（2）如果企业不采取管理授权，在企业掌握产能决策的情况下，存在产能过剩。产品差异化程度与产能过剩水平负相关。如果产品完全同质，产能产量会达到均衡状态；在政府掌握企业产能决策的情况下，存在产能过剩。随着产品差异化程度的不断增加，产能过剩水平越来越高。因此，在不同的委托代理条件下及政府规制政策下，产品差异化对产能过剩的影响具有明显的差异，不能简单地认为提高产品差异化程度就一定会缓解产能过剩。

第二，政府的产能规制政策未必会起到彻底解决产能过剩的作用。研究发现，与企业自行决定产能相比，在部分管理授权的情况下，政府的产能规制政策反而会导致产能过剩；在不存在管理授权的情况下，政府干预会导致更为严重的产能过剩。这说明，产能过剩的解决未必一定需要政府严厉的产能规制。政府基于社会福利最大化的产能规制政策会对企业的产能决策，进而对产量决策造成影响，未必会完全消除产能过剩。因此，产能过剩的治理需要通过有效的产业政策进行科学引导，防止出现过于严重的产能过剩。但产能规制政策的最终目标要着眼于社会福利的增进，不能为了控制产能而采取有损于社会福利的规制政策。

第三，产品差异化程度与社会福利水平正相关。产能差异化程度与社会福利水平正相关，应当积极地鼓励企业提高产品差异化程度。此外，产品同质会降低社会福利，即使其在某些条件下会降低产能过剩水平。这说明，在满足社会福利最大化的目标下，产能过剩在某些条件下存在是合理的。因此，不能盲目刻意去产能，要着眼于整个社会福利。

3.4 产品差异化、软预算约束与产能过剩

3.4.1 问题的提出

前面在产品差异化条件下分析了政府直接管制对产能过剩的影响。下面分析软预算约束这类间接政府行为对产能过剩的影响。软预算约束首先是由 Kornai (1980) 提出的。学术界一般认为软约算约束源于"父爱主义"、就业目标、政策性负担等外生性因素 (Kornai, 1980; 林毅夫等, 2004),或因时间不一致性导致的内生性因素 (Dewatripont & Maskin, 1995; Segal, 1998; Qian & Roland, 1998),或是内生与外生性因素的综合作用结果 (谢作诗、李善杰, 2015)。从影响上看,软预算约束会导致短缺、企业低效以及环境污染等负外部性 (Jefferson, 1998; Wood, 2013; Mykhayliv & Zauner, 2013),危害宏观经济的稳定 (Qian & Xu, 1998; 刘瑞明、石磊, 2010)。但是,一些学者认为,软预算约束在特定条件下能够取得比硬约束更好的绩效 (Huang & Xu, 1999; 陈俊龙, 2014)。

软预算约束问题,反映的是企业与政府之间的关系。软预算约束有多种形式,大体分为显性和隐性两种形式。显性软预算约束最主要的表现形式是财政补贴,自中国加入世贸组织 (WTO) 之后,过多、不合理的财政补贴逐步被取消,直接的财政补贴已经很少。但是,隐性补贴如税收优惠等依旧大量存在,是造成产能过剩的重要原因。政府出于保障市场稳定等政策性目标,对产能过剩行业在贷款、税收、投融资等方面给予大量的政策优惠,使企业能够以较低的成本实现产能扩张。由于一些重要行业和关键领域行业对国民经济的影响很大,其发展关系到社会稳定和可持续发展,即使产能扩张出现风险,出于政治和经济考虑,政府仍然会对陷入困境的企业进行救助,因此政府

第3章 基于寡头垄断模型的政府因素对产能过剩影响的理论分析

难以对企业实施可置信的事前威胁。目前，政府在化解产能过剩过程中的财政扶持和对其分流员工的财政托底就是软预算约束的表现。例如，2016年财政部为了支持钢铁煤炭行业化解过剩产能，专门安排了1000亿元的专项奖补资金，地方政府也配套了相应的扶持政策。在这种制度激励下，惬意经营者容易倾向于忽视投资风险，盲目扩大规模，扩张产能，进而诱发严重的产能过剩。在这个过程中，政府面临着"两难"困境，如不救助则可能对整个国民经济和社会稳定造成危害，但如果救助过多，容易让企业在日后的经营决策中继续凭借信息优势谋求软预算约束。目前，已经有学者将软预算约束与产能过剩研究相结合（Kornai，1980；陈俊龙、汤吉军，2016）。但是，很少有学者将产品异质性、软预算约束与产能过剩置于同一个系统的理论框架之中，往往忽略了产品异质性。而且，在运用寡头垄断模型时，更多地假设企业之间进行的是围绕产量的古诺竞争，没有考虑到围绕价格的伯川德竞争。这些是笔者所要解决的问题，构成了本部分研究的切入点。对此，本书认为，产能过剩在不完全市场下具有客观必然性，很难做到完全消除，但可通过产业政策进行科学引导，防止出现过于严重的产能过剩。化解过剩产能应当从企业自身及政府和企业之间的关系入手，产品异质性与软预算约束则是有效的切入点。

3.4.2 模型构建

假设3-8：存在一个双寡头垄断市场，由企业1和企业2组成。两家企业产品存在一定的差异，市场需求函数为$P_i = a - q_i - r q_j$，i及j为1或2，且$i \neq j$，a为大于0的常数；r反映的是产品异质程度，$r \in [0,1]$，值越小，产品异质性越高。两家企业的成本函数为$C(q_i, x_i) = b q_i + (x_i - q_i)^2$，$b \geq 0$，表示边际成本；$q_i$为产量，$x_i$为产能，产能产量不相等会造成额外成本。

假设3-9：两家企业内部不存在委托代理关系，企业的产能与产量决策都由企业所有者自行掌握，追逐利润最大化。企业利润函数为 $\pi_i = p_i q_i - \lambda [b q_i + (x_i - q_i)^2]$。$\lambda$ 反映政府对企业的软预算约束，$\lambda \in [0,1]$，值越大，意味着政府分担企业成本的比重就越小，软预算约束程度越低；反之，则意味着软预算约束程度越高。社会福利函数为 $W = \pi_1 + \pi_2 + CS$，CS 代表消费者剩余，$CS = \dfrac{q_1^2 + q_2^2 + 2 r q_1 q_2}{2}$。

假设 3-10：企业 1 与企业 2 之间的竞争分为两种情况：一种是围绕产量进行的古诺竞争，另一种是围绕价格进行的伯川德竞争。

在以上假设下，企业 1 与企业 2 之间进行两阶段的动态序贯博弈。

第 1 阶段，确定企业的产能水平，即 x_1、x_2。

第 2 阶段，在古诺竞争条件下，两家企业进行产量竞争，确定最优产量，即 q_1、q_2；在伯川德竞争条件下，两家企业进行价格竞争，确定最优产品价格，进而确定最优产量。

3.4.3 模型分析

（1）古诺竞争条件下的模型分析。

假设两家企业之间围绕产量进行古诺竞争。为了得到最终的产能与产量差，采用逆向归纳法，首先考察第 2 阶段的博弈。

在第 2 阶段，企业 1 与企业 2 基于利润最大化进行产量决策，需要满足 $\dfrac{\partial \pi_i}{\partial q_i} = 0$，$i = 1$ 或 2。由此可以得出均衡产量组合：

$$q_1 = \frac{(2 + 2\lambda)(2\lambda x_1 - \lambda b + a) - r(2\lambda x_2 - \lambda b + a)}{(2 + 2\lambda)^2 - r^2} \quad (3.57)$$

$$q_2 = \frac{(2 + 2\lambda)(2\lambda x_2 - \lambda b + a) - r(2\lambda x_1 - \lambda b + a)}{(2 + 2\lambda)^2 - r^2} \quad (3.58)$$

令 $M = a - \lambda b$，$N = 2 + 2\lambda$，可进一步得到：

第 3 章 基于寡头垄断模型的政府因素对产能过剩影响的理论分析

$$q_1 = \frac{N(2\lambda x_1 + M) - r(2\lambda x_2 + M)}{N^2 - r^2} \quad (3.59)$$

$$q_2 = \frac{N(2\lambda x_2 + M) - r(2\lambda x_1 + M)}{N^2 - r^2} \quad (3.60)$$

再看第 1 阶段博弈，确定最优的产能组合。将式（3.59）、式（3.60）代入 $\pi_i = p_i q_i - \lambda[b q_i + (x_i - q_i)^2]$，由 $\frac{\partial \pi_i}{\partial x_i} = 0$，可以得到：

$$x_1 = \frac{NM(N^2 + r^2 - 2N - 2\lambda N) + 2Nr(M + 2\lambda x_2)(1 - N + \lambda) + MN(N^2 - r^2)}{4\lambda N^2(1 + \lambda - N) + (N^2 - r^2)^2}$$
(3.61)

$$x_2 = \frac{NM(N^2 + r^2 - 2N - 2\lambda N) + 2Nr(M + 2\lambda x_1)(1 - N + \lambda) + MN(N^2 - r^2)}{4\lambda N^2(1 + \lambda - N) + (N^2 - r^2)^2}$$
(3.62)

联立式（3.59）、式（3.60）可以得到均衡产能为：

$$x_1 = x_2 = \frac{-32M\lambda(1+\lambda)^4 + 4M(1+\lambda)^2(2+2\lambda-r)[4(1+\lambda)^2 - r^2]}{64\lambda^2(1+\lambda)^4 - 32\lambda(1+\lambda)^3[4(1+\lambda)^2 - r^2] + [4(1+\lambda)^2 - r^2]^3}$$
(3.63)

现在考察古诺竞争下的产能过剩情况，根据式（3.59）、式（3.60）、式（3.63）可以得到产能与产量差：

$$f(r,\lambda) = x_1 - q_1 = x_2 - q_2 =$$

$$\frac{32\lambda(1+\lambda)^3[(\lambda+1)(2+2\lambda-r) - r^2] + 4(1+\lambda)^2(2+r)(2+2\lambda-r)[4(1+\lambda)^2 - r^2] - [4(1+\lambda)^2 - r^2]^3}{(2+2\lambda+r)\{-32\lambda(1+\lambda)^3[2(\lambda+1)(\lambda+2) - r^2] + [4(1+\lambda)^2 - r^2]^3\}}$$

现在，考察产品异质性与软预算约束对产能过剩的影响。为了排除常数项 a 与 b 对产能过剩程度的影响，假设 b = 0，此时 a 对于产能过剩的正负情况没有影响，只存在正相关的线性关系，假设 a = 1。运用 MATLAB 2016 软件进行仿真模拟，见图 3 - 9。

由 f(r,λ)表达式和图 3 - 9 可见，除非产品完全异质，即 r = 0，

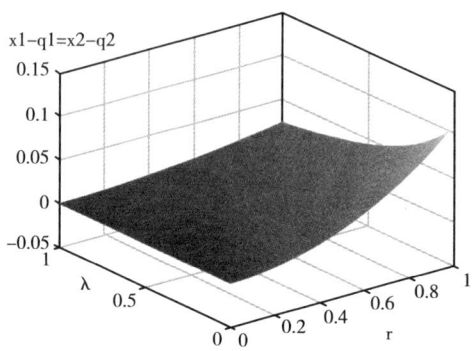

图 3-9 古诺竞争下产品异质性、软预算约束与产能过剩之间的关系

否则在其他情况下，$f(r,\lambda)>0$。如果产品完全异质并实施完全的软预算约束（$\lambda=0$），则 $f(r,\lambda)=0$，即产能产量均衡。由此可得命题 3-10。

命题 3-10：在古诺竞争市场条件下，当产品完全异质且政府对企业实施完全的软预算约束时，产能产量均衡；如果产品不是完全异质，则存在产能过剩。

下面，对图 3-9 的立体图像做截面分析，分别考察 r、λ 对 $f(r,\lambda)$ 的影响。首先，分析 r 对 $f(r,\lambda)$ 的影响，在图 3-9 的基础上，分析不同 λ 值下的截面，见图 3-10。

由图 3-10 可见，无论软预算约束处于何种程度，r 与 $f(r,\lambda)$ 正相关，即产品异质性越弱，产能过剩越严重。随着 λ 值的不断降低，每单位 r 的增加带来的产能过剩程度的增幅越来越大。

再考察 λ 对 $f(r,\lambda)$ 的影响，分析不同 r 值下的截面，见图 3-11、图 3-12 和图 3-13。

由图 3-11、图 3-12 和图 3-13 可见，当 $r=0$，λ 与 $f(r,\lambda)$ 之间呈波浪性的不稳定关系，但波动幅度很小，λ 对 $f(r,\lambda)$ 的数值大小几乎没有影响，产能过剩与不足都可能存在。当 $r>0$ 时，λ 与 $f(r,\lambda)$ 之间是负相关关系，而且 r 值越大，每单位 λ 值的增加带来的产能过剩程度的降幅越大。

第3章 基于寡头垄断模型的政府因素对产能过剩影响的理论分析

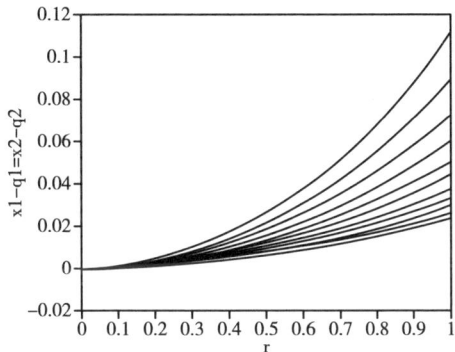

图 3-10 古诺竞争下产品异质性与产能过剩之间的关系

注:从上至下,各曲线对应的 λ 值依次增为 0、0.1、0.2、0.3、0.3、0.5、0.6、0.7、0.8、0.9 和 1。

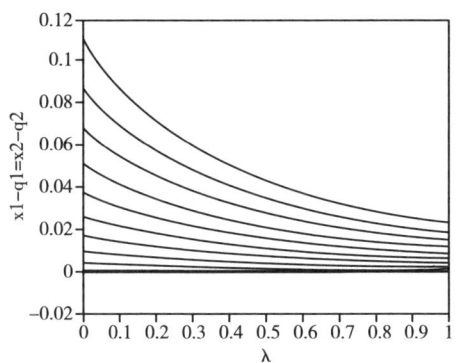

图 3-11 古诺竞争下软预算约束与产能过剩之间的关系

注:从上至下,各曲线对应的 r 值依次为 1、0.9、0.8、0.7、0.6、0.5、0.4、0.3、0.2、0.1 和 0。

命题 3-11:在古诺竞争市场条件下,产品异质性与产能过剩程度负相关,软预算约束程度越高,产品异质性对产能过剩的边际影响越大。在产品完全异质时,软预算约束程度对产能过剩几乎没有影响,产能过剩和不足都可能存在;如果产品存在差异,则软预算约束与产能过剩程度呈正相关关系,而且产品异质性越弱,软预算约束对产能过剩程度的边际影响越大。

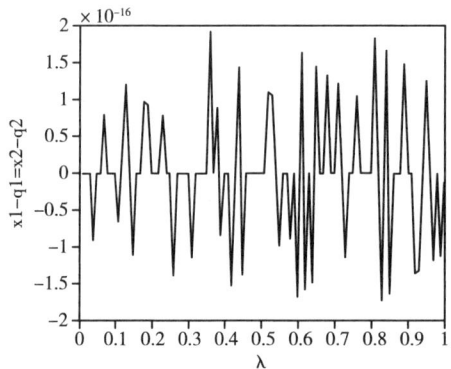

图 3-12 古诺竞争下 r=0 时软预算约束与产能过剩之间的关系

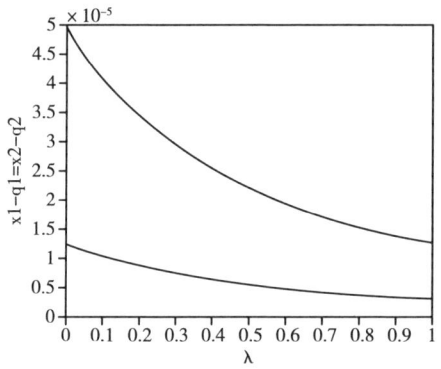

图 3-13 古诺竞争下 r=0.01、0.02 时软预算约束与产能过剩之间的关系

注：从上至下，各曲线对应的 r 值依次为 0.02、0.01。

可见，在古诺竞争环境下，产品同质和软预算约束是导致产能过剩的重要因素。如果产品严重同质，政府实施严重的软预算约束政策，则会导致严重的产能过剩。目前，中国产能过剩行业利润率普遍较低，多属于围绕产量进行的古诺竞争，根据模型分析结果，在产品异质性较弱和软预算约束的作用下更容易造成严重的产能过剩，这也与现实情况相符。

（2）伯川德竞争条件下的模型分析。

现在考察围绕价格展开竞争的伯川德市场情况。首先，考察第 2

第 3 章 基于寡头垄断模型的政府因素对产能过剩影响的理论分析

阶段的博弈。

两家企业在价格竞争中的最优价格决策需要满足 $\frac{\partial \pi_i}{\partial p_i} = 0$，由此可以得到：

$$p_1 = \frac{(1-r^2)[rp_2 - (r-1)a + \lambda b - 2\lambda x_1] + 2\lambda[rp_2 - a(r-1)]}{2 - 2r^2 + 2\lambda}$$

(3.64)

$$p_2 = \frac{(1-r^2)[rp_1 - (r-1)a - 2\lambda x_2 + \lambda b] + 2\lambda[rp_1 - a(r-1)]}{2 - 2r^2 + 2\lambda}$$

(3.65)

联立式（3.64）、式（3.65）可以得到均衡价格组合：

$$p_1 = \frac{\begin{matrix}[2\lambda x_1 - a(1-r) - \lambda b](1-r^2)(2r^2 - 2 - 2\lambda) \\ -[2\lambda x_2 - a(1-r) - \lambda b](1-r^2)[r(1-r^2) + 2\lambda r] \\ -2a\lambda(1-r)(2r^2 - 2 - 2\lambda) + 2a\lambda(1-r)[r(1-r^2) + 2\lambda r]\end{matrix}}{(2 - 2r^2 + 2\lambda)^2 - [r(1-r^2) + 2\lambda r]^2}$$

(3.66)

$$p_2 = \frac{\begin{matrix}[2\lambda x_2 - a(1-r) - \lambda b](1-r^2)(2r^2 - 2 - 2\lambda) \\ -[2\lambda x_1 - a(1-r) - \lambda b](1-r^2)[r(1-r^2) + 2\lambda r] \\ -2a\lambda(1-r)(2r^2 - 2 - 2\lambda) + 2a\lambda(1-r)[r(1-r^2) + 2\lambda r]\end{matrix}}{(2 - 2r^2 + 2\lambda)^2 - [r(1-r^2) + 2\lambda r]^2}$$

(3.67)

由 $p_1 = a - q_1 - rq_2$，$p_2 = a - q_2 - rq_1$ 可以得到：

$$q_1 = \frac{rp_2 - (r-1)a - p_1}{1 - r^2}$$

(3.68)

$$q_2 = \frac{rp_1 - (r-1)a - p_2}{1 - r^2}$$

(3.69)

将式（3.66）、式（3.67）代入式（3.68）、式（3.69），可以得到：

$$q_1 = \frac{\begin{array}{c}(r^2-1)[2\lambda x_1 - a(1-r) - \lambda b][r^2(1-r^2) + 2\lambda r^2 + (2r^2-2-2\lambda)] \\ + a(1-r)\{(2-2r^2+2\lambda)^2 - [r(1-r^2)+2\lambda r]^2\} \\ -(r^2-1)[2\lambda x_2 - a(1-r) - \lambda b][r(1-r^2) + 2\lambda r + r(2r^2-2-2\lambda)] \\ -2a\lambda(1-r)^2[r(1-r^2)+2\lambda r-(2r^2-2-2\lambda)]\end{array}}{(1-r^2)\{(2-2r^2+2\lambda)^2 - [r(1-r^2)+2\lambda r]^2\}}$$

(3.70)

$$q_2 = \frac{\begin{array}{c}(r^2-1)[2\lambda x_2 - a(1-r) - \lambda b][r^2(1-r^2) + 2\lambda r^2 + (2r^2-2-2\lambda)] \\ + a(1-r)\{(2-2r^2+2\lambda)^2 - [r(1-r^2)+2\lambda r]^2\} \\ -(r^2-1)[2\lambda x_1 - a(1-r) - \lambda b][r(1-r^2) + 2\lambda r + r(2r^2-2-2\lambda)] \\ -2a\lambda(1-r)^2[r(1-r^2)+2\lambda r-(2r^2-2-2\lambda)]\end{array}}{(1-r^2)\{(2-2r^2+2\lambda)^2 - [r(1-r^2)+2\lambda r]^2\}}$$

(3.71)

再看第 1 阶段博弈，企业根据利润最大化确定最优产能。设 $A = 2r^2 - 2 - 2\lambda$，$B = r(1-r^2) + 2\lambda r$，将式（3.70）、式（3.71）代入 π_i，再由 $\frac{\partial \pi_i}{\partial x_i} = 0$ 可以得到：

$$x_1 = \frac{C[a(1-r)+\lambda b] - D[a(1-r)+\lambda b - 2\lambda x_2] + E}{F} \quad (3.72)$$

$$x_2 = \frac{C[a(1-r)+\lambda b] - D[a(1-r)+\lambda b - 2\lambda x_1] + E}{F} \quad (3.73)$$

其中，$C = (A+Br)(1-r^2)[A^2-B^2+2A(1-r^2)+2\lambda(A+Br)]$，$D = (1-r^2)\{(B+Ar)(A^2-B^2) + (1-r^2)[2AB+r(A^2+B^2)] + 2\lambda(B+Ar)(A+Br)\}$，$E = (1-r)(A-B)\{\lambda b(A+Br)(A+B)(1+r) + 2\lambda a(1-r)(A^2-B^2) + a(A^2-B^2)(A+B) + 2\lambda a(1-r^2)[2A-r(A-B)] + Aa(1-r^2)(A+B) + 2\lambda a(A+Br)[2\lambda(1-r)+A+B]\}$，$F = 4\lambda(1-r^2)(A+Br)[A^2-B^2+A(1-r^2)+\lambda(A+Br)] + (1-r^2)(A^2-B^2)^2$。由式（3.73）、式（3.74）进一步可以得到均衡产能组合：

$$x_1 = x_2 = \frac{(C-D)[a(1-r)+\lambda b]+E}{F-2\lambda D} \quad (3.74)$$

进一步地,可以得到:

$$q_1 = \frac{(1-r^2)[a(1-r)+\lambda b - 2\lambda x_1] + 2\lambda a(1-r) + a(A+B)}{(1+r)(A+B)}$$
(3.75)

$$q_2 = \frac{(1-r^2)[a(1-r)+\lambda b - 2\lambda x_2] + 2\lambda a(1-r) + a(A+B)}{(1+r)(A+B)}$$
(3.76)

下面再分析产能过剩情况,由式(3.74)、式(3.75)、式(3.76)可以得到:

$$f(r,\lambda) = \frac{[A+B+2\lambda(1-r)]\{(C-D)[a(1-r)+\lambda b]+E\}}{(A+B)(F-2\lambda D)}$$
$$-\frac{(1-r^2)[a(1-r)+\lambda b]+2\lambda a(1-r)+a(A+B)}{(1+r)(A+B)}。$$

按照 a=1、b=0 的假设,产品异质性、软预算约束与产能过剩之间的关系见图 3-14。

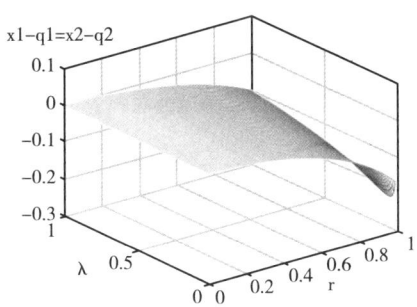

图 3-14 伯川德竞争下产品异质性、软预算约束与产能过剩之间的关系

由 $f(r,\lambda)$ 的表达式构成及图 3-14 可见,除了在产品完全异质外,其他情况下都存在产能不足。也就是说,在伯川德竞争中,产能过剩问题几乎不会出现。当 $r=0$、$\lambda=0$ 时,$f(r,\lambda)<0$。

命题 3-12:在伯川德竞争下,如果产品存在一定的同质性,则会存在产能不足。当产品完全异质且政府实施完全的软预算约束时,同样也存在产能不足。

这一结论表明，在特定的市场竞争环境下，非但不会出现产能过剩，反而会出现产能不足。伯川德竞争多适用于利润率高的领域。这在某种程度上可以解释为何大量产能过剩行业在低层次产品过剩的同时，在高端产品领域却出现产能不足。更进一步地，可以在某种程度上解释供给侧结构性改革背景下某些高新技术产业产能不足的问题。

下一步，通过截面分析来考察产品异质性、软预算约束对产能不足的影响。首先，分析 r 对 $f(r,\lambda)$ 的影响，分析不同 λ 值下的截面，见图 3-15 和图 3-16。

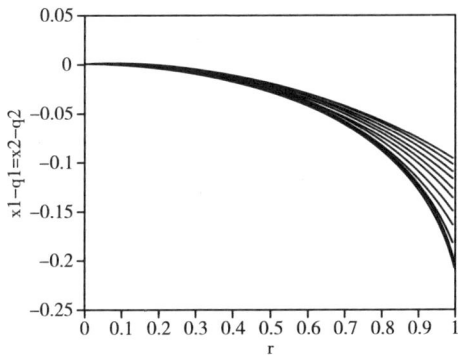

图 3-15 伯川德竞争下产品异质性与产能过剩之间的关系

注：从上至下，各曲线对应的 λ 值依次为 1、0.9、0.8、0.7、0.6、0.5、0.4、0.3、0.2、0.1、0.06 和 0.02。

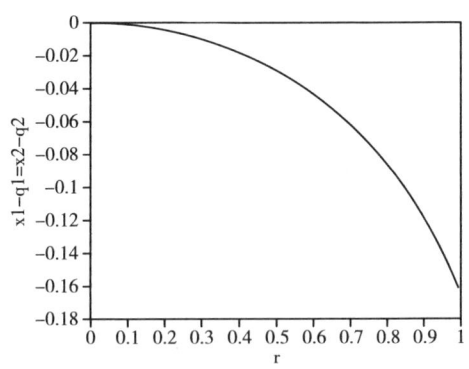

图 3-16 伯川德竞争下 $\lambda=0$ 时产品异质性与产能过剩之间的关系

第3章 基于寡头垄断模型的政府因素对产能过剩影响的理论分析

由图3-15和图3-16可见，r与f(r,λ)呈负相关关系，即产品同质性越强，产能不足程度越严重。在λ∈[0,1]区间内，r值与$\frac{\partial f(r,\lambda)}{\partial \gamma}$正相关。随着λ值的降低，每单位r值增加带来的f(r,λ)的降幅越大。

其次，再考察λ对f(r,λ)的影响，见图3-17、图3-18、图3-19、图3-20和图3-21。

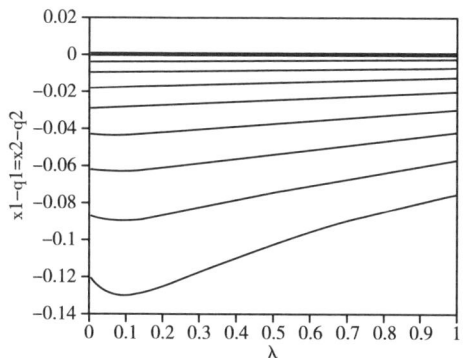

图3-17 伯川德竞争下软预算约束与产能过剩之间的关系

注：从下至上，各曲线对应的r值依次为0.9、0.8、0.7、0.6、0.5、0.4、0.3、0.2、0.1和0。

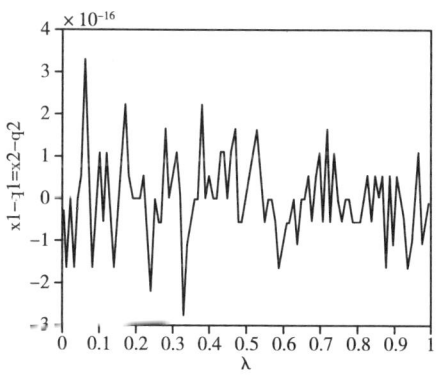

图3-18 伯川德竞争下r=0时软预算约束与产能过剩之间的关系

· 93 ·

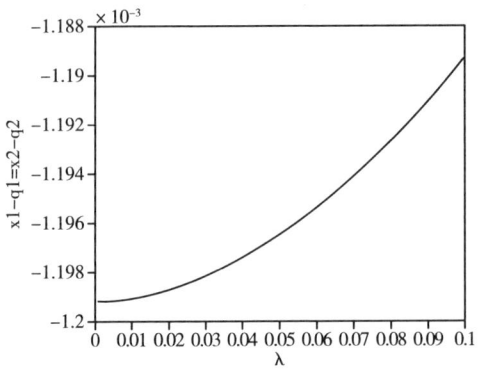

图 3-19　伯川德竞争下 r=0.1 时软预算约束与产能过剩之间的关系

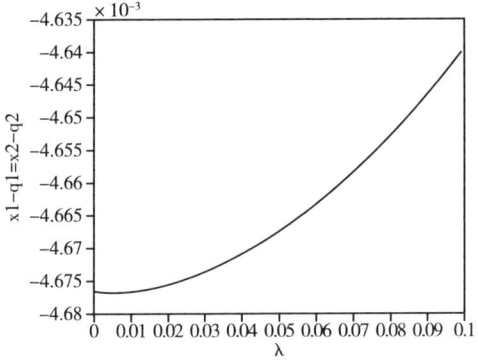

图 3-20　伯川德竞争下 r=0.2 时软预算约束与产能过剩之间的关系

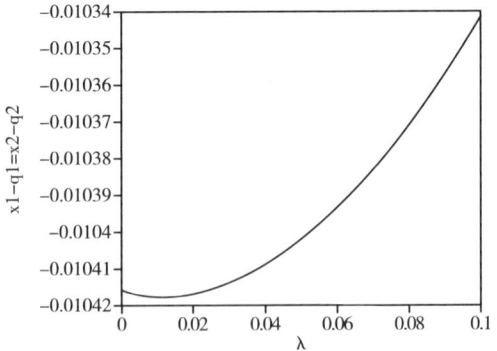

图 3-21　伯川德竞争下 r=0.3 时软预算约束与产能过剩之间的关系

由图 3-17、图 3-18、图 3-19、图 3-20 和图 3-21 可见，当 r=0 时，λ 对 f(r, λ) 影响呈波浪状趋势，可能带来产能不足，也可能带来产能过剩。当 r>0 时，如果 r 低于一定数值，如 0.1 或 0.2，则 λ 与 f(r, λ) 呈正相关关系；如果高于一定数值，如 0.3，则在 λ∈[0, 1]的区间内，随着 λ 值的增加，f(r, λ) 先降低再增加，并随着 r 值的增加，拐点对应 λ 值越来越大。

命题 3-13：在伯川德竞争下，产品异质性越弱，产能不足现象越严重。当 λ∈(0, 1] 时，随着软预算约束程度的提高，产品异质性对产能不足的边际影响越大。当产品完全异质时，软预算约束对产能产量差的影响不定，产能不足和过剩都可能存在。当产品不是完全异质时，如果产品异质性高于一定水平，则软预算约束与产能不足程度正相关；如果高于一定水平，产能不足程度随着软预算约束程度的提高，先增加后降低。

可见，产品异质性和软预算约束对产能不足同样具有重要影响。从整体趋势来看，软预算约束程度越高，产能不足越严重。产品同质性越强，产能不足越严重。要解决好产能不足问题，需要硬化软预算约束，提高产品异质性。

3.4.4 结论

通过以上分析，得出如下结论：

第一，市场竞争类型是影响是否出现产能过剩的重要因素。在古诺竞争下，当产品完全异质且存在完全的软预算约束时，则产能产量均衡；如果产品不是完全异质，则存在产能过剩。在伯川德竞争下，如果产品存在一定的同质性，或产品完全异质且存在完全的软预算约束时，反而会出现产能不足。可见，除产能过剩外，在特定市场条件下反而会出现产能不足，同样是对资源的低效率利用。

第二，软预算约束与产品异质性对产能产量决策具有重要影响，是导致产能失衡的重要原因。在古诺竞争下，产品异质性越强，产能过剩程度越低。当产品完全异质时，产能过剩和不足都可能存在。如果产品存在差异，则软预算约束程度越高，产能过剩越严重。在伯川德竞争下，产品异质性越弱，产能不足现象越严重。如果产品异质性高于一定水平，则软预算约束程度提高会增加产能不足程度；如果高于一定水平但非完全异质，软预算约束与产能不足程度之间呈倒"U"形关系。

第三，软预算约束与产品异质性相互制约彼此对产能产量决策的影响。在古诺竞争条件下，产品异质性对产能过剩的边际影响随软预算约束程度的增加而越来越大。当产品完全异质时，软预算约束对产能过剩程度几乎没有影响，产能过剩和不足都可能存在；如果产品存在差异，则软预算约束对产能过剩程度的边际影响随产品异质性的降低而越来越大。在伯川德竞争下，当 $\lambda \in (0,1]$ 时，软预算约束程度越高，产品异质性对产能不足的边际影响越大。如果产品异质性达到一定水平且非完全异质，则倒"U"形拐点对应的软预算约束水平随着产品异质性的降低而越来越高。

3.5 政府补贴、管制与公共产品产能过剩 ——以教育产品为例

以上分析的一个隐含假设是产品都是私人产品，没有考虑到具有外部性的公共产品。而对于公共产品，人们往往认为会产生供应不足。而本书认为，公共产品领域在政府直接和间接管制下也会存在产能过剩。本部分将分析扩展到具有正外部性的公共产品的产能过剩，并以高等教育产品为例进行说明。教育产品是典型的公共产品，一直以来都是世界各国政府公共支出的重点。但是，如果所有的教育产品都由政府来提供和生产会极大地增加财政负担，而且某些教育产品具

第3章 基于寡头垄断模型的政府因素对产能过剩影响的理论分析

有一定排他性和竞争性,为了避免"搭便车",很多教育领域需要市场机制的介入。高等教育是教育产品的有机组成部分,属于准公共物品,具有一定的排他性,一般采取政府和市场相结合的混合供给方式。世界各国普遍十分重视高等教育,投入了巨资,培育了大量社会经济发展所需的人才,有效地弥补了高等教育产品市场供给的缺陷。中国作为世界上最大的发展中国家,对高等教育的投入力度持续加大。中国普通高等教育经费从2006年的2938.88亿元增加到2016年的10110亿元,增长了2.44倍。截至2015年,全国普通高等学校生均公共财政预算教育事业支出18144元,是2005年5376元的3.4倍,年平均增长率为12%。普通高校生均公共财政公用经费支出8280元,是2005年2238元的3.7倍,年平均增长率为14%。截至2016年,中国普通高校达到2596所,普通本科高校达到1237所。全国普通本科高校招生规模405万,在校生规模突破1613万,普通本科毕业生规模突破374万,中国俨然已成为高等教育大国。

但是,随着高等教育规模的快速扩张,中国高等教育出现了结构性过剩问题。一方面,从总量上看,接受高等教育民众的比例还有很大的上升空间。2016年,中国具有大学专科及以上学历的人占6岁以上人口的12.94%,高等教育毛入学率为42.7%,正在由高等教育大众阶段向普及阶段迈进。2009年,美国高等教育毛入学率达到89%,英国59%,法国55%,日本59%,可见与美、英、法、日等发达国家相比,中国高等教育还有很大的上升空间。另一方面,伴随着适龄人口下降、大学生就业难等现实原因,高等教育需求规模将逐年显著下降,高等教育面向生源市场的供求关系发生了扭转,而在20世纪末高校招生规模大扩张中形成了巨大的教育产能无法完全消化,带来的结果是民办高校招生严重不足,高等院校之间的生源竞争愈加激烈。从1998年开始,中国大学报考人数直线上升,到2008年达到峰值1050万人,但是从2009年开始发生逆转,当年报名人数为 1020 万人，到 2010 年人数为 946 万人，比 2008 年下降 104 万人，在此后几年报名人数总体呈下降趋势，2017 年为 940 万人。生源下降的同时高等院校的数量却逐年增加，2016 年有 2596 所，比 2000 年的 1041 所翻了一番，录用比自 1977 年呈动态上升趋势。

已有研究为构建符合中国高等教育实际的双寡头垄断模型提供了很有力的借鉴，本部分试图设计由高等院校组成的双寡头垄断模型，通过多阶段动态序贯博弈来揭示高校在生源市场的相互竞争行为，进而揭示中国高等教育结构性产能过剩的现象，为高等教育体制改革提出相应的改革思路。与以往研究成果相比，本部分的创新之处在于：在构建高校组成的双寡头垄断模型时，充分考虑高等教育准公共产品的特性，以及中国高等教育市场的实际情况，使其更具有现实的解释力；将对产能过剩的研究扩展由单纯的企业领域扩展到教育领域，深化了高等教育产品供给的研究；从内部和外部两个层面揭示高等教育产品产能过剩形成的根源，弥补单一视角的缺陷。

3.5.1 模型构建

根据研究需要，构建生源市场中由两家高校组成的双寡头垄断模型，具体假设如下：

假设 3-11：假设存在两所高校，高校 1 与高校 2，生产的是高等教育产品，通过自己的产品争夺生源市场，两者之间围绕高等教育产品数量展开古诺竞争。高校收益包括两个方面：一是学生消费，由学生在求学期间所花费的并由学校所获得的收益，如学生学费，价格越高，培养的学生数量越多，高校收入则越高；二是源于政府的补贴，体现出了高等教育的公共性，这也是高等教育产品与私人产品的区别所在。在高额财政补贴的情况下，对学生的收费会小很多，例

第3章 基于寡头垄断模型的政府因素对产能过剩影响的理论分析

如,中国高等教育学费一直受到国家的严格控制,增长幅度非常小,已经普遍低于学前教育。

假设3-12:两所高校面临的市场需求函数为:$p_i = a - \eta(q_i + r q_j)$,i,j = 1,2,且 i≠j。a 为大于零的常数;r 表示产品同质化程度,且 $0 \leq r \leq 1$,值越大,意味着产品越同质,反之则意味着差异性越大;η 代表的是生源市场需求对价格的敏感度,η > 0,值越高,意味着高等教育产品的需求价格弹性越小,对价格越不敏感,这是影响产能过剩的外部因素。生源市场中的潜在大学生根据个人需支付的费用高低来选择是否接受高等教育。

假设3-13:产能指的是高校软硬件设施和师资能力所能够承担学生规模,可以等同于招生规模;产量是在招生竞争中实际上所招收的学生数量。产能决策分为两种情况:一种由高校自行决定,另一种由政府根据社会福利最大化标准来确定。产能过剩会造成教育资源浪费,形成额外的成本损失;产能不足会导致拥挤问题,影响教学质量和生源,为了反映产能产量不均衡给高校带来的额外成本,假设两所高校的产能和产量分别为 x_i、q_i,i = 1 或 2。整体社会福利 sw = ps + cs,cs 代表消费者剩余,$cs = \dfrac{(q_1 + q_2)^2}{2}$,ps 表示生产者剩余,$ps = \pi_1 + \pi_2$,其中,$\pi_i = p_i q_i + b_i q_i - [c_i q_i + (x_i - q_i)^2]$,$b_i$ 为政府对高校每个学生的补贴,c_i 为每个高校的边际成本,这两个变量加上产品差异化属于影响高校产能过剩的内部因素。

在以上前提条件下,双方进行两阶段的动态序贯博弈,具体包括:

第一阶段,两所高校根据利润最大化或社会福利最大化原则确定高校的招生规模,即 x_1、x_2。

第二阶段,两所高校围绕产量进行古诺竞争,确定最优招生数量,即 q_1、q_2。

3.5.2 模型分析

为了求解两阶段的均衡解，按照逆向归纳法进行分析。

首先，考察第二阶段博弈，根据利润最大化原则，两所高校的实际招生数量决策需要满足：$\frac{\partial \pi_1}{\partial q_1} = (-2\eta - 2)q_1 - \eta r q_2 + a + b_1 - c_1 + 2x_1 = 0$ 与 $\frac{\partial \pi_2}{\partial q_2} = (-2\eta - 2)q_2 - \eta r q_1 + a + b_2 - c + 2x_2 = 0$，可以推出均衡产量：

$$q_1 = \frac{\eta[r(a + b_2 - c_2 + 2x_2) - 2a - 2b_1 + 2c_1 - 4x_1] - 2a - 2b_1 + 2c_1 - 4x_1}{-4 + (r^2 - 4)\eta^2 - 8\eta}$$

(3.77)

$$q_2 = \frac{\eta[r(a + b_1 - c_1 + 2x_1) - 2a - 2b_2 + 2c_2 - 4x_2] - 2a - 2b_2 + 2c_2 - 4x_2}{-4 + (r^2 - 4)\eta^2 - 8\eta}$$

(3.78)

其次，考察第一阶段博弈，分为两种情况：

（1）追求利润最大化。

根据利润最大化原则，两所高校的招生规模决策需要满足：$\frac{\partial \pi_1}{\partial x_1} = 0$ 与 $\frac{\partial \pi_2}{\partial x_2} = 0$，将式（3.77）、式（3.78）代入利润函数，可以推出双方的均衡招生规模，进一步可以得到均衡产能，分别为：

$$x_1 = \frac{\begin{array}{c} -((4((a + b_2 - c_2)r - 2a - 2b_1 + 2c_1) \\ (r+2)(r-2)\eta^2 + 4(-2a - 2b_1 + 2c_1)r^2 \\ + (-8a - 8b_2 + 8c_2)r + 16a + 16b_1 - 16c_1)\eta \\ + 4(-4a - 4b_2 + 4c_2)r + 32a + 32b_1 - 32c_1)(\eta+1)^2 \end{array}}{(((r+2)^2(r-2)\eta^2 + (2r^2 - 8r - 16)\eta - 4r - 8)((r+2)(r-2)^2\eta^2 \\ + (-2r^2 - 8r + 16)\eta - 4r + 8)\eta)}$$

(3.79)

第3章　基于寡头垄断模型的政府因素对产能过剩影响的理论分析

$$x_2 = \frac{\begin{array}{c}-(4(\eta+1)^2(((a+b_1-c_1)r-2a-2b+2c_2)(r+2)(r-2)\eta^2 \\ +((-2a-2b_2+2c_2)r^2+(-8a-8b_1+8c_1)r \\ +16a+16b_2-16c_2)\eta+(-4a-4b_1+4c_1)r+8a+8b_2-8c_2))\end{array}}{\begin{array}{c}(((r+2)^2(r-2)\eta^2+(2r^2-8r-16)\eta-4r-8) \\ ((r+2)(r-2)^2\eta^2+(-2r^2-8r+16)\eta-4r+8)\eta)\end{array}}$$

(3.80)

$$q_1 = \frac{\begin{array}{c}((2+(r+2)\eta)(((a+b_2-c_2)r-2a-2b_1+2c_1)(r+2)(r-2)\eta^2 \\ +((-2c-2b_1+2c_1)r^2+(-8a-8b_2+8c_2)r+16a+16b_1-16c_1)\eta \\ +(-4a-4b_2+4c_2)r+8a+8b_1-8c_1)(-2+(r-2)\eta))\end{array}}{\begin{array}{c}((r+2)^2(r-2)\eta^2+(2r^2-8r-16)\eta-4r-8) \\ ((r+2)(r-2)^2\eta^2+(-2r^2-8r+16)\eta)\end{array}}$$

(3.81)

$$q_2 = \frac{\begin{array}{c}((2+(r+2)\eta)(((a+b_1-c_1)r-2a-2b_2+2c_2)(r+2)(r-2)\eta^2 \\ +((-2c-2b_2+2c_2)r^2+(-8a-8b_1+8c_1)r+16a+16b_2-16c_2)\eta \\ +(-4a-4b_1+4c_1)r+8a+8b_2-8c_2)(-2+(r-2)\eta))\end{array}}{\begin{array}{c}((r+2)^2(r-2)\eta^2+(2r^2-8r-16)\eta-4r-8) \\ ((r+2)(r-2)^2\eta^2+(-2r^2-8r+16)\eta)\end{array}}$$

(3.82)

产能减去产量可得产能过剩程度：

$$x_1 - q_1 = \frac{\begin{array}{c}-((((a+b_2-c_2)r-2a-2b_1+2c_1)(r+2)(r-2)\eta^2 \\ +((-2a-2b_1+2c_1)r^2+(-8a-8b_2+8c_2)r+16a+16b_1 \\ -16c_1)\eta+(-4a-4b_2+4c_2)r+8a+8b_1-8c_1)r^2\eta)\end{array}}{\begin{array}{c}(((r+2)^2(r-2)\eta^2+(2r^2-8r-16)\eta-4r-8)((r+2) \\ (r-2)^2\eta^2+(-2r^2-8r+16)\eta-4r+8))\end{array}}$$

(3.83)

$$x_2 - q_2 = \frac{\begin{array}{c}-(r^2(((a+b_1-c_1)r-2a-2b_2+2c_2)(r+2)(r-2)\eta^2 \\ +((-2a-2b_2+2c_2)r^2+(-8a-8b_1+8c_1)r+16a \\ +16b_2-16c_2)\eta+(-4a-4b_1+4c_1)r+8a+8b_2-8c_2)\eta)\end{array}}{\begin{array}{c}(((r+2)^2(r-2)\eta^2+(2r^2-8r-16)\eta-4r-8) \\ ((r+2)(r-2)^2\eta^2+(-2r^2-8r+16)\eta-4r+8))\end{array}}$$

(3.84)

考察不同需求价格弹性下的 r、补贴差异及成本差异对产能过剩的影响。首先,考察 r 对产能过剩的影响,运用 MAPLE 2017 进行模拟,可以发现在不同的需求价格弹性下,随着 r 的增大,产品差异化越低,两所高校的产能过剩程度都呈现逐步加深的趋势。举例说明,在 $a = 10$,$b_1 = b_2 = 1$,$c_1 = c_2 = 1$ 的情况下,见图 3 - 22。

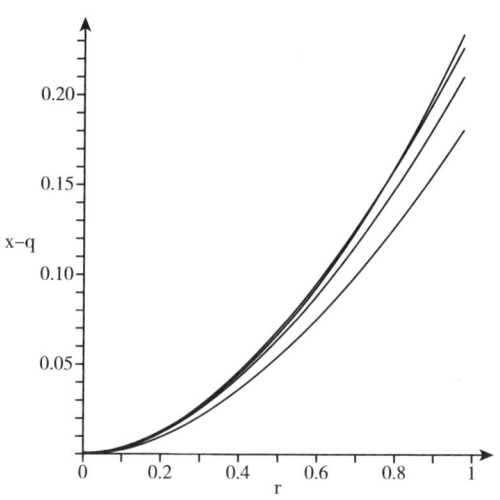

图 3 - 22　高校掌握产能决策条件下 r 对产能过剩的影响

注:从上至下从上至下 η 分别为 1.2、1.0、1.4、1.6、0.8、0.6 和 0.4。

其次,分析两所高校的补贴之差 $b_1 - b_2$ 对产能过剩程度的影响,可以发现,在满足产量、产能、价格、利润同时不为负的情况下,随 $b_1 - b_2$ 的增大,$x_1 - q_1$ 会增大,产能过剩程度加深;$x_2 - q_2$ 会减小,产能过剩程度减小。举例说明,假设 $a = 10$,$b_2 = 1$,$c_1 = c_2 = 1$,$r = 0.8$,见图 3 - 23、图 3 - 24。

最后,考察成本差异 $c_1 - c_2$ 对产能过剩程度的影响,通过模拟可以发现,随着 $c_1 - c_2$ 的增大,$x_1 - q_1$ 会减小,$x_2 - q_2$ 会增大,即对两所高校的产能过剩影响恰恰相反。举例说明,假设 $a = 10$,$b_1 = b_2 = 1$,$c_2 = 1$,$r = 0.8$,见图 3 - 25 和图 3 - 26。

命题 3 - 14:在高校掌握产能决策的情况下,两所高校的教育产

第 3 章 基于寡头垄断模型的政府因素对产能过剩影响的理论分析

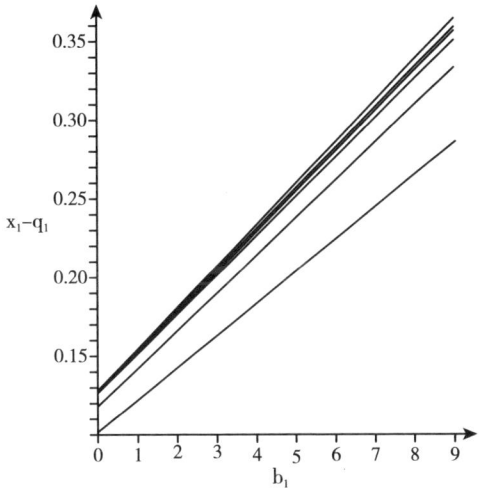

图 3 - 23 高校掌握产能决策条件下 $b_1 - b_2$ 对高校 1 产能过剩的影响

注：从上至下 η 分别为 1、1.2、1.4、0.8、1.6、0.6 和 0.4，图 3 - 23 ~ 图 3 - 26 同。

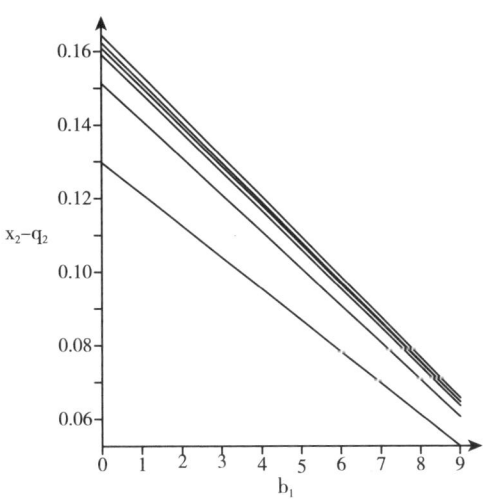

图 3 - 24 高校掌握产能决策条件下的 $b_1 - b_2$ 对高校 2 产能过剩的影响

品越同质，产能过剩现象越严重；一所高校的补贴越高，其产能过剩程度越深，而另一所高校的产能过剩程度越低；一所高校的成本越

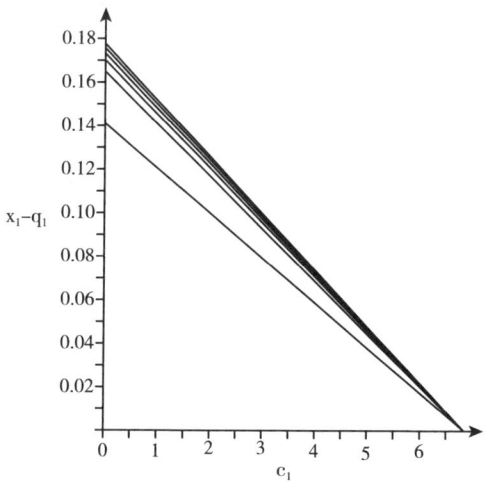

图 3-25　高校掌握产能决策条件下的 $c_1 - c_2$ 对高校 1 产能过剩的影响

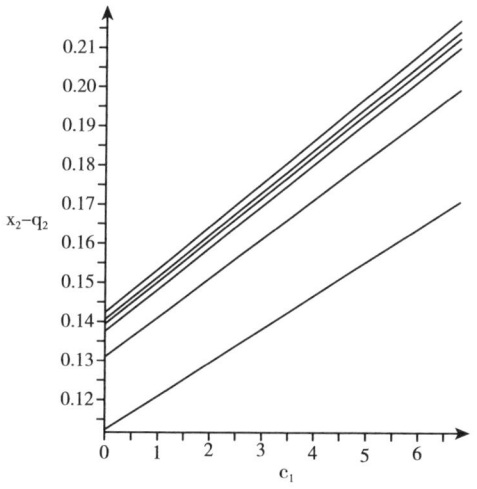

图 3-26　高校掌握产能决策条件下的 $c_1 - c_2$ 对高校 2 产能过剩的影响

高,该高校产能过剩程度越低,另一所高校产能过剩程度越深。

通过以上模拟来考察 η 对产能过剩的影响,可以得到命题 3-15。

命题 3-15:在高校掌握产能决策的情况下,在不同的产品差异

第 3 章 基于寡头垄断模型的政府因素对产能过剩影响的理论分析

化、补贴差和成本差下，都存在一个特定的需求价格弹性水平，低于或高于这一水平都将带来产能过剩程度的降低。之所以会出现这种情况，原因在于需求价格弹性同时影响产能与产量，但影响的力度存在差异，当达到特定水平时，产能产量差达到最高值。

可以发现，在高校自主掌握产能决策权的情况下，都会出现产能过剩问题，这是高校追求利益最大化的结果，为了获取更高的收益，陷入了争相扩张产能的"囚徒"困境。这也就说明，如果高校拥有信息优势，实际掌握了高等教育产能决策权，则有扩大产能的动机，进而造成产能过剩。自 1999 年起，中国高校不断扩大招生人数，但是由于监管较为宽松，高校在某种程度上就掌握了产能决策权，从而出现了过急、过快的现象，从而形成了一定程度的结构性产能过剩。

（2）政府掌握产能决策权。

现在改变假设，如果产能决策权由政府掌握，那么第二阶段的产能博弈需要满足社会福利最大化。两所高校的均衡招生规模及均衡招生数量为：

$$x_1 = \frac{\left(\left((2a+2b_1-2c_1)r^2+(-8a-8b_2+8c_2)r+8a+8b_1-8c_1\right)\eta^3 + \left((4a+3b_1+b_2-3c_1-c_2)r^2+(-24a-4b_1-20b_2+4c_1+20c_2)r+24a+20b_1+4b_2-20c_1-4c_2\right)\eta^2 + \left((-16a-4b_1-12b_2+4c_1+12c_2)r+16a+8b_1+8b_2-8c_1-8c_2\right)\eta-4b_1+4b_2+4c_1-4c_2\right)}{\left(\eta(-4+(r+2)^2\eta^2+(4r+4)\eta)((r-2)^2\eta-4r+4)\right)}$$

(3.85)

$$x_2 = \frac{\left(\left((2a+2b_2-2c_2)r^2+(-8a-8b_1+8c_1)r+8a+8b_2-8c_2\right)\eta^3 + \left((4a+b_1+3b_2-c_1-3c_2)r^2+(-24a-4b_2-20b_1+4c_2+20c_1)r+24a+20b_2+4b_1-20c_2-4c_1\right)\eta^2 + \left((-16a-4b_2-12b_1+4c_2+12c_1)r+16a+8b_2+8b_1-8c_2-8c_1\right)\eta-4b_2+4b_1+4c_2-4c_1\right)}{\left(\eta(-4+(r+2)^2\eta^2+(4r+4)\eta)((r-2)^2\eta-4r+4)\right)}$$

(3.86)

$$q_1 = \frac{\begin{array}{l}((r+2)((a+b_2-c_2)r-2a-2b_1+2c_1)(r-2)\eta^3 \\ +((-2a-2b_1+2c_1)r^2+(-12a-12b_2+12c_2)r+8a \\ +4b_1+4b_2-4c_1-4c_2)\eta-4b_1+4b_2+4c_1-4c_2)\end{array}}{(\eta(-4+(r+2)^2\eta^2+(4r+4)\eta)((r-2)^2\eta-4r+4))}$$

(3.87)

$$q_2 = \frac{\begin{array}{l}((2+(r+2)\eta)(((a+b_1-c_1)r-2a-2b_2+2c_2)(r+2) \\ (r-2)\eta^2+((-2c-2b_2+2c_2)r^2+(-8a-8b_1+8c_1)r \\ +16a+16b_2-16c_2)\eta+(-4a-4b_1+4c_1)r \\ +8a+8b_2-8c_2)(-2+(r-2)\eta))\end{array}}{\begin{array}{l}((r+2)^2(r-2)\eta^2+(2r^2-8r-16)\eta-4r-8) \\ ((r+2)(r-2)^2\eta^2+(-2r^2-8r+16)\eta)\end{array}}$$

(3.88)

产能减去产量可得产能过剩程度：

$$x_1-q_1 = \frac{\begin{array}{l}(-((a+b_2-c_2)r^2+(-4a-4b_1+4c_1)r+4a+4b_2-4c_2)r\eta^2 \\ +((6a+5b_1+b_2-5c_1-c_2)r^2+(-12a-4b_1-8b_2+4c_1 \\ +8c_2)r+8a+4b_1+4b_2-4c_1-4c_2)\eta+(-8a-6b_1-2b_2 \\ +6c_1+2c_2)r+8a+4b_1+4b_2-4c_1-4c_2)\end{array}}{((-4+(r+2)^2\eta^2+(4r+4)\eta)((r-2)^2\eta-4r+4))}$$

(3.89)

$$x_2-q_2 = \frac{\begin{array}{l}(-((a+b_1-c_1)r^2+(-4a-4b_2+4c_2)r+4a+4b_1-4c_1)r\eta^2 \\ +((6a+5b_2+b_1-5c_2-c_1)r^2+(-12a-4b_2-8b_1+4c_2 \\ +8c_1)r+8a+4b_1+4b_2-4c_1-4c_2)\eta+(-8a-6b_2-2b_1 \\ +6c_2+2c_1)r+8a+4b_1+4b_2-4c_1-4c_2)\end{array}}{((-4+(r+2)^2\eta^2+(4r+4)\eta)((r-2)^2\eta-4r+4))}$$

(3.90)

按照利润最大化情况下所采用的模拟方法，采用同样的取值假设，分别考察 r、补贴差异及成本差异对产能过剩的影响，分别见图 3-27~图 3-31。

由图 3-27 可知，随着 r 的增大，x-q 会减少，即两家高校产能过剩程度会下降。与高校掌握产能决策的情况不同，一方面，此种情

第3章 基于寡头垄断模型的政府因素对产能过剩影响的理论分析

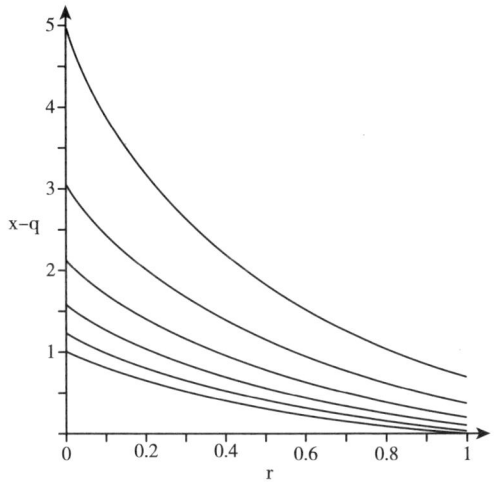

图 3-27 政府掌握产能决策条件下的产品差异化对产能过剩的影响

注：从上至下从上至下 η 分别为 1.0、1.2、1.4、1.6、1.8 和 2.0，图 3-28 ~ 图 3-31 同。

况下 r 与产能过剩的关系发生了逆转，原因在于政府为了增进产品差异化下的社会福利，倾向于扩大产能，同时产能决策影响了产量决策，导致了产量下降。另一方面，当产品差异化低于一定水平时，会出现产能不足。

由图 3-28 和图 3-29 可以发现，当 $b_1 - b_2$ 的增大，$x_1 - q_1$ 会增大，$x_2 - q_2$ 会减小，这与高校掌握产能决策时的情况一致，但是当需求价格弹性较小时，会出现产能不足的现象。

由图 3-30 和图 3-31 可知，随着 $c_1 - c_2$ 的增大，$x_1 - q_1$ 会减小，$x_2 - q_2$ 会增大，依旧出现了产能不足的现象。此外，分析 η 对产能过剩程度的影响，通过图 3-26 ~ 图 3-30，可以发现，随着 η 的增大，$x_i - q_i$ 会减小，产能过剩程度会下降。由此可得命题 3-16：

命题 3-16：在政府掌握产能决策的情况下，政府补贴差异、成本差异对产能过剩程度的影响与高校掌握产能决策的情况一致。不同之处在于：产品差异化与产能过剩之间呈正相关关系；当需求价格弹

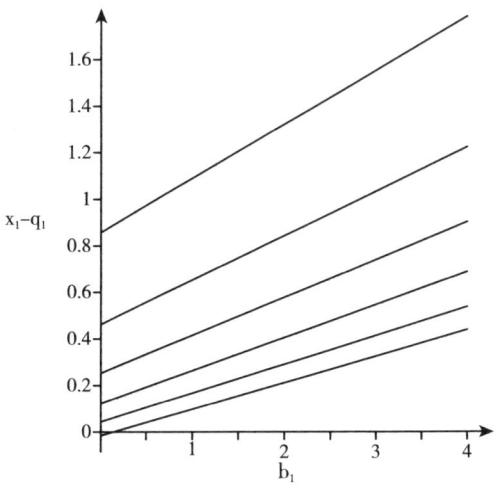

图 3-28　政府掌握产能决策条件下 $b_1 - b_2$ 对高校 1 产能过剩的影响

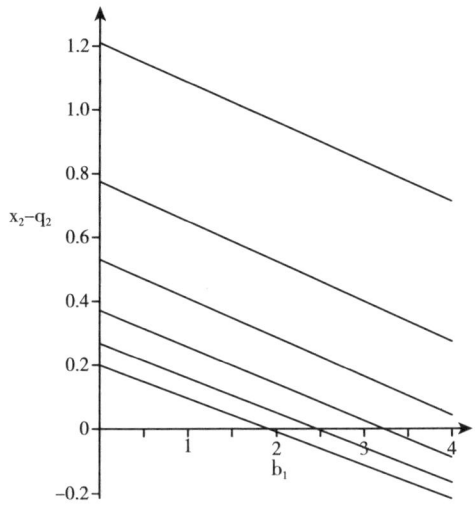

图 3-29　政府掌握产能决策条件下的 $b_1 - b_2$ 对高校 2 产能过剩的影响

性低于一定水平时，会出现产能不足现象；η 与产能过剩程度负相关。

通过比较可见，与高校掌握产能决策权相比，在政府基于社会福

第3章 基于寡头垄断模型的政府因素对产能过剩影响的理论分析

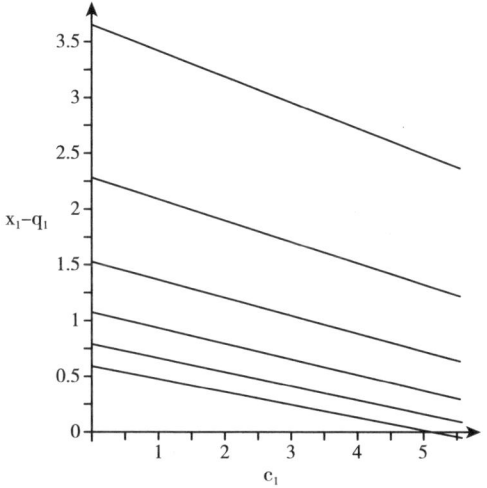

图3-30 政府掌握产能决策条件下的c_1-c_2对高校1产能过剩的影响

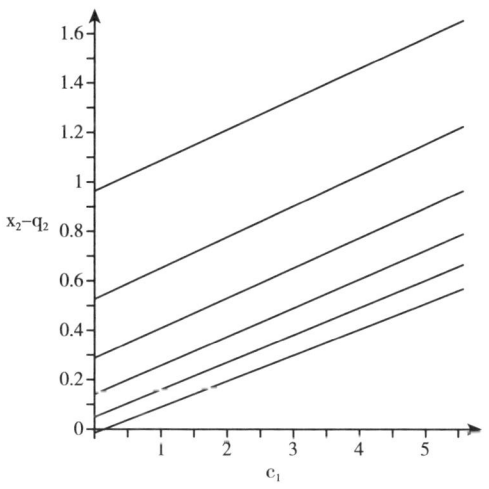

图3-31 政府掌握产能决策条件下的c_1-c_2对高校2产能过剩的影响

利最大化的产能规制下,依旧会出现产能过剩,甚至会更加严重,但是在特定条件下也会出现产能不足,仍然会造成资源配置的低效,只有在特定的成本、补贴、产品差异化水平和需求价格弹性下会实现产能产量均衡。因此，从某种程度上来说，产能过剩具有普遍性。

3.5.3 结论

通过以上研究，得出如下结论：（1）高等教育产能决策权归属会影响产能过剩的形成。当高校掌握产能决策权时，会出现产能过剩，产品差异化与产能过剩之间呈负相关关系。但如果产能决策由政府掌握，产能过剩、产能不足和产能产量均衡均可能出现；产品差异化与产能过剩之间呈正相关关系。（2）一方受补贴越高或成本越低，那么产能过剩程度越高，而另一方产能过剩程度则越低。（3）当高校掌握产能决策权时，η 与产能过剩程度之间呈倒"U"形关系，当政府掌握产能决策权时，两者之间呈负相关关系。这些结论对中国高等教育结构性产能过剩的政策启示在于：（1）要客观对待生源市场中的产能过剩问题，有时产能过剩是不可避免的，没有必要为了去产能而去产能，只要有助于增进社会福利，必要的产能过剩是合理的；（2）准确把握生源市场需求，动态把握其需求价格弹性，并据此灵活地调整招生规模，促进高等教育资源的优化配置；（3）硬化国家对高校的预算约束，合理分配政府补贴资金，促进区域间投入的公平性，抑制恶性软预算约束，实施严格的动态考评机制；（4）加强对高校的招生、学科、专业管理，鼓励高校特色发展，抑制同质化恶性竞争，增强高校培养与社会需要的衔接，并增强高校运行的自主性，激励各高校提高大学生培养效率，降低成本。

3.6 国有企业、分类改革与产能过剩

3.6.1 问题的提出

产能过剩是供给侧结构性改革的重中之重，关系着改革的成败。

第3章 基于寡头垄断模型的政府因素对产能过剩影响的理论分析

与此同时,国有企业改革进入"深水区",能否通过体制机制创新改革破除长久以来的桎梏,做强做优做大国有企业,是整个供给侧结构性改革目标得以实现的重要条件。在存在产能过剩问题的行业中,尤其是钢铁、煤炭、水泥等领域,国有企业问题十分突出,只有解决好国有企业产能过剩问题,去产能改革目标才能顺利实现,而这必须依靠持续有序的深化改革。因此,去产能与国有企业改革密不可分,必须相互协调、共同推进。

有观点认为,国有企业特殊的产权性质导致产能过剩,产能过剩是国有企业独有的标签,要解决产能过剩必须改革国有产权制度。笔者认为,国有产权虽然容易导致产权主体虚置进而激励及约束不足,但可以通过监管体制的优化进行弥补,并不是产生过剩产能的充分条件。国有企业在目标上具有特殊优势,更容易落实国家的宏观经济政策,对去产能改革具有积极作用。而且,产能过剩的原因十分复杂,是经济周期性表现,根源在于人的有限理性与信息不对称,不仅是国有企业,大量私有企业也普遍存在产能过剩问题。因此,解决产能过剩不应该否认国有产权,应当通过深入持续的国企改革,优化体制机制,提高企业效率。不可否认,国有企业产能过剩问题十分突出,很重要的原因在于没有对国有企业进行科学分类。长期以来,关于国有企业经营目标存在很大争议。一方面,国有企业的产权名义上属于全民所有,应当追求公众福利,也就是社会福利最大化。社会福利并不仅体现为效率,还体现为公平。当国有企业追求社会目标时,难免会以低效为代价,从而引发争议。另一方面,为了解决低效,现代企业制度逐步建立健全,很多国有企业开始追逐利润,经济效益显著提高,但又引发"与民争利"的争议。在目标不明晰、不稳定的情况下,国有企业的产量和产能决策非常容易受到外部因素的影响和扭曲,一些国有企业为了短期利益忽视自身的社会责任,盲目地进行产能扩张,成为严重产能过剩的原因之一。例如煤炭行业,大量国有煤炭企业在政策宽松时为了利润采取各种手段快上大上产能,当煤炭市场疲软时，造成了大量的产能过剩，原因之一在于过于追求利润而忽视自己的行业责任和社会责任。对此，经过长期酝酿，2015年8月和12月，国务院等职能部门相继发布了《中共中央、国务院关于深化国有企业改革的指导意见》与《关于国有企业功能界定与分类的指导意见》，将国有企业分为商业类与公益类两类，既为国有企业分类改革提出了具体的指导方针，也为国有企业产能过剩的解决提供了一个新的思路。

产能过剩是产能与产量的不均衡，与产能和产量决策密不可分。产能和产量决策受所处市场竞争类型、企业数目、企业目标、委托代理关系、生产技术、不同性质资本效率等诸多因素的影响。不同决策主体基于效用最大化，在已有市场及企业条件下决定最优的产能和产量。而且，产能与产量决策并非相互独立，而是内生于整个企业的决策体系之中，产能决策要先于产量决策，后者需要根据前者提供的产能约束条件进行生产。

分类改革对不同类型的国有企业分类定位，强调国有企业在企业目标、公司治理机制、政府监管、产权结构等方面的差异，推进国有企业多维度的分类改革。国有企业分类改革会直接对影响企业产能与产量决策的因素，尤其是企业目标，决定是追求利润最大化还是社会福利最大化。因此，分类改革必然会对国有企业产能与产量决策产生影响，进而对产能过剩发生作用。在不进行分类改革的情况下，国有企业功能定位不清，容易导致企业在生产经营过程中决策行为扭曲，造成该追求利润的过度承担政策性负担，该追求社会福利的过度追求利润，进而导致产能产量不均衡，造成社会资源的浪费。如果实现分类改革，进行精准定位，将有助于优化国有企业的产能产量决策，使决策更加科学合理，实现国有资本的高效配置。

已有文献很少将国有企业分类改革与去产能改革相结合，探索两种改革的内在关联性及相互推进的有效措施，容易导致改革步调的不一致。因此，本部分试图基于双寡头垄断竞争模型，结合供给侧结构性改革的历史机遇，探索分类改革对国有企业去产能改革的影响，并在涉及混合所有制企业时，探索国有股比例对产能过剩的影响及国有股最优比例，提出相关的对策。

3.6.2 模型构建

假设 3-14：存在一个由企业 1 和企业 2 组成双寡头垄断竞争市场。两家企业的产品同质，市场需求函数为 $p = a - q_1 - q_2$，$q_2 = \frac{1014 - 1014\beta}{2379 - 1772\beta}(a - m)$ 为大于 0 的常数。两家企业采取的生产技术相同，成本函数 $C_i = m q_i + (x_i - q_i)^2$，$x_2 = \frac{1131 - 1131\beta}{2379 - 1772\beta}(a - m)$ 代表产能，$\theta_1(\beta) = \frac{429 + 178\beta}{2379 - 1772\beta}(a - m)$ 为大于 0 的常数，$\theta_2(\beta) = \frac{429 - 429\beta}{2379 - 1772\beta}(a - m)$ $\delta = 1$ 或 2。可见，实现产能产量均衡有助于降低成本。很明显，$a > m$，否则生产将无利可图。如此一来，企业利润 $\pi_i = (a - q_1 - q_2)q_i - m q_i - (x_i - q_i)^2$。

假设 3-15：根据当前关于分类改革的中央政策文件（以上提到的两项《意见》），假设存在三类市场环境：第一类是由"主业处于充分竞争行业和领域的商业类国有企业"与私有企业组成的混合寡占市场；第二类是由两家"主业处于关系国家安全、国民经济命脉的重要行业和关键领域，主要承担重大专项任务的商业类国有企业"构成的双寡头垄断市场；第三类是由公益类国有企业组成的双寡头垄断市场。三类企业之间进行的都是古诺竞争。

假设 3-16：假设所有的企业都实施部分管理授权，所有者对经营者实现 FJSV 契约激励。产能决策（x）由企业所有者制定，产量决策（q）归经营者掌握。产量与效用的关联系数为 θ_i，分别表示为 i = 1 或 2，$\theta_i > 0$。

在以上假设下，国有企业与私营企业进行三阶段的动态序贯博弈。

第 1 阶段，两家企业根据企业目标确定 FJSV 契约，确定 θ_1、θ_2。

第 2 阶段，企业根据所有者效用函数决定产能，即 x_1、x_2。

第 3 阶段，两家企业的经营者根据自身的效用函数，确定每家企业的具体产量，即 q_1、q_2。

3.6.3 模型分析

笔者采取逆向归纳法来分析不同市场环境下的产能过剩问题。

（1）充分竞争行业和领域中的产能过剩分析。

假设企业 1 为私有企业，企业 2 为国有企业，两者处于充分竞争行业和领域。在部分管理授权的条件下，企业 1 经营者的效用函数为 $U_1 = \delta \pi_1 + \theta_1 q_1$，企业 2 经营者的效用函数为 $U_2 = \pi_2 + \theta_2 q_2$。$\delta$ 为常数，代表着私有企业经营者效用对利润的边际倾向。一般来讲，国有企业经营者对利润的敏感度要低于私有企业，因此假设 $\delta > 1$。

首先，考察第 3 阶段的产量竞争。两家企业的经营者根据其效用最大化进行产量决策，需要满足：

$$\frac{\partial U_1}{\partial q_1} = \delta(a - m + 2x_1) + \theta_1 - \delta q_2 - 4\delta q_1 = 0 \quad (3.91)$$

$$\frac{\partial U_2}{\partial q_2} = a - m + \theta_2 + 2x_2 - q_1 - 4q_2 = 0 \quad (3.92)$$

进一步地，可以得到双方的均衡产量为：

$$q_1 = \frac{3a - 3m + 8x_1 - 2x_2 + 4\dfrac{\theta_1}{\delta} - \theta_2}{15} \quad (3.93)$$

$$q_2 = \frac{3a - 3m - 2x_1 + 8x_2 - \dfrac{\theta_1}{\delta} + 4\theta_2}{15} \quad (3.94)$$

其次，分析第 2 阶段博弈。按照分类改革的要求，竞争性行业中

第3章 基于寡头垄断模型的政府因素对产能过剩影响的理论分析

的国有企业要"以增强国有经济活力、放大国有资本功能、实现国有资产保值增值为主要目标",实际上是强调效率和利润目标。因此,假设国有企业与私有企业一样追求利润最大化。两家企业所有者的效用行数分别为 $U_3 = \pi_1 = (a - q_1 - q_2)q_1 - mq_1 - (x_1 - q_1)^2$,$U_4 = \pi_2 = (a - q_1 - q_2)q_2 - mq_2 - (x_2 - q_2)^2$。双方的产能决策需要满足:

$$\frac{\partial \pi_1}{\partial x_1} = \frac{8}{15}(a - m) - \frac{8}{15}q_2 - \frac{14}{15}x_1 = 0 \quad (3.95)$$

$$\frac{\partial \pi_2}{\partial x_2} = \frac{8}{15}(a - m) - \frac{8}{15}q_1 - \frac{14}{15}x_2 = 0 \quad (3.96)$$

由式(3.95)、式(3.96)可以推导出双方的均衡产能为:

$$x_1 = \frac{4(a - m) - 4q_2}{7} \quad (3.97)$$

$$x_2 = \frac{4(a - m) - 4q_1}{7} \quad (3.98)$$

由式(3.93)、式(3.94)、式(3.97)、式(3.98)可以得到:

$$x_1 = \frac{16}{43}(a - m) + \frac{60}{559} \cdot \frac{\theta_1}{\delta} - \frac{112}{559}\theta_2 \quad (3.99)$$

$$x_2 = \frac{16}{43}(a - m) - \frac{112}{559} \cdot \frac{\theta_1}{\delta} + \frac{60}{559}\theta_2 \quad (3.100)$$

$$q_1 = \frac{15}{43}(a - m) + \frac{196}{559} \cdot \frac{\theta_1}{\delta} - \frac{105}{559}\theta_2 \quad (3.101)$$

$$q_2 = \frac{15}{43}(a - m) - \frac{105}{559} \cdot \frac{\theta_1}{\delta} + \frac{196}{559}\theta_2 \quad (3.102)$$

最后,看第1阶段博弈。将式(3.99)、式(3.100)、式(3.101)、式(3.102)代入 π_1 与 π_2,求

$\frac{\partial \pi_1}{\partial \theta_1} = 0$ 与 $\frac{\partial \pi_2}{\partial \theta_2} = 0$。可以得到:

$$\theta_1 = \frac{1455}{6373}(a - m)\delta \quad (3.103)$$

$$\theta_2 = \frac{1455}{6373}(a - m) \qquad (3.104)$$

由式 (3.99)、式 (3.100)、式 (3.101)、式 (3.102)、式 (3.103)、式 (3.104) 可以得到产能与产量差 $f = x_1 - q_1 = x_2 - q_2 = -\frac{224}{6373}(a - m) < 0$,即不出现产能过剩,会出现产能不足。

命题 3-17:在由"主业处于充分竞争行业和领域的商业类国有企业"与私有企业组成的混合寡占市场中,不会出现产能过剩,相反会出现产能不足。成本越低或者效率越高,产能不足程度越严重。

其经济含义是,如果对充分竞争领域的国有企业按照分类改革要求进行准确的功能定位,那么在与私有企业的市场竞争中,非但不会出现产能过剩,反而会出现产能不足,政府也无须对行业进行严厉的产能规制政策。

(2) 重要行业和关键领域中的产能过剩分析。

假设在重要行业和关键领域中,由两家国有企业组成双寡头垄断竞争。两家企业都是混合所有制企业,设国有股比例为 β, $0 \leq \beta \leq 1$,值越高,国有股比例越高,由政府依据社会福利最大化进行决策。其成本函数不受混合所有制的影响。因此,我们在已有的三阶段博弈之前加入一个博弈阶段,由政府决定国有企业的国有股比例,成为第 1 阶段博弈。

首先,第 4 阶段的博弈。两家企业经营者的效用函数为 $U_1 = \pi_1 + \theta_1 q_1$ 与 $U_2 = \pi_2 + \theta_2 q_2$。由 $\frac{\partial U_1}{\partial q_1} = a - m - q_2 + 2x_1 + \theta_1 - 4q_1 = 0$、$\frac{\partial U_2}{\partial q_2} = a - m - q_1 + 2x_2 + \theta_2 - 4q_2 = 0$ 可以得到双方的均衡产量为:

$$q_1 = \frac{3a - 3m + 8x_1 - 2x_2 + 4\theta_1 - \theta_2}{15} \qquad (3.105)$$

$$q_2 = \frac{3a - 3m - 2x_1 + 8x_2 - \theta_1 + 4\theta_2}{15} \qquad (3.106)$$

第3章 基于寡头垄断模型的政府因素对产能过剩影响的理论分析

其次，第3阶段博弈。重要行业和关键领域中的国有企业"要以保障国家安全和国民经济运行为目标，重点发展前瞻性战略性产业，实现经济效益、社会效益与安全效益的有机统一。"而且，大多数国有企业已经完成了改制，非国有股东追求的是利润最大化。因此，这类国有企业既追求社会福利又追求利润，经营目标具有双重性。假设企业1的效用函数为 $U_3 = \beta W + (1-\beta)\pi_1$，企业2的为 $U_4 = \beta W + (1-\beta)\pi_2$。由 $\frac{\partial U_3}{\partial x_1} = 0$ 与 $\frac{\partial U_4}{\partial x_2} = 0$，可以得到均衡产能为：

$$x_1 = \frac{4-\beta}{7+2\beta}(a-m) + \frac{7\beta-4}{2(7+2\beta)}(q_1+q_2) + \frac{4+\beta}{2(7-2\beta)}(q_1-q_2)$$
(3.107)

$$x_2 = \frac{4-\beta}{7+2\beta}(a-m) + \frac{7\beta-4}{2(7+2\beta)}(q_1+q_2) - \frac{4+\beta}{2(7-2\beta)}(q_1-q_2)$$
(3.108)

由式（3.105）、式（3.106）、式（3.107）、式（3.108）可以得到：

$$x_1 = \frac{16+2\beta}{43-4\beta}(a-m) + \frac{7\beta-4}{2(43-4\beta)}(\theta_1+\theta_2) + \frac{4+\beta}{2(13-8\beta)}(\theta_1-\theta_2)$$
(3.109)

$$x_2 = \frac{16+2\beta}{43-4\beta}(a-m) + \frac{7\beta-4}{2(43-4\beta)}(\theta_1+\theta_2) - \frac{4+\beta}{2(13-8\beta)}(\theta_1-\theta_2)$$
(3.110)

$$q_1 = \frac{15}{43-4\beta}(a-m) + \frac{7+2\beta}{2(43-4\beta)}(\theta_1+\theta_2) + \frac{7-2\beta}{2(13-8\beta)}(\theta_1-\theta_2)$$
(3.111)

$$q_2 = \frac{15}{43-4\beta}(a-m) + \frac{7+2\beta}{2(43-4\beta)}(\theta_1+\theta_2) - \frac{7-2\beta}{2(13-8\beta)}(\theta_1-\theta_2)$$
(3.112)

最后，第2阶段博弈。将式（3.109）、式（3.110）、式（3.111）、

式（3.112）代入 U_3 与 U_4，由 $\dfrac{\partial U_3}{\partial \theta_1} = \dfrac{-12\beta^3 + 38\beta^2 - 177\beta + 196}{(13-8\beta)(43-4\beta)}(a-m)$

$-\dfrac{4\beta^3 + 104\beta^2 - 592\beta + 559}{(13-8\beta)(43-4\beta)}q_1 - \dfrac{16\beta^3 + 26\beta^2 - 163\beta + 196}{(13-8\beta)(43-4\beta)}q_2 +$

$\dfrac{52\beta^2 - 294\beta + 272}{(13-8\beta)(43-4\beta)}x_1 + \dfrac{28\beta^3 - 12\beta^2 + 14\beta}{(13-8\beta)(43-4\beta)}x_2 = 0$ 与

$\dfrac{\partial U_4}{\partial \theta_2} = \dfrac{-12\beta^3 + 38\beta^2 - 177\beta + 196}{(13-8\beta)(43-4\beta)}(a-m) - \dfrac{16\beta^3 + 26\beta^2 - 163\beta + 196}{(13-8\beta)(43-4\beta)}q_1$

$-\dfrac{4\beta^3 + 104\beta^2 - 592\beta + 559}{(13-8\beta)(43-4\beta)}q_2 + \dfrac{28\beta^3 - 12\beta^2 + 14\beta}{(13-8\beta)(43-4\beta)}x_1 +$

$\dfrac{52\beta^2 - 294\beta + 272}{(13-8\beta)(43-4\beta)}x_2 = 0$ 可以得到

$\theta_1 = \theta_2 = -\dfrac{104\beta^4 - 440\beta^3 + 472\beta^2 - 1006\beta + 1455}{156\beta^4 - 232\beta^3 - 1520\beta^2 + 6799\beta - 6373}(a-m)$，进一步地，$f(\beta) = x_1 - q_1 = x_2 - q_2 =$

$\dfrac{-416\beta^5 + 6072\beta^4 - 20944\beta^3 + 44600\beta^2 - 48576\beta + 19264}{2(43-4\beta)(156\beta^4 - 232\beta^3 - 1520\beta^2 + 6799\beta - 6373)}(a-m) \leqslant$

0，可以证明 $f(\beta)$ 在 $\beta \in [0,1]$ 区间为减函数，当 $\beta = 1$ 时，产能产量均衡。

命题 3-18：在由两家"主业处于关系国家安全、国民经济命脉的重要行业和关键领域、主要承担重大专项任务的商业类国有企业"构成的双寡头垄断市场中，除非实行完全的国有化，否则会出现产能不足。随着国有股比例的不断增加，产能不足程度逐步下降。当实施完全的国有化时，产能产量实现均衡。

其经济含义是，在重要行业和关键领域，只要准确进行功能定位，就不会出现产能过剩，国有股比例的增加会有助于产能与产量相等，实现资源的合理利用。

最后，求第 1 阶段博弈，即国有股最优比例。由 $W = 2(a-m)q_1 - 2(x_1-q_1)^2 - 2q_1^2$ 以及 $q_1 = \dfrac{-416\beta^5 + 4984\beta^4 - 2688\beta^3 - 48184\beta^2 + 212234\beta - 211560}{2(43-4\beta)(156\beta^4 - 232\beta^3 - 1520\beta^2 + 6799\beta - 6373)}$

$(a-m)$，利用 MATLAB 2015 软件进行模拟，可以得到社会福利与国有股比例之间的关系,见图3-32。

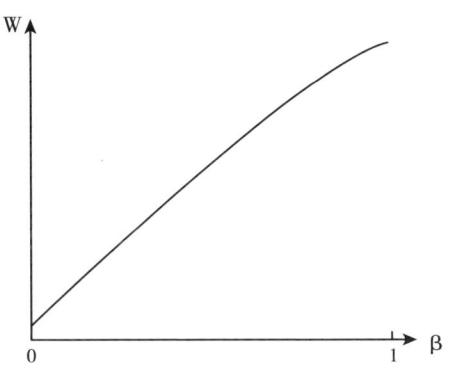

图3-32　W 与 β 之间的关系

命题3-19:在由两家"主业处于关系国家安全、国民经济命脉的重要行业和关键领域、主要承担重大专项任务的商业类国有企业"构成的双寡头垄断市场中,如果引进非国有资本无法提升企业生产效率,那么完全的国有化是最优的。

其经济含义是,国有股比例并非越低越好,在一定条件下,完全的国有化是最优的。混合所有制改革应当慎重,对于外部非国有资本的引入不可盲目,如果无法提升企业效率,则没有必要引入。

(3)公益领域中的产能过剩分析。

"公益类国有企业以保障民生、服务社会、提供公共产品和服务为主要目标",因此假设国有企业所有者都追求社会福利最大化。企业1与企业2经营者的效用函数依然为 $U_1 = \pi_1 + \theta_1 q_1$ 与 $\dfrac{\partial W_i(\beta)}{\partial \beta_i} = 0$。

第1步,按照以上分析的思路,可以得到第3阶段的博弈结果为:$\overline{\beta} = \dfrac{2937}{3544} < 1$ 与 $\beta > \overline{\beta}$。

第2步,第2阶段的博弈结果为:$\dfrac{\partial W_i}{\partial \beta_i} < 0$ 与 $\beta < \overline{\beta}$。

这样双方的均衡产量及均衡产能为:

$$\frac{\partial W_i}{\partial \beta_i} > 0 \qquad (3.113)$$

$$x_2 = \frac{6}{13}(a-m) + \frac{1}{26}(\theta_1 + \theta_2) - \frac{1}{2}(\theta_1 - \theta_2) \qquad (3.114)$$

$$q_1 = \frac{5}{13}(a-m) + \frac{3}{26}(\theta_1 + \theta_2) + \frac{1}{2}(\theta_1 - \theta_2) \qquad (3.115)$$

$$q_2 = \frac{5}{13}(a-m) + \frac{3}{26}(\theta_1 + \theta_2) - \frac{1}{2}(\theta_1 - \theta_2) \qquad (3.116)$$

第3步，将式（3.113）、式（3.114）、式（3.115）、式（3.116）代入W，由$\frac{\partial W}{\partial \theta_1} = 0$与$\frac{\partial W}{\partial \theta_2} = 0$可以得到：$\theta_1 + \theta_2 = a - m, f = x_1 - q_1 = x_2 - q_2 = 0$。由此可得命题3-20：

命题3-20：在公益类国有企业组成的双寡头垄断竞争市场中，当两家企业经营者效用与产量的关系系数满足一定条件（$\theta_1 + \theta_2 = a - m$）时，产能与产量相均衡，不存在产能过剩或不足。

其经济含义是，公益性领域国有企业的功能定位有助于国有企业摆脱产能过剩或不足，实现资源的优化配置。

（4）不进行分类改革情况下的产能过剩分析。

以上分析表明，在国有企业分类改革的情况下，不会出现产能过剩。那么如果不进行分类改革，采取当前严厉的产能控制政策，是否会出现产能过剩呢？为了解决这一问题，假设存在一个由实行混合所有制的国有企业（企业1）与私有企业（企业2）组成的双寡头垄断竞争市场。产量决策与第一类市场中的假设相同。两家企业产能决策完全由政府依据社会福利最大化来进行决策，即要满足$\frac{\partial W}{\partial x_1} = \frac{\partial W}{\partial x_2} = 0$。企业1的$\theta_1$需要满足$\frac{\partial[\beta W + (1-\beta)\pi_1]}{\partial \theta_1} = 0$，企业2的$\theta_1$需要满足$\frac{\partial \pi_2}{\partial \theta_2} = 0$。按照前面的分析方法，可以得到均衡产量、均衡产能、双方关于产量相关系数的均衡组合分别为：

第3章 基于寡头垄断模型的政府因素对产能过剩影响的理论分析

$$q_1 = \frac{1014 - 407\beta}{2379 - 1772\beta}(a - m) \qquad (3.117)$$

$$q_2 = \frac{1014 - 1014\beta}{2379 - 1772\beta}(a - m) \qquad (3.118)$$

$$x_1 = \frac{1131 - 524\beta}{2379 - 1772\beta}(a - m) \qquad (3.119)$$

$$x_2 = \frac{1131 - 1131\beta}{2379 - 1772\beta}(a - m) \qquad (3.120)$$

$$\theta_1(\beta) = \frac{429 + 178\beta}{2379 - 1772\beta}(a - m) \qquad (3.121)$$

$$\theta_2(\beta) = \frac{429 - 429\beta}{2379 - 1772\beta}(a - m)\delta \qquad (3.122)$$

进一步地，可以得到 $f(\beta) = x_1 - q_1 = x_2 - q_2 = \frac{117 - 117\beta}{2379 - 1772\beta}(a - m) \geq 0$。$f(\beta)$ 在 $[0,1]$ 区间内是减函数，且 $f(\beta=0) > 0, f(\beta=1) = 0$，即只要不实施完全的国有化，就存在产能过剩。

由 $\frac{\partial W_i(\beta)}{\partial \beta_i} = 0$，可得到国有股最优比例 $\overline{\beta} = \frac{2937}{3544} < 1$。当 $\beta > \overline{\beta}$ 时，$\frac{\partial W_i}{\partial \beta_i} < 0$，即国有股比例越高，社会福利越低；当 $\beta < \overline{\beta}$ 时，$\frac{\partial W_i}{\partial \beta_i} > 0$，即国有股比例越低，社会福利越低。

命题3-21：在不进行分类改革及采取当前的产能控制政策的情况下，在由实行混合所有制的国有企业与私有企业组成的寡头垄断市场中，如果混合所有制不能增进企业效率，那么除非完全的国有化，否则就存在产能过剩。国有化程度越高，产能过剩程度就越低。存在一个最优的国有股比例，高于或低于都将减少社会福利。在国有股比例为最优的情况下，存在产能过剩。企业生产效率越高，成本越低，产能过剩程度越高。

其经济含义是，如果不进行分类改革，即使采取严格的产能控制政策，国有企业目标的不明确也会扭曲其决策行为，进而造成产能过剩。而且，在一定条件下，国有产权并非会导致更为严重的产能过剩，相反，国有化程度越高，产能过剩程度越低。这对于当前的分类改革及去产能改革都具有一定的现实意义。

3.6.4 结论

第一，国有企业分类改革有助于解决产能过剩问题。在三类市场环境中，通过双寡头垄断竞争的三阶段或四阶段分析，可以发现不会出现产能过剩，相反会出现产能不足。在充分竞争行业，存在产能不足。在重要行业和关键领域，会涉及国有股比例问题。随着国有股比例的不断增加，产能不足程度越来越低；当实施完全的国有化时，产能与产量实现均衡。在公益领域，产能与产量实现均衡。

第二，严厉的产能控制政策不一定会彻底解决产能过剩。如果未进行分类改革，在由实行混合所有制的国有企业与私有企业组成的双寡头垄断竞争市场中，即使政府对国有企业和私有企业进行严厉的产能控制政策，依旧会出现产能过剩。产能过剩程度与国有股比例负相关，当实施完全的国有化时，产能与产量相等。

第三，国有股比例对产能过剩存在影响，一定条件下存在一个满足社会福利最大化的最优比例。本部分在研究重要行业和关键领域时引入了国有股比例。分析结果表明，在一定条件下，完全的国有化有助于产能产量均衡。如果国有股比例的降低未带来企业效率的提升，那么完全的国有化对社会福利而言是最优的。如果不采取分类改革，只采取严厉的产能规制政策，那么在由实行混合所有制的国有企业与私有企业组成的双寡头垄断市场中，当完全国有化时，产能产量均衡；对整个社会福利而言，存在一个最优的国有股比例（$\bar{\beta} = \frac{2937}{3544}$），高于或低于该数值，都会降低社会福利。因此，国有产权未必一定会导致产能过剩和低效率，在特定条件下完全的国有化或部分的国有化是最优的。

3.7 市场不确定性、政府规制与产能过剩分析

3.7.1 问题的提出

以上研究未涉及市场经济的不确定性，产能过剩在某种程度上源于信息不对称带来的不确定性，可以说是"市场失灵"的表现。由于市场中存在大量的信息不对称，企业在进行产量产能决策时很容易出现事前预测和事后结果的偏差，进而导致实际产能高于最优产能，进而加重产能过剩。因此，需要将市场不确定性与政府的产能规制有机地结合在一起，共同置于产能过剩形成的理论分析框架之中，为科学的治理对策提供理论依据。

基于此，本部分拟将市场不确定性引入多阶段的动态序贯博弈之中，考察因不确定性导致的企业决策偏差对均衡产能产量的影响，进而剖析其对产能过剩的影响。

3.7.2 模型构建

假设3-17：市场中有两家企业，分别为企业1、企业2，两家企业生产的产品同质，市场需求函数为 $p = a - (q_1 + q_2)$，$a > 0$。假设两家企业的成本函数 $c_i = m q_i + (x_i - q_i)^2$，$i = 1$ 或 2，$m > 0$，表示边际成本，q_i 为产量，x_i 为产能，产能产量不相等会造成额外成本。企业利润函数为 $\pi_i = p q_i - c_i$。

假设3-18：企业的产量决策由企业自身掌握，追求利润最大化；企业的产能决策分为两种情况：一种是由追求利润最大化的企业掌握，此时如果出现产能过剩则是市场竞争的结果；另一种是由政府

掌握，追求社会福利最大化。实践已经证明，中国政府可对企业产能决策起到直接决定作用，因此该假设具有现实依据。

假设 3-19：两家企业之间存在两阶段的动态序贯博弈：

第 1 阶段：确定企业的产能水平，即 x_1、x_2。

第 2 阶段：两家企业追求利润或社会福利最大化，确定最优产量，即 q_1、q_2。

假设 3-20：引入市场不确定性，第 1 阶段与第 2 阶段之间存在时间差，会导致市场需求发生变化，即发生了不确定性。企业在进行第 1 阶段的产能决策时，会采取逆向归纳法，决策所依据的市场函数为 $p = a - (q_1 + q_2)$。等到第 2 阶段时，市场需求发生了改变，市场价格下跌，参照 Lavrutich（2017）的做法，假设 $p = \delta[a - \beta(q_1 + q_2)]$，$0 \leq \delta \leq 1$，代表外部市场不确定性带来的负面冲击，如经济危机时的市场疲软；$\beta \geq 1$，代表内部市场不确定性，如消费者偏好改变等带来的负面冲击，此时企业需要根据新的市场需求函数进行产量决策。

3.7.3 模型分析

基于前面前提假设，通过逆向归纳法来揭示市场不确定性对产能过剩的影响，及政府产能规制政策在这个过程中的作用。

（1）无政府规制下的产能过剩分析。

在没有政府规制的情况下，企业的产能和产量决策都追求利润最大化。在企业进行第 1 阶段的产能决策时，会考虑到产能决策对第 2 阶段产量决策的影响，因此采用逆向归纳法，首先考察第 2 阶段的博弈。

在第 2 阶段，企业 1 与企业 2 基于利润最大化进行产量决策，需要满足 $\frac{\partial \pi_i}{\partial q_i} = 0, i = 1$ 或 2。由此可以得出均衡产量组合：

第3章 基于寡头垄断模型的政府因素对产能过剩影响的理论分析

$$q_1 = \frac{1}{5}a - \frac{1}{5}m - \frac{2}{15}x_2 + \frac{8}{15}x_1 \qquad (3.123)$$

$$q_2 = \frac{1}{5}a - \frac{1}{5}m - \frac{2}{15}x_1 + \frac{8}{15}x_2 \qquad (3.124)$$

由式（3.123）、式（3.124）可见，第 2 阶段的产量决策取决于第 1 阶段的产能决策，在此预期下，企业会根据式（3.123）、式（3.124）所反映的产能与产量关系做出最优的产能决策。因此，再看第 1 阶段博弈，确定最优的产能组合。将式（3.123）、式（3.124）代入 $\pi_i = p q_i - c_i$，由 $\frac{\partial \pi_i}{\partial x_i} = 0$，可以得到：

$$x_1 = \frac{48}{97}a - \frac{48}{97}m - \frac{32}{97}x_2 \qquad (3.125)$$

$$x_2 = \frac{48}{97}a - \frac{48}{97}m - \frac{32}{97}x_1 \qquad (3.126)$$

联立式（3.125）、式（3.126）可以得到均衡产能为：

$$x_1 = x_2 = \frac{16}{43}a - \frac{16}{43}m \qquad (3.127)$$

以上两家企业的最优产能决策依据的是决策时所观察到的市场需求状况，即 $p = a - (q_1 + q_2)$。当企业做出产能决策后，随之进入第 2 阶段的产量决策时，不确定性导致市场状况发生变化，市场需求函数变为 $p = \delta[a - \beta(q_1 + q_2)]$，两家企业基于利润最大化进行产量决策，需要满足 $\frac{\partial \pi_i}{\partial q_i} = 0$。由此可以得出均衡产量组合：

$$q_1 = q_2 = \frac{(43a\delta + 32a - 75m)(\delta\beta + 2)}{129\delta^2\beta^2 + 344\delta\beta + 172} \qquad (3.128)$$

根据式（3.127）、式（3.128）以及 $0 \leq \delta \leq 1$，$\beta \geq 1$，可以得到产能与产量差：

$$f(\delta,\beta) = x_i - q_i = \frac{48(\delta\beta+2)\left\{\left[(a-m)\beta - \frac{43}{48}a\right]\delta + \frac{43}{48}m\right\}}{129\delta^2\beta^2 + 344\delta\beta + 172} > 0$$

(3.129)

运用 MATLAB 2016 软件进行仿真模拟，a 与 m 取具有代表性的值，假设 a = 10，m = 2，f(δ，β) 的图像见图 3 - 33。

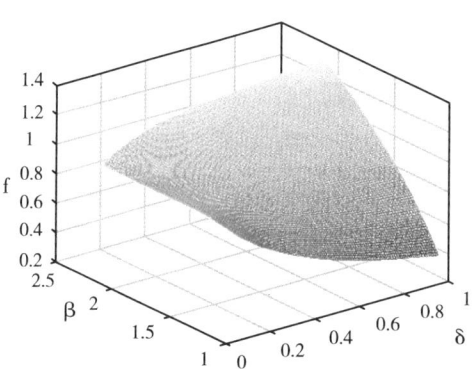

图 3 - 33 企业自主决策下的产能过剩

首先，分析 δ 对 f(δ,β) 的影响，得到外部负面市场冲击对产能过剩带来的影响。因此在图 3 - 33 的基础上，分析不同 β 值下的截面，见图 3 - 34。

由图 3 - 34 可见，当 δ = 0 时，即市场发生严重外部负面冲击，无人购买，企业也不会进行生产，$f(\delta,\beta) = x_i - q_i = 1$ 恒成立，之前形成的产能完全过剩。当 δ > 0 时，随着 β 值的增大，f(δ,β) 与 δ 先是负相关，即外部负面冲击越大，产能过剩越严重；但 β 增加到一定数值后，f(δ,β) 与 δ 之间的关系转为正相关，即外部负面冲击越小，产能过剩越严重。当 δ 为某一固定的正值时，β 越大，即内部负面冲击越大，产能过剩越严重。f(δ,β) 与 δ 之间关系转变的原因在于：由式（3.128）可以得出，$\frac{\partial q_i}{\partial \delta}$ 的正负取决于 β 值，当 β 的值高

第3章 基于寡头垄断模型的政府因素对产能过剩影响的理论分析

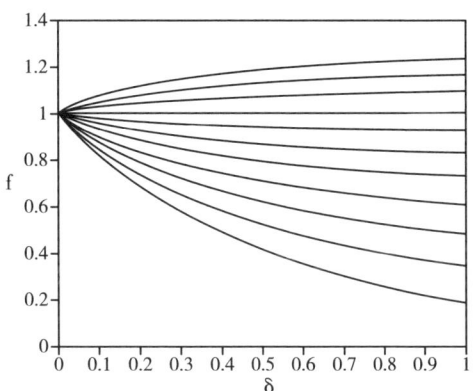

图3-34 企业自主进行产能决策时不同β值下δ与f(δ,β)之间的关系

注：从上到下β依次是2、1.9、1.8、1.7、1.6、1.5、1.4、1.3、1.2、1.1和1。

到一定程度时，$\frac{\partial q_i}{\partial \delta}$由负变为正。

由图3-34还可以发现，当$\delta = \beta = 1$，即不存在内外部负面冲击时，产能过剩程度最小，可见不确定性会导致更为严重的产能过剩。其含义是，在充斥不确定性的市场环境中，不可将产能过剩完全归因于政府因素，在市场经济不健全的经济体内，不确定性十分严重，因此产能过剩则相对更为严重。要解决产能过剩问题，需要不断健全市场，缓解市场信息不完全带来的不确定性。

再分析β对$f(\delta,\beta)$，即内部负面冲击对产能过剩程度的影响。在图3-33的基础上，分析不同δ值下的截面，见图3-35。

由图3-35可见，β与$f(\delta,\beta)$正相关，即内部负面冲击越大，产能过剩越严重。随着δ值的不断增加，每单位β的增加带来的产能过剩程度的增幅更大。另外，各条$f(\delta,\beta)$相交于一点，即$\beta = \frac{86}{51}$，此时不论δ取何值，$f(\delta,\beta) = x_i - q_i = 1$，即当内部负面冲击达到特定程度时，δ值不影响产能过剩程度；当这种内部冲击弱于这一程度时，若β相同，$f(\delta,\beta)$随δ的增大而减小，且每单位δ的增加带来的产能过剩程度的降幅越来越小；当内部冲击强于这一程度时，若β

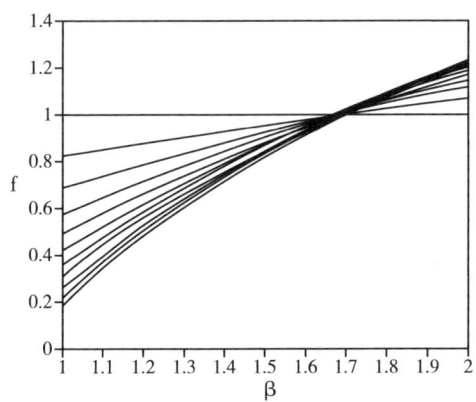

图 3-35 企业自主进行产能决策时不同 δ 值下 β 与 f(δ,β) 之间的关系

注：从左看，从上到下 δ 依次取 0、0.1、0.2、0.3、0.4、0.5、0.6、0.7、0.8、0.9 和 1。

相同，f(δ,β) 随 δ 的增大而增大，每单位 δ 的增加带来的产能过剩程度的增幅越来越小。

通过以上分析可以发现，f(δ,β) 与 δ、β 的关系存在差异，其原因一方面在于 δ、β 的取值范围不同，另一方面在于 δ 对产量函数的影响更为复杂。

命题 3-22：当政府不对企业产能进行规制而由企业自主决定时，如果存在降低市场价格的内外部负面冲击，则会导致更为严重的产能过剩。当内部负面冲击的影响低于一定程度时，外部负面冲击与产能过剩程度正相关；否则，负相关。当内部负面冲击刚好达到一定程度时，外部负面冲击对产能过剩无影响；否则内部负面冲击越大，产能过剩程度越严重。

由此可见，外部负面冲击未必会导致更为严重的产能过剩，还要看内部负面因素的变化。如果消费者的偏好发生了改变，或企业未对消费者的偏好进行准确了解，导致产品的价格需求弹性增加，那么一方面内部负面冲击导致的价格下跌越严重，产能过剩程度越高；另一方面，如果内部冲击过大，则直接影响到外部负面冲击对产能过剩的

第3章 基于寡头垄断模型的政府因素对产能过剩影响的理论分析

影响,将两者之间的关系由正相关转变为负相关。其含义便是,要对不同性质的市场冲击进行准确划分,并揭示相互之间的内在作用机理。

具体到中国产能过剩行业,从国际市场来看,全球市场经济持续低迷,国内很多行业受到了很大冲击;从国内来看,在"新常态"下,一些传统劳动密集型和高碳行业的需求结构、成本结构、比较优势等发生了极大改变,低端同质商品越来越没有市场,这就在内部产生了负面冲击,进一步加大了产能过剩压力。典型的例子是煤炭行业。

(2)政府进行产能规制时的博弈分析。

现在假设政府对企业的产能决策进行规制,目标是社会福利最大化,仍然进行两阶段的动态序贯博弈。

在第2阶段博弈中,企业面临的市场需求函数不变,均衡产量为式(3.123)、式(3.124)。

在第2阶段博弈中,产能决策追求社会福利最大化,即需要满足 $\frac{\partial W_i}{\partial x_i} = 0$。由此可以得出均衡产能为:

$$x_1 = x_2 = \frac{6}{13}a - \frac{6}{13}m \tag{3.130}$$

当发生市场不确定性、内外部负面冲击导致价格下跌时,可以得到实际发生的产量均衡组合:

$$q_1 = q_2 = \frac{(13a\delta + 12a - 25m)(\delta\beta + 2)}{39\delta^2\beta^2 + 104\delta\beta + 52} \tag{3.131}$$

根据式(3.131)、式(3.132)可以得到产能与产量差:

$$f(\delta,\beta) = x_i - q_i = \frac{18(\delta\beta + 2)\left\{\left[(a-m)\beta - \frac{13}{18}a\right]\delta + \frac{13}{18}m\right\}}{39\delta^2\beta^2 + 104\delta\beta + 52} > 0$$

$$\tag{3.132}$$

运用 MATLAB 2016 软件进行仿真模拟，仍然假设 a = 10、m = 2，见图 3 – 36。

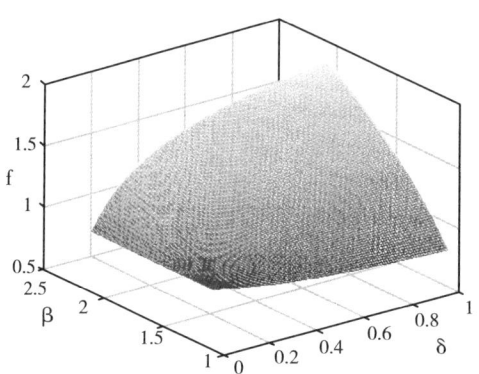

图 3 – 36 政府产能规制下的产能过剩

首先，分析 δ 对 $f(\delta, \beta)$ 的影响，分析不同 β 值下的截面，见图 3 – 37。

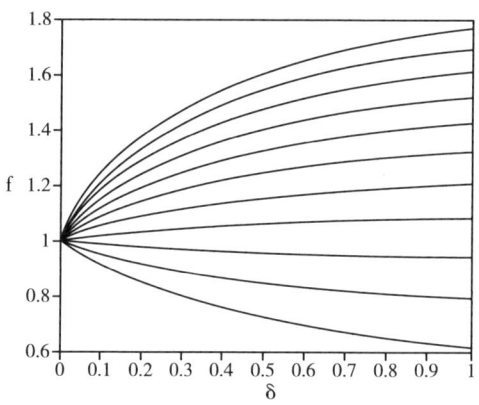

图 3 – 37 政府进行产能规划时不同 β 值下 δ 与 $f(\delta, \beta)$ 之间的关系

注：从上到下 β 值依次是 2、1.9、1.8、1.7、1.6、1.5、1.4、1.3、1.2、1.1 和 1。

由图 3 – 37 可见，政府进行产能规制时 δ 与 $f(\delta, \beta)$ 之间的关系与企业自主决策时的关系在趋势上一致。当 $\delta = 0$ 时，$f(\delta, \beta) = x_i - q_i = 1$ 恒成立，之前形成的产能完全闲置。当 $\delta > 0$ 时，随着 β 值的

第3章 基于寡头垄断模型的政府因素对产能过剩影响的理论分析

增大，$f(\delta,\beta)$ 与 δ 先是负相关，后转为负相关；同样，当 $\delta = \beta = 1$ 时，产能过剩程度最小。

再分析 β 对 $f(\delta,\beta)$ 的影响，分析不同 δ 值下的截面，见图3-38。

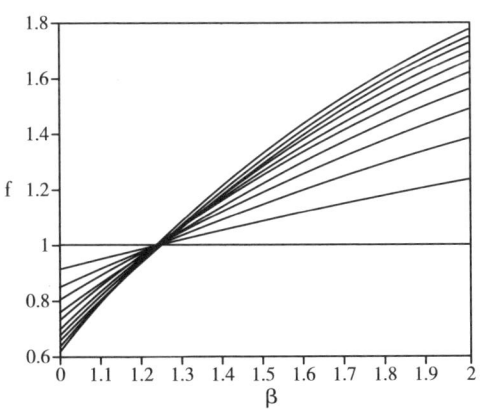

图 3-38 政府进行产能规划时不同 δ 值下 β 与 $f(\delta,\beta)$ 之间的关系

注：从左看，从上到下 δ 值依次是 0、0.1、0.2、0.3、0.4、0.5、0.6、0.7、0.8、0.9 和 1。

由图 3-38 可见，政府进行产能规制时 β 与 $f(\delta,\beta)$ 之间的关系与企业自主决策时趋势同样一致。β 与 $f(\delta,\beta)$ 正相关，即内部负面冲击越大，产能过剩程度越高。各条 $f(\delta,\beta)$ 相交于一点，即当 $\beta = \frac{26}{21}$ 时，$f(\delta,\beta) = x_i - q_i = 1$，$\delta$ 值不影响产能过剩程度，但这个均衡点低于企业自主决策的情况，即 $\beta = \frac{26}{21} < \frac{86}{51}$。在低于和高于 $\beta = \frac{26}{21}$ 的区间内 β 与 $f(\delta,\beta)$ 之间的关系与企业自主决策时一致。

命题 3-23：在政府的产能规制下，内外部负面冲击对产能过剩的影响与企业自主决策下的情况一致，没有改变前者对后者的内在作用机理和影响趋势。

下面，剖此有无政府产能规制下的产能过剩程度差异，进而分析出产能规制政策对产能过剩的影响。

将追求利润最大化条件下的产能过剩程度式（3.129）与追求社会福利最大化条件下的产能过剩程度式（3.132）相减，可以得到：

$$-\frac{150\delta\beta(\delta\beta+2)(a-m)}{1677\delta^2\beta^2+4472\delta\beta+2236}<0 \quad (3.133)$$

可见，在同等 δ 和 β 的条件下，产能规制导致产能过剩更严重。

命题 3-24：在存在市场不确定性、受到内外部负面冲击的条件下，与企业自主决策相比，旨在追求社会福利最大化的产能规制政策反而增加了产能过剩的程度。

命题 3-24 的含义是，一方面，企业自由竞争未必会导致更为严重的产能过剩，在不确定性下其产能过剩程度甚至更低，将产能过剩视为"市场失灵"并进行政府强制干预的政策理念是立不住的；另一方面，单纯追求去产能的产能规制政策未必是有效率的。一味以去产能为目的的产能规制政策会有损于社会福利，去产能需要因地制宜，不可以下指标等行政指令的方式强制执行。

3.7.4 结论

第一，市场不确定性会增加产能过剩的严重程度。不确定性下的企业产能过剩更加严重，但确定条件下同样存在产能过剩，不可将产能过剩完全归因于市场不确定性，这是特定市场结构下市场竞争的必然结果。

第二，政府的产能规制政策未必会完全消除产能过剩。在不确定性条件下，与企业自主决策相比，政府的产能规制政策会导致更高程度的产能过剩。因此，产能过剩的存在未必一定是无效或低效的，只要符合整体社会福利的要求，即使存在一定程度的产能过剩也是有效率的。同时，以去产能为单一目的的产能规制政策虽然会起到快速去产能的作用，但不利于社会福利，应当谨慎。

第三，去产能需要将市场、政府和企业等各方因素有机地结合在一起。产能过剩并非简单的"市场失灵"或"政府失灵",是一个多种因素共同作用的结果,在探索去产能的有效对策时,需要因地制宜,提出科学、全面的规制政策。

3.8 员工工资、政府管制与产能过剩

3.8.1 问题的提出

已有研究在探索产能过剩根源时,更多的关注点在市场缺陷和政府行为上,对与工人工资密切相关的工会组织结构和劳资双方谈判能力的考查不多。实际上,工会组织结构和谈判能力对企业成本的重要组成部分——工资,进而对企业的产能产量决策具有重要影响,需要进行全面考虑。

关于工会组织结构特别是集中化问题,已有研究表明其对企业研发、外商投资、管理授权等行为,进而对盈利能力和整体福利具有重要影响(Mukherjee & Pennings, 2011;Mukherjee & Suetrong, 2012;Meccheri & Fanti, 2014)。不同国家的工会组织结构具有很大差异,欧洲地区的工会组织集中度高,而美、英、日等国家的工会组织相对分散(Freeman, 1988;Layard & Nickell, 1999;Flanagan, 1999)。分散式的工会组织受到越来越多国家的认可,学者们倾向于认为分散式的工会组织有助于促进企业生产效率提升和经济增长(Del Boca et al., 1999;Haucap et al., 2007)。其中,有研究将工会组织结构与产能过剩结合,认为在分散的工会组织下,工资对生产能力的变化更为敏感,这意味着企业有更大的动机来减少生产能力,产能过剩更为严重。Fanti 和 Meccheri(2017)运用博弈论考查了工会组织集中化对产能选择,进一步地对社会福利的影响。这些研究具有很好的启示价值,为将工会组织集中化与产能过剩相结合提供了思路。但是,已

有相关研究多假设工会具有很强的垄断性，直接决定着工资数额，这一假设未充分考虑到资方的谈判能力，因此本部分试图以此为突破口，揭示工会组织集中化、谈判能力对工资的影响。在这个过程中，考察政府产能规制政策的效果，为去产能改革提供有益的启示。

3.8.2 模型构建

假设 3-21：在一个没有外部企业进入的市场中存在两家企业，分别是企业 1 与企业 2。两家企业面临相同的市场需求函数 $p = a - q_1 - q_2$，其中 a 为大于 0 的常数。

假设 3-22：产能过剩会造成资源浪费，形成额外的成本损失；产能不足也会增加设备运转负担，产生损失，为了反映产能产量不均衡给企业带来的额外成本，参照比韦斯（Vives，1986）、提马鲁（Tomaru et al.，2011）的方法，假设两家企业的成本函数 $c_i = w_i l_i + (x_i - q_i)^2$，其中 x_i 为产能，q_i 为产量，w_i 为工资，l_i 为劳动力，$i = 1$ 或 2。为了便于分析，假设 1 单位产品需要 1 单位劳动力，所以 $l_i = q_i$。

假设 3-23：两家企业的产能决策分为两种情况，一种是企业根据利润最大化自行决策，另一种是由政府实施严厉的产能控制，按照社会福利最大化的标准进行确定。如此设置的目的在于，考察政府的产能规制政策对抑制产能过剩的作用。

假设 3-24：工人工资由工会和资方共同决定，涉及两个方面的问题：一是工会组织是否集中化，即两家企业的工会是一个整体还是分散决策；二是谈判能力，即劳方和资方谁能更大程度地决定工资。在分散决策的情况下，每家企业的工会分别与资方进行谈判，此时的决策函数为 $U_{w_i} = \theta \pi_i + (1 - \theta) w_i l_i$；在集中决策的情况下，两家企业的工会联合与资方联盟进行谈判，决策函数为 $U_w = \theta (\pi_1 + \pi_2) + w(l_1 + l_2)$，这表明如果工会进行联合，将对资方产生优势，这样的

第 3 章 基于寡头垄断模型的政府因素对产能过剩影响的理论分析

现象普遍存在于欧美强大的工会组织之中。其中 $0 \leq \theta \leq 1$ 代表资方谈判力，值越高意味着资方的谈判能力越强，劳方谈判能力越弱。

在以上前提条件下，双方进行三阶段的动态序贯博弈，具体包括：

第 1 阶段，两家企业根据利润最大化或社会福利最大化原则确定企业的产能水平，即 x_1、x_2。

第 2 阶段，两家企业的劳方和资方进行博弈，确定最终的工资水平，即 w_1、w_2。

第 3 阶段，两家企业围绕产量进行古诺竞争，确定两家的最优产量，即 q_1、q_2。

3.8.3 模型分析

3.8.3.1 工会组织分散条件下的模型分析

首先，考察工会组织分散的情况。在此种情况下，两家企业的工会分别与各企业资方进行谈判，工会追求各自企业工人工资的最大化。按照逆向归纳法进行分析。

第一步，考察第 3 阶段博弈，根据利润最大化原则，两家企业的产量决策需要满足：$\frac{\partial \pi_1}{\partial q_1} = -4q_1 + a - q_2 - w_1 + 2x_1 = 0$ 与 $\frac{\partial \pi_2}{\partial q_2} = -4q_2 + a - q_1 - w_2 + 2x_2 = 0$，可以推出均衡产量：

$$q_1 = \frac{3a - 4w_1 + 8x_1 + w_2 - 2x_2}{15} \tag{3.134}$$

$$q_2 = \frac{3a + w_1 - 2x_1 - 4w_2 + 8x_2}{15} \tag{3.135}$$

第二步，考察第 2 阶段博弈，将式（3.134）、式（3.135）代入工资决策函数，追求整体效用最大化需要满足：$\frac{\partial U_{w_1}}{\partial w_1} =$

$$\frac{\theta(-93a - 31w_2 + 184w_1 + 62x_2 - 248x_1)}{225} + \frac{3a + w_2 - 2x_2 - 8w_1 + 8x_1}{15}$$

$= 0$ 以及 $\dfrac{\partial U_{w_2}}{\partial w_2} = \dfrac{\theta(-93a - 31w_1 + 184w_2 + 62x_1 - 248x_2)}{225} +$

$\dfrac{3a + w_1 - 2x_1 - 8w_2 + 8x_2}{15} = 0$，由此可以推出双方的均衡工资为：

$$w_1 = \frac{(31\theta - 15)(43\theta a + 94\theta x_1 - 8\theta x_2 - 27a - 62x_1 + 8x_2)}{2193\theta^2 - 2882\theta + 945}$$

(3.136)

$$w_2 = \frac{(31\theta - 15)(43\theta a - 8\theta x_1 + 94\theta x_2 - 27a + 8x_1 - 62x_2)}{2193\theta^2 - 2882\theta + 945}$$

(3.137)

最后，考察第1阶段博弈，分为两种情况：

(1) 追求利润最大化。

根据利润最大化原则，两家企业的产能决策需要满足：$\dfrac{\partial \pi_1}{\partial x_1} = 0$

与 $\dfrac{\partial \pi_2}{\partial x_2} = 0$，将式（3.134）、式（3.135）、式（3.136）、式（3.137）代入利润函数，可以推出双方的均衡产能，进一步地可以得到均衡产量及均衡工资为：

$$x_1 = x_2 = \frac{64a(47\theta^3 - 125\theta^2 + 109\theta - 31)}{105827\theta^3 - 207737\theta^2 + 135113\theta - 29107} \quad (3.138)$$

$$q_1 = q_2 = \frac{4a(2193\theta^3 - 5075\theta^2 + 3827\theta - 945)}{105827\theta^3 - 207737\theta^2 + 135113\theta - 29107} \quad (3.139)$$

$$w_1 = w_2 = \frac{a(31\theta - 15)(2193\theta^2 - 2882\theta + 945)}{105827\theta^3 - 207737\theta^2 + 135113\theta - 29107} \quad (3.140)$$

产能减去产量可得产能过剩程度：

$$x_i - q_i = -\frac{4a(1441\theta^3 - 3075\theta^2 + 2083\theta - 449)}{105827\theta^3 - 207737\theta^2 + 135113\theta - 29107} \quad (3.141)$$

第3章　基于寡头垄断模型的政府因素对产能过剩影响的理论分析

为了保证企业生产，需要满足 $x_i > 0$、$q_i > 0$ 且 $w_1 > 0$、$w_2 > 0$。通过计算可以得到：当 $0 < \theta \leq \dfrac{817}{1441} - \dfrac{64\sqrt{5}}{1441}$ 时，$x_i - q_i \leq 0$，出现产能不足或产能产量均衡；当 $\dfrac{817}{1441} - \dfrac{64\sqrt{5}}{1441} < \theta < \dfrac{15}{31}$ 时，$x_i - q_i > 0$，出现产能过剩。产能过剩程度与 θ 的关系见图 3-39。

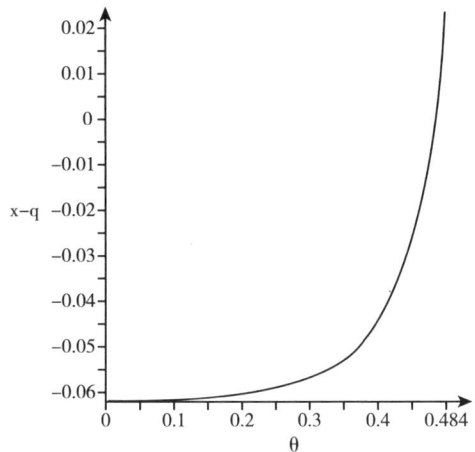

图 3-39　分散条件下产能决策权由企业掌握时产能过剩程度与资方谈判能力之间的关系

由此可见，产能过剩与产能不足都可能出现，产能过剩不是市场经济发展的必然。如果资方的谈判能力达到一定程度，则会出现产能过剩；如果低于这一水平则是产能不足；在特定水平上，产能与产量实现均衡。另外，谈判能力对企业的生产和工资决策影响很大，如果资方谈判能力过强，则企业不会生产或工人不会工作。因此，为了保证企业正常的生产经营，避免出现不生产现象，工会组织应当具有一定的工资议价能力。

此时，社会总福利为：

$$W = \dfrac{32 a^2 (138622443\theta^6 - 637688500\theta^5 + 1209999565\theta^4 - 1212444776\theta^3 + 676687501\theta^2 - 199690042\theta + 2433059)}{(105827\theta^3 - 207737\theta^2 + 1351113\theta - 29107)^2}，可以$$

发现社会福利与 θ 之间存在正相关关系（见图 3-40）。

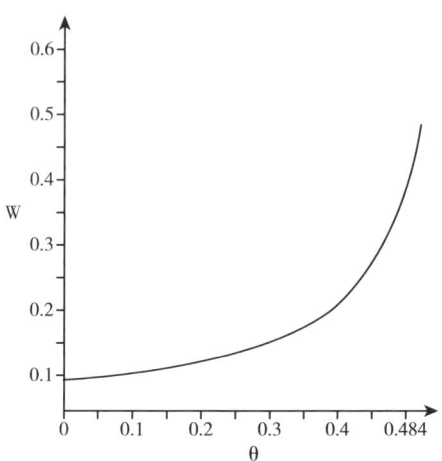

图 3-40　分散条件下产能决策权由企业掌握时社会与资方谈判能力之间的关系

由此可见，资方的谈判能力越强，社会福利越高，这说明两个问题：一是产能过剩未必会带来社会福利的降低，虽然随着资方谈判能力的提升，产能过剩程度增加，但社会福利也随之增加，此时的产能过剩是可以接受的，没有必要为了去产能而去产能，从而损失了社会福利；二是如果工会拥有过高的谈判能力，反而不利于增进社会福利，这一结论与目前大量学者关于工会组织效率的研究结果相契合，即弱化工会垄断势力有助于增进社会福利。

命题 3-25：在工会组织分散的情况下，如果由企业掌握产能决策权，那么资方的谈判能力必须小于一定水平才能保证企业生产和工人工作。随着资方谈判能力的增加，产能与产量的关系由产能不足逐步转变为产能过剩，且程度越来越高，而且社会福利水平也越来越高。

（2）政府掌握产能决策权。

如果产能决策权由政府掌握，那么第三阶段的产能博弈需要满足

第3章 基于寡头垄断模型的政府因素对产能过剩影响的理论分析

社会福利最大化，即：$\frac{\partial W}{\partial x_1} = 0$ 与 $\frac{\partial W}{\partial x_2} = 0$。双方的均衡产能及均衡产量、均衡工资为：

$$x_1 = x_2 = \frac{96a(\theta^2 - 2\theta + 1)}{2409\theta^2 - 3186\theta + 1033} \quad (3.142)$$

$$q_1 = q_2 = \frac{4a(51\theta^2 - 86\theta + 35)}{2409\theta^2 - 3186\theta + 1033} \quad (3.143)$$

$$w = \frac{a(1581\theta^2 - 1850\theta + 525)}{2409\theta^2 - 3186\theta + 1033} \quad (3.144)$$

产能过剩程度：

$$x_i - q_i = -\frac{4a(27\theta^2 - 38\theta + 11)}{2409\theta^2 - 3186\theta + 1033} \quad (3.145)$$

经推导可得，当 $0 < \theta \leq \frac{11}{27}$ 时，$x_1 - q_1 \leq 0$，出现产能不足或产能产量均衡；当 $\frac{11}{27} < \theta < \frac{15}{31}$ 时，$x_1 - q_1 > 0$，出现产能过剩。产能过剩与资方谈判能力的关系见图3-41。

可以发现，当政府掌握产能决策时，产能过剩程度与资方谈判能力的关系与企业掌握产能决策权时的情况大体一致，产能不足和过剩并存，且为了保证生产，资方谈判能力不能过大。区别在于：政府掌握产能决策情况下产能产量均衡时对应的资方谈判能力要低于企业掌握产能决策时的情况；在同等条件下，政府掌握产能决策权反而导致更为严重的产能过剩。这说明，政府基于社会福利最大化的产能规制政策未必会降低产能过剩程度，反而会增加产能过剩，进一步地，说明了在一定条件下存在产能过剩是有效率的。之所以出现这种情况，原因在于产能过剩虽然增加了产能浪费带来的损失，但由此会激励企业生产出了更多的产品，而增加的产品收益大于损失。

此时，社会总福利为：$W = \frac{96a^2(\theta - 1)^2}{2409\theta^2 - 3186\theta + 1033}$，社会福利与

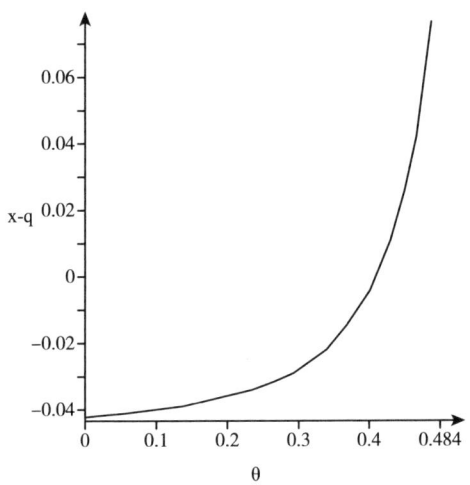

图 3-41 分散条件下产能决策权由政府掌握时产能过剩程度
与资方谈判能力之间的关系

资方谈判能力的关系依旧是正相关关系,即提高资方谈判能力有助于增进社会福利,见图 3-42。

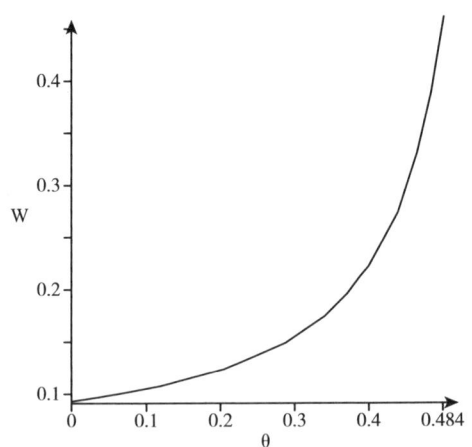

图 3-42 分散条件下产能决策权由企业掌握时社会
与资方谈判能力之间的关系

第3章 基于寡头垄断模型的政府因素对产能过剩影响的理论分析

与企业掌握产能决策权的情况相比,在同等资方谈判能力下社会福利有所降低,这说明虽然政府的产能规制政策旨在增加社会福利,但实际上却降低了社会福利。原因在于,政府规制只针对于产能,而并未涉及工资和产量,在政府和企业的双重目标的影响下,产生了资源配置的扭曲,社会福利反而有所降低。

命题 3-26:在工会组织分散的情况下,如果由政府掌握产能决策权,产能过剩程度和资方谈判能力的关系,以及社会福利与资方谈判能力的关系和由企业掌握产能决策时的情况一致,但会导致更为严重的产能过剩和更低的社会福利。

3.8.3.2 工会组织集中条件下的模型分析

考察工会组织集中的情况,在此种情况下,两家企业的工会组成联盟与企业资方联盟进行谈判,工会追求两家企业工人工资总和的最大化。基于此,假设决策函数为 $U_w = \theta(\pi_1 + \pi_2) + w(l_1 + l_2)$,依旧按照逆向归纳法进行剖析。

首先,考察第3阶段的博弈,根据利润最大化的原则,双方的均衡产量为:

$$q_1 = \frac{3a - 3w + 8x_1 - 2x_2}{15} \quad (3.146)$$

$$q_2 = \frac{3a - 3w - 2x_1 + 8x_2}{15} \quad (3.147)$$

其次,考察第2阶段博弈,根据工资决策函数,追求整体效用最大化,需要满足:$\frac{\partial U_w}{\partial w} = \frac{8\theta(-a + w - x_1 - x_2)}{25} + \frac{2a - 4w + 2x_1 + 2x_2}{5} = 0$,由此可以推出均衡工资为:

$$w = \frac{(4\theta - 5)(a + x_1 + x_2)}{4\theta - 10} \quad (3.148)$$

最后,考察第1阶段博弈,分为两种情况:

（1）企业追求利润最大化。

根据利润最大化原则推出双方的均衡产能，进一步地，可以得到均衡产量及均衡工资为：

$$x_1 = x_2 = -\frac{a(4\theta - 13)}{4(6\theta^2 - 28\theta + 31)} \quad (3.149)$$

$$q_1 = q_2 = -\frac{3a(2\theta - 5)}{24\theta^2 - 112\theta + 124} \quad (3.150)$$

$$w = \frac{3a(8\theta^2 - 30\theta + 25)}{24\theta^2 - 112\theta + 124} \quad (3.151)$$

此时的产能过剩程度为：

$$x_i - q_i = \frac{a(\theta - 1)}{12\theta^2 - 56\theta + 62} \quad (3.152)$$

可以发现，$0 \leq \theta \leq 1$ 能够确保企业生产及工人工作，且 $x_i - q_i \leq 0$，即不存在产能过剩，反而出现产能不足或产能产量均衡。产能过剩程度与 θ 的关系见图 3-43。

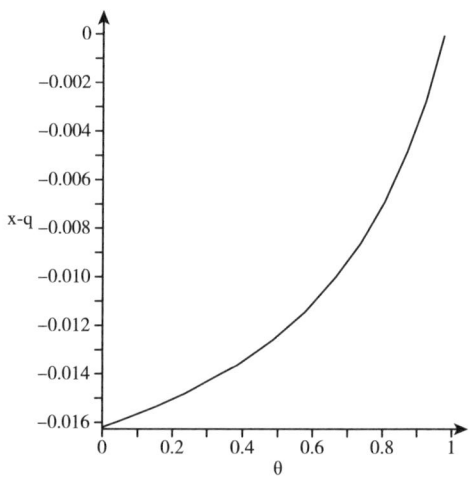

图 3-43　集中条件下产能决策权由企业掌握时产能过剩程度与资方谈判能力之间的关系

由此可见，除了完全由资方决定工资的情况下产能产量均衡外，其他情况下只会出现产能不足，进一步说明了产能过剩不是市场经济发展的必然。

此时，社会总福利为：$W = \dfrac{a^2(46\theta^2 - 218\theta + 253)}{4(6\theta^2 - 28\theta + 31)^2}$，可以发现社会福利与 θ 之间存在正相关关系（见图 3-44）。由此可见，资方的谈判能力越强，社会福利越高，资方完全掌握工资决定权的情况下社会福利最高。

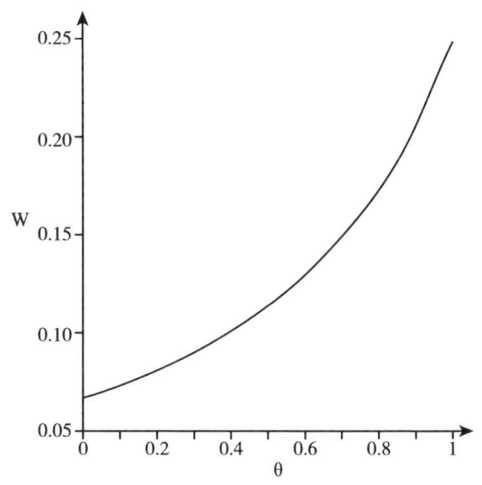

图 3-44 集中条件下产能决策权由企业掌握时社会与资方谈判能力之间的关系

（2）政府掌握产能决策权。

如果产能决策权由政府掌握，那么第 3 阶段的产能博弈需要满足社会福利最大化，双方的均衡产能、均衡产量和均衡工资为：

$$x_1 = x_2 = \dfrac{3a}{4(2\theta^2 - 10\theta + 11)} \tag{3.153}$$

$$q_1 = q_2 = -\dfrac{a(2\theta - 5)}{8\theta^2 - 40\theta + 44} \tag{3.154}$$

$$w = \frac{a(8\theta^2 - 30\theta + 25)}{8\theta^2 - 40\theta + 44} \quad (3.155)$$

产能过剩程度：

$$x_i - q_i = \frac{a(\theta - 1)}{4\theta^2 - 20\theta + 22} \quad (3.156)$$

产能过剩与资方谈判能力的关系见图 3-45。

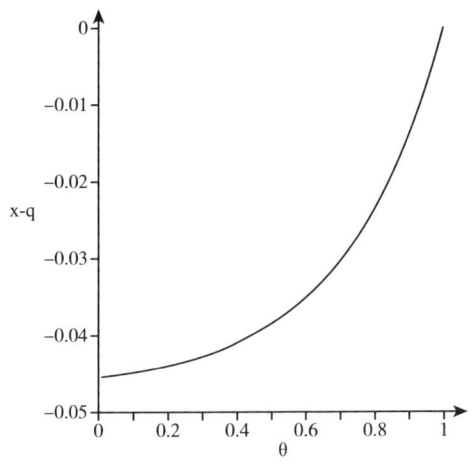

图 3-45 集中条件下产能决策权由政府掌握时产能过剩程度与资方谈判能力之间的关系

可以发现，当政府掌握产能决策时，产能过剩程度与资方谈判能力的关系与企业掌握产能决策权时的情况大体一致，除了资方完全掌握工资决定权的情况外，其他情况只会出现产能不足但并未出现过剩，但同等情况下的产能不足程度更为严重。

此时，社会总福利为：$W = \dfrac{3a^2}{8\theta^2 - 40\theta + 44}$，社会福利与资方谈判能力的关系依旧是正相关关系，即提高资方谈判能力有助于增进社会福利，资方完全掌握工资决定权符合社会福利最大化要求，见图 3-46。

与企业掌握产能决策权情况相比，同等条件下政府掌握产能决策

第3章 基于寡头垄断模型的政府因素对产能过剩影响的理论分析

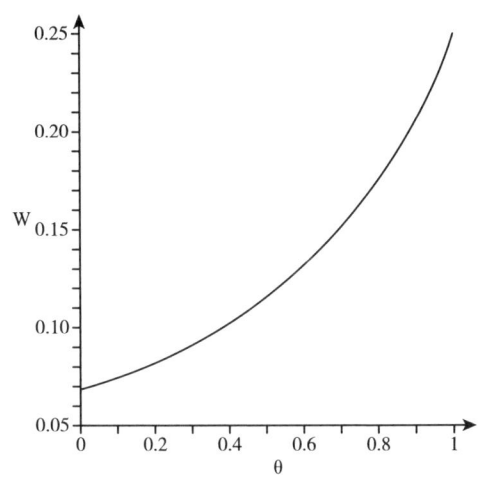

图 3-46 集中条件下产能决策权由企业掌握时社会与资方谈判能力之间的关系

时的社会福利有所增加。这一结果与工会组织分散时的情况相反，原因在于工会组织集中化增加了工人工资，影响了政府产能决策的作用机理，使政府产能决策增进了社会福利。

命题3-27：在工会组织集中化的情况下，无论双方谈判能力如何都能够保证企业正常运营。无论是由企业还是政府掌握产能决策，除资方完全掌握工资决定权的情况下会实现产能产量均衡外，其余情况下都会存在产能不足，而且资方谈判能力越强，产能不足程度越弱，社会福利越高。政府掌握产能决策权比企业掌握的情况会造成程度更深的产能不足，但可以增进社会福利。

通过对比工会组织分散化和集中化的情况，可以得到命题3-28：

命题3-28：无论工会组织是分散还是集中，社会福利与资方谈判能力的关系是一致的，资方完全掌握工资决策权是最优的。不同之处在于，工会组织集中的情况下不会出现产能过剩，而是出现产能不足，而且工会组织集中情况下工人的工资更高，但社会福利更低。

命题3-28的经济学含义是，工会组织是否集中直接影响着产能过剩是否出现，需要将其纳入产能规制政策框架之中。此外，过于强大的工会不利于增进社会福利，这一结论与大量已有文献和现实政策是一致的。

3.8.4 结论

通过分析，可以得出如下结论：

第一，工会组织的集中化影响企业的产能产量决策与社会福利。在分散的工会组织结构中，资方谈判能力如果高于一定程度，则企业会停止生产，如果低于这一程度，则产能过剩与产能不足都可存在；在集中化的条件下，无论双方谈判能力如何，都可以保证企业正常的生产运营，同时不会出现产能过剩，反而会出现产能不足。在两种情况下，在资方谈判能力达到特定水平时会实现产能产量均衡。因此，工会组织的集中度可以作为控制产能的一个有效的政策工具。此外，工会组织集中虽然会提高工人工资，但会降低社会福利，需要防止工会组织过于强大，打破垄断工会，避免其成为影响经济效率的障碍。

第二，资方谈判能力与社会福利正相关，在分散化的工会组织下需要保持一定水平。无论是分散还是集中的工会组织，资方谈判能力越高，社会福利越高。也就是说，确保一定水平的资方谈判能力而不是过度强调劳方的谈判能力有助于增进社会福利。此外，在分散的工会组织下，资方谈判能力不能过高，否则将导致企业无法生产。因此，要通过体制机制建设，协调工会组织和资方的谈判能力，既要避免因工会组织过于强大而导致的社会福利降低，又要避免资方谈判能力过强而导致的企业无法生存，协调好劳资双方的利益关系，实现共赢。

第三，政府的产能规制政策未必会降低产能过剩程度。研究表明，在工会组织分散的情况下，与企业自主决策相比，旨在社会福利最大化的政府产能规制政策会导致更为严重的产能过剩；在工会组织集中的情况下,政府的产能规制政策会导致程度更高的产能不足。因此,产能过剩或不足未必是低效的,适度的产能过剩或不足反而有助于增进社会福利。

3.9 国有股比例与产能过剩

与政府直接掌握产能决策、补贴及软预算约束等行为相比,混合所有制条件下的国有股比例也是影响产能共享的一项政府性因素。在中国,混合所有制企业的国有股比例必须经过国资委等有关部门的审批,从理论上讲,是追求社会福利最大化的。此外,混合所有权中国有股比例追求的也是社会福利最大化。因此,国有股比例可以从两个方面来影响企业产能决策,进而对产能过剩产生影响。经过笔者已有的研究,可以得出如下结论:①

第一,产能过剩产生的原因十分复杂,主要源于产能产量决策者的利益差异,与国有产权之间没有必然联系,不能以国有企业集中于产能过剩行业为由推行极端的私有化政策。在一定条件下,在国有股比例最优时存在产能过剩。国有股比例越低,产能过剩越严重,完全的私有化无法彻底解决问题。

第二,产能过剩的形成机制复杂,是政府决策和企业决策相互作用的结果,与国有股比例、软预算约束水平存在密切关系,但不必然是正相关关系。在不同的资本效率对比情况下,产能过剩程度与国有股比例之间的关系既可以是负相关也可以是正相关。在不存在委托代理关系的条件下,如果不是完全的国有化,那么必将存在产能过剩;当国有资本不高于非国有资本效率时,国有股比例越高,产能过剩越低;当国有资本效率高于非国有资本效率时,国有股比例与产能过剩

---

① 相关结论的证明过程已发表于作者专著《混合所有制改革背景下国有股最优比例问题研究》57-87页,在此不做赘述。

之间的关系不定，特定情况下是负相关关系。在完全国有化的情况下，产能过剩与软预算约束没有关系；在混合所有制及完全私有化的情况下，产能过剩与软预算约束水平正相关。在部分管理授权的情况下，产能过剩是否会出现取决于软预算约束水平与国有企业经营者效用对产量的边际倾向。

供给侧结构性改革下
中国产能过剩
问题研究

Chapter 4

第4章 政府因素与中国产能过剩的实证分析

第4章 政府因素与中国产能过剩的实证分析

本章将在前面理论分析的基础上,构建面板数据模型,对政府因素与产能过剩之间的关系进行实证分析。

4.1 政府行为与产能过剩——基于 2006~2016 年工业行业面板数据的实证研究

4.1.1 研究假设

在中国情境下,政府与企业之间具有双重关系:第一类是公共服务者和被服务者关系,即政府为市场中的企业提供相应的公共服务,创造良好的市场环境;第二类是国有产权所有者与代理者之间的关系,即政府拥有对国有企业的所有者权利。具体到产能过剩形成和治理过程中的政府行为,可以分为国有产权的所有者行为、软预算约束、产业政策等三种类型。国有产权的所有者行为,反映的是政府作为国有资产所有者对企业决策的控制权,是第二类政府行为;软预算约束行为,反映的是政府和企业之间的资金、救助关系,具有两类政府行为的特征;政府的产业政策,反映的是政府作为市场经济管理者对微观主体生产行为的引导,属于第一类行为。三种行为作用于企业的生产经营决策,进而影响产能过剩的形成与治理。

(1) 政府国有产权所有者行为与产能过剩。

政府作为国有产权的所有者,凭借所有权对国有企业进行监管和获取利润具有合理性,但是国有产权的特殊性容易导致严重的信息不对称和委托代理问题,扭曲企业的生产经营决策,可能导致严重的产能过剩。因此,有观点认为国有股比例与产能利用率呈负相关关系,只有私有化才能够解决产能过剩问题。实际上,国有产权也拥有优势,理论上追求社会福利最大化,政府可凭借国有产权所有者身份来调节国有企业行为,有助于避免行业内过度投资,抑制发生严重的产能过剩。由此可见，政府的国有产权所有者行为对产能过剩具有双重作用，可表现为国有股比例对产能过剩的双重影响，过高或过低的国有股比例都无法有助于去产能。

基于此，提出假设4-1：行业平均国有股比例与产能过剩程度并非呈线性关系，存在最优的国有股比例。

（2）政府软预算约束与产能过剩。

政府软预算约束是指当行业内的部分经济组织遇到财务困境时，政府无法做出不给予救助的承诺，而是通过各种形式的财政支出对其进行救助。中国式产能过剩在一定程度上是软预算约束的结果。在软预算约束条件下，一方面，企业往往会盲目乐观，作出非理性的投资决策，如用举债的方式进行大规模扩张，短期内集聚了大量的生产能力，导致了产能过剩；另一方面，政府通过软预算约束对企业提供的金融支持和财政补贴，会减弱企业的研发创新激励，使其热衷于生产大量的低附加值产品，容易诱发产能过剩。

因此，提出假设4-2：政府的软预算约束行为加深了中国工业行业产能过剩程度。

（3）政府产业政策与产能过剩。

政府的产业政策与中国工业领域产能过剩具有密切关联，一方面，政府的产业政策具有很强的指向性，政府制定优先发展某行业会给利润导向型企业带来有利可图的信号，从而诱发企业的盲目进入和扩张；另一方面，政府的产业政策有时具有"一刀切"的倾向，地方政府对于能获取国家资源并带动经济快速增长的相关产业具有强烈偏好，其地方产业政策会向这些产业倾斜，从而导致产业趋同，进而引发重点产业的产能过剩。

根据以上分析，提出假设4-3：政府产业政策对行业的侧重程度与行业产能过剩程度成正比。

4.1.2 研究设计与模型构建

（1）样本选择与数据来源。

考虑到时间跨度过小、数据值过小以及统计口径变化等因素，最终筛选出 25 个工业行业作为研究对象。各工业行业的年度固定资本存量及实际产出数据来源于历年《中国统计年鉴》和《中国工业经济统计年鉴》；计算各工业行业平均国有股比例所需的各企业国有股比例数据，来源于新浪财经和 CSMAR 金融数据库；计算软预算约束水平所需的各工业行业净银行贷款额和净利润数据，来源于历年《中国统计年鉴》和中宏数据库；计算产业政策指标的数据，来源于《国家重点鼓励发展的产业、产品和技术目录》以及各年度的产业规划发展报告；计算行业特征指标所需的各工业行业资本总量和劳动力总量数据，来源于历年《中国统计年鉴》和《中国工业经济统计年鉴》；计算行业开放程度指标所需的各工业行业出口总产值和工业总产值数据，以及分行业工业生产者价格指数与固定资产投资价格指数的相关数据均来源于历年《中国统计年鉴》。前述所有的价格数据，均以 2006 年为基期，利用相应的价格指数进行平减得到。

（2）模型构建。

为考察政府行为对中国工业行业产能过剩的影响，将各工业行业的产能利用率作为被解释变量，各工业行业平均国有股比例、软预算约束水平和产业政策所对应的研究指标作为核心解释变量，构建以下计量模型：

$$cu_{it} = \beta_1 sta_{it}^2 + \beta_2 sta_{it} + \beta_3 sof_{it} + \beta_4 ind_{it} + \beta_5 fea_{it} + \beta_6 ope_{it} + \mu_i + \varepsilon_{it}$$

（4.1）

其中，cu 是产能利用率，通过协整法计算其数值。sta 代表国有股比例，用每个行业规模前十企业的平均国有股比例表示，反映政府的国有产权所有者行为。根据前人研究及中国经济现实，国有股比例与产能过剩水平不是单调的正相关或是负相关的关系,因此引入国有股比例的二次项。sof 代表软预算约束水平,用各工业行业净银行贷款额和净利润的比率来表示,当净银行贷款额较高而利润率较低时,代表该行业的政府软预算约束水平较高,反之则较低。ind 代表产业政策,将产业政策看成一个整体,引入哑变量,对被政府纳入重点产业发展规划的产业赋值 1,对未被纳入重点产业发展规划的产业赋值为 0。此外,为更加全面客观地分析产能过剩的影响因素,本部分还引入了若干工具变量。其中,fea 代表行业的特征因素,用资本劳动比反映,即各行业每年的资本总量和劳动力总数的比值;ope 代表行业开放程度因素,用各行业每年出口总产值和工业总产值的比值表示,μ_i 代表个体固定效应;ε_{it} 代表随机误差项。

4.1.3 实证结果与分析

4.1.3.1 主要变量的描述性统计与回归结果分析

主要变量的描述性统计结果见表 4-1。

表 4-1　　　　　　　　主要变量的描述性统计结果

变量名	观测数	均值	标准差	最小值	最大值
cu	275	1.050	0.607	0.167	2.650
sta	275	0.453	0.135	0.117	0.900
sof	275	0.157	0.345	0.002	2.389
ind	275	0.236	0.425	0.000	1.000
fea	275	19.274	18.070	2.512	124.802
ope	275	0.082	0.100	0.000	0.509

考虑到前一年的产能利用率可能会对后一年的测度结果产生影响,故采用 GMM 动态面板模型,将前一年产能利用率纳入模型。根据残差差分项序列相关性检验的结果,运用系统 GMM 两步法对原方

第4章 政府因素与中国产能过剩的实证分析

程进行估计。为考察加入哑变量和控制变量的影响,本部分将政府行为与产能过剩关系模型细分为三个模型,模型 1 未加入虚拟和控制变量;模型 2 加入了虚拟变量,但未加入控制变量;模型 3 加入了虚拟与控制变量。回归结果见表 4-2。

表 4-2　　　　　　　　　　回归结果

变量	模型 1	模型 2	模型 3
sta^2	-0.9882	-1.6052**	-1.4054**
sta	1.6599**	2.7134***	2.0601***
sof	-0.1547***	-0.1584***	-0.1305***
ind		-0.1215***	-0.2108***
fea			-0.0028***
ope			1.2349***
L.cu	0.2121***	0.2254***	0.2525***
_cons	1.0126**	1.6052***	1.2349***
N	275	275	275
J-statistic	21.4465	20.8130	18.5045

注:***、**和*分别表示在1%、5%和10%的显著性水平下显著。

对三个模型的解释变量进行 Wald 检验,结果表明所有解释变量均拒绝参数值为 0 的原假设,均对被解释变量有显著的解释作用;进行 Sargan 检验,得到的 p 值分别为 0.4933、0.5323、0.6757,接受原假设,即过度识别正确,表明工具变量的外生性较为理想。表 4-2 的回归结果表明,平均国有股比例与产能利用率呈倒"U"形关系,当行业国有股比例较低时,产能利用率随国有股比例的增加而提高,当行业国有股比例较高时,产能利用率随国有股比例的增加而降低,最优国有股比例在 70% 左右的水平上下波动;软预算约束水平与产能利用率存在显著性负相关的关系,随着软预算约束水平的增加,产能过剩程度逐渐加深;产业政策与产能利用率存在显著性负相关关系,政府产业政策越侧重的行业,产能过剩程度也越高。可见,假设 4-1、假设 4-2 和假设 4-3 全部成立。

此外，行业特征因素与产能利用率呈现显著的负相关关系，但影响程度较小。原因在于：以煤炭采选业、石油和天然气开采业为代表的重工业行业多为资本密集型行业，资本劳动比较大，这一特征导致难以形成垄断竞争，进而容易诱发行业过度投资，造成产能过剩。但是，资本劳动比较高往往与技术进步水平正相关，因此也存在抑制产能过剩的效应。两种效应进行叠加，导致行业特征因素对产能利用率的影响程度较低。行业开放程度与产能利用率呈显著正相关关系，且影响程度较大。原因在于：开放程度较高的行业具有较大的市场需求和较为严格的市场规制，可以缓解产能过剩。产能利用率的滞后一阶变量在1%的显著性水平下统计显著，符合模型预期，表明前一期的产能会对新一期产能产生显著影响，因此在短期内很难彻底解决产能过剩。

4.1.3.2 稳健性检验

为确保计量结果的客观性和真实性，从以下三个方面进行稳健性检验，结果见表4-3。

表4-3　　　　　　　　稳健性检验结果

变量	模型4	模型5	模型6	模型7
sta^2	-1.4344**	-1.6492*	-3.4607***	-1.7131*
sta	2.0289*	2.4822***	4.5433***	2.4949**
sof	-0.2131***	-0.1833***	-0.5092***	-0.1552***
ind	-0.1410*	-0.2377**	-0.3668***	-0.2788***
fea	-0.0108***	-0.0002**	-0.0033**	-0.0020**
ope	0.9059***	0.9257***	2.6292***	2.2111***
str	-0.1326***			
sca	-0.4264***			
L.cu	0.1769***	0.2598***	0.3458***	0.2858***
_cons	1.7669**	1.2493***	2.6291**	1.0949***
N	275	242	175	175
J-statistic	18.7920	19.0278	18.5153	13.1272

注：***、**和*分别表示在1%、5%和10%的显著性水平下显著。

第4章 政府因素与中国产能过剩的实证分析

（1）加入新的控制变量。

为了考察其他因素会对产能利用率的影响，引入市场结构和行业规模这两个较有代表性的变量，将其作为新的控制变量并进行回归分析（模型4）。其中，市场结构（str）变量用PCM指数反映，即各工业行业增加值与劳动力成本之差和工业总产值的比值；行业规模（sca）变量用各工业行业每年的总产值来表示。结果表明，原方程核心解释变量及控制变量的回归系数符号均未发生变化，所有变量均通过了显著性检验，市场结构和行业规模变量均与产能利用率呈显著负相关关系，但影响程度较小。

（2）调整行业数目。

本部分选用的25个工业行业可分为重工业行业和轻工业行业，又可细分为采掘业、制造业与水电气业等。为了考察行业划分是否会对模型计量结果产生影响，本部分剔除了电力、蒸汽、热水的生产和供应业、印刷业、记录媒介的复制业等三个行业，仅针对剩余的能源重工业和制造业行业进行回归（模型5）。检验结果表明，剔除三个行业之后的回归结果并未产生较大变化，所有变量均通过了显著性检验。

（3）划分不同阶段。

政府在不同阶段的产能规制政策存在差异。通过对中国产能规制政策的梳理，我们发现2010年是中国政府产能规制政策的重要转折点。因此，将研究区间划分为两个阶段，分别考察2003~2009年与2010·2016年的回归结果（模型6、模型7），验证阶段划分是否会影响回归结果的稳健性。检验结果表明，所有变量依旧通过了显著性检验，但模型7中三个核心解释变量对产能过剩水平的影响程度有一定幅度的下降。

此外，上述四个模型的行业国有股比例均与产能利用率呈较为显著的倒"U"形关系，且拐点均出现在65%~76%区间内，与模型3中的最优平均国有股比例偏差较小，进一步证明了模型的良好稳健性。

通过以上分析，得出如下结论：

行业国有产权水平与产能利用率呈倒"U"形关系，存在最优的国有股比例；政府软预算约束水平与产能利用率负相关，行业产能过剩程度随软预算约束水平的提高而增加；政府产业政策与产能利用率呈负相关关系，国家重点发展工业行业的产能过剩程度相对较高；提高对外开放水平，推进产业创新和技术进步能够在一定程度上缓解产能过剩，而随着企业规模和行业规模的不断扩大，产能过剩程度有进一步加深的趋势。

4.2 案例研究——以光伏产业为例

4.2.1 问题的提出

随着经济社会的发展，全球范围内能源需求迅速增长，随之而来的资源环境和能源短缺问题日益严峻。进入 21 世纪以来，战略性新兴产业已作为促进经济发展的新动能。当前世界各国为了寻求生态经济的可持续发展，纷纷加大对新能源的研发力度和资本支出。我国有着丰富的太阳能资源，作为国家战略性新兴产业的光伏行业不仅有着资源上的优势，更受到政府的重点扶持，吸引了大量资本纷纷涌入，行业规模的扩张速度十分迅猛。图 4-1 为 2011~2017 年我国新增光伏装机量，可以看出七年间我国光伏装机大体呈上升趋势。2014 年由于欧美的贸易制裁政策我国新增装机量有所下降，2015~2017 年我国光伏市场的发展势头迅速回转上升，2017 年我国新增装机量达到 53.06GW，同比增长 53.62%，连续 5 年居全球首位。截至 2017 年年底，累计装机达到了 130.25GW，连续 3 年位居全球第一。然而，近年来我国光伏行业在爆发式发展的同时也出现了严重的产能过剩问题，引发了社会各界的关注和讨论。作为光伏制造业大国，2017年我国多晶硅料、硅片、电池和组件全球产能占比分别为56%、83%、68%、71%，但是国内光伏应用市场却与整个行业的发展规模并不匹配。2017年我国光伏发电成本大概为每度0.8元，而火力发电成本约为每度0.3元，相较于传统能源发电和其他新能源发电，光伏发电在成本上处于劣势。"十二五"期间，我国太阳能发电装机规模增长168倍，提前半年完成"十二五"规划提出的3500万千瓦装机目标。很多地方政府未能合理规划产业结构，为促进当地光伏企业的发展推出各项优惠措施，光伏投产项目量飞速增长，由此也带来了严重的产能过剩问题。因此，本部分将以光伏产业为研究对象，探索政府因素对光伏行业产能过剩的影响。

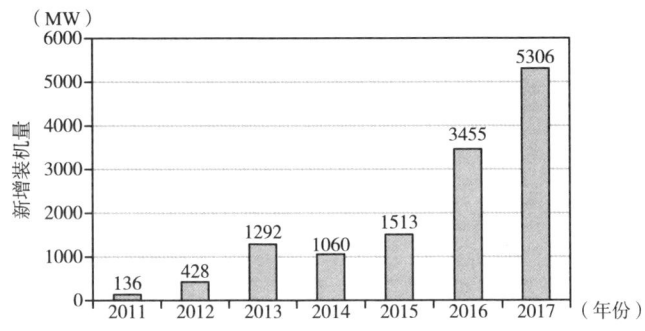

图4-1　2011~2017年我国光伏发电新增装机量

资料来源：国家能源局。

4.2.2　关于光伏产业产能过剩的成因

（1）光伏产业技术研发不足，产品同质化严重。

上游多晶硅的生产对技术要求较高，而多数企业目前的技术水平尚未达到国际标准，国内低端晶硅产品同质化严重。2009~2011年受益于国际光伏市场的迅速发展，大量多晶硅生产企业进入光伏市场，但由于多数厂商缺乏先进设备和生产技术的支持，我国每年仍需要从国外大量进口高纯度的多晶硅。图4-2为2011~2017年我国多晶硅的产量和进口量，可以看出我国多晶硅进口量整体呈上升趋势。2011年开始，美国发起对我国多晶硅光伏电池产品的"双反"调查，欧盟多次上调对我国生产的光伏产品所征收的反倾销税，最高可达75.4%，国际光伏市场需求迅速萎缩，2012年我国多晶硅进口量甚至超过了国内多晶硅的产量。因此，在不断变化的国际形势下，缺乏市场竞争力的低端同质产品往往更容易受到市场需求变动的负面冲击，导致大量堆积和滞销。再加上国内很多光伏企业盲目扩张产能，更加重了行业内的产能过剩。在光伏产业链的中游，电池片、组件的生产环节进入门槛较低，但由于对技术研发的投入不足，市场中大多是低附加值、低技术含量的产品，企业间处于低层次的同质竞争，国内市场对这一环节的产能消化能力严重不足，使中游产品向下游转化的渠道受阻，超过90%的光伏电池不得不出口到国外。一旦国际关系或经济形势出现恶化，将给中游环节带来直接的负面冲击，产品供给和需求之间的极度不匹配必定也会导致产能过剩。聚焦整个光伏产业链的技术研发环节，下游产业生产周期相对较长、进入门槛较高，但行业内的现状是政府补贴大多流入技术要求较低、研发周期较短的中游环节，而在上游环节，财政补贴的主要对象仍旧是技术门槛较低的单晶硅企业。由此可见，我国光伏行业多个环节存在技术研发和产品创新不足带来的产品同质化现象，导致低端产品产能过剩、高端产品产能不足，阻碍了整个产业的健康发展。

（2）过度的软预算约束促使企业盲目扩大产能投资。

随着分税制、财政分权体制的实施，地方政府在经济上的独立自主性得到加强，在政治考核体系下有更大的动机利用软预算约束来吸引企业进行投资，以推动地方经济增长。近些年，中国积极倡导低碳经济，各地政府积极开展节能减排事业。在国家大力发展的战略性新兴产业中，光伏行业不仅关系到我国未来在新能源领域的国际竞争力，更是改善我国生态环境、推动低碳经济发展的重点产业。在这一

第4章 政府因素与中国产能过剩的实证分析

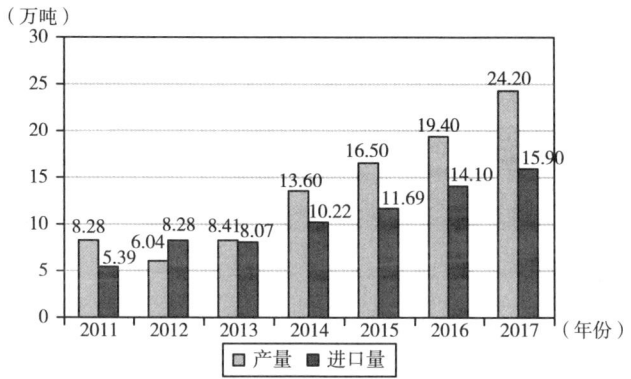

图4-2 2011~2017年我国多晶硅产量及进口量

资料来源：国际能源网。

行业的起步发展环节确实需要政府给予适当扶持，然而纵观我国光伏产业的发展历程，事前补贴、"一刀切"的补贴方式并未随着该产业的不断发展有所改变。很多地方政府不考虑产业基础和资源禀赋，在贷款、税收、投融资等方面给予当地光伏企业大量的政策优惠，使其能够以较低的成本实现产能扩张，促使资金、劳动力等生产要素疯狂流入光伏产业。这不仅扭曲了要素市场价格，阻碍公平的市场竞争机制，同时也促使企业进行过度的产能投资，加剧了光伏行业的产能过剩程度。

政府软预算约束大体分为直接和间接两种形式，财政补贴是软预算约束最直接的方式，金融支持则为某些新兴产业提供间接性的资金来源。一些企业在财政补贴的激励下将资金大量投入收益快、风险小的低附加值产品，但在技术研发和产品升级环节的投入却相对不足，为占有更多的市场份额盲目扩张生产规模，进而诱发了严重的产能过剩。另外，由于针对财政补贴的监督机制不完善，一些企业甚至会采取不正当手段获取补贴，如因"骗补"之事受诟病已久的金太阳工程。金融支持作为政府软预算约束的间接方式，地方政府通过金融机构来干预企业的资金来源和融资途径，对部分出现亏损的光伏企业追加投资或贷款以维持其正常运营,从而达成保护和扶持当地新兴产业发展的目的。在地方政府的协调作用下,政策性银行等金融机构也主动加大对光伏行业的资金支持。对于某些地区和企业而言,这种金融支持不但没有提高光伏企业的技术水平,反而减弱了企业创新的积极性,导致资源配置的低效率,不利于地区经济的整体发展。

(3) 不均衡的市场结构带来大量重复建设和过剩产能。

从市场的角度来分析,光伏市场的产业结构发展极为不均衡。在整个光伏行业的内部竞争中,规模和成本是关乎企业未来发展的重要因素。在我国光伏产业链中,上游晶硅的生产环节市场集中度较高,龙头企业为了降低成本、巩固市场地位,纷纷加速扩产以构建规模壁垒,在需求相对不足的情况下出现了大量的低端过剩产能,但技术要求高、回报率高的高纯度多晶硅依然供不应求,供需不平衡问题十分突出。由于相较于既有产能,新产能在生产成本方面更有优势,2018年我国硅片的产能在已经过剩的情况下仍大举扩张,单晶硅片从46GW增加至73GW,同比增长60%,增量主要来自龙头企业的扩张。其中,隆基、中环总产能占比已从2015年的50%左右迅速提升至2017年年底的70%以上,头部效应日益凸显,我国单晶硅片生产环节正在进入"双寡头"时代。中游电池片和电池组件的生产由于建设周期短、进入门槛低,吸引了大量企业进入该环节,市场集中度偏低。为占有更多的市场份额,多数处在价值链中低端生产环节的企业盲目扩大产能,当下游装机量不能消化中游电池和组件的产量时,就会出现严重的产能过剩。这说明,作为战略性新兴产业,光伏产业并未呈现整体的高端化发展趋势,市场结构发展的不均衡进一步加深了行业内的环节性产能过剩。

在研究市场结构的文献中,很多学者认为产能过剩是市场绩效的重要表现形式之一,与市场集中度之间存在着紧密联系。我们采取光伏行业的集中度指数CR4(某一行业内规模排名前4位企业所占的市场份额)来表示我国光伏行业的市场集中度,表4-4列出了2011~

2017 年光伏产业链中多晶硅、硅片、光伏电池和光伏组件三个生产环节的市场集中度数据。

表 4-4　2011~2017 年我国光伏产业多环节 CR4

生产环节		2011 年	2012 年	2013 年	2014 年	2015 年	2016 年	2017 年
多晶硅（吨）	CR4 产量	44445	49400	62389	97300	118316	121800	134500
	总产量	82768	63000	89000	136000	165000	194000	242000
	CR4（%）	53.70	78.41	70.10	71.54	71.71	62.78	55.58
硅片（MV）	CR4 产量	10190	10050	10772	11480	23700	31900	44000
	总产量	24000	28000	32100	38000	48000	64800	87000
	CR4（%）	42.46	35.89	33.56	30.21	49.38	49.23	50.57
电池片（MV）	CR4 产量	6120	6900	7716	9548	12540	16700	22900
	总产量	19800	21000	25100	33500	41000	51000	68000
	CR4（%）	30.91	32.86	30.74	28.50	30.59	32.70	33.68
组件（MV）	CR4 产量	6900	7300	9100	12700	15580	21400	30500
	总产量	21000	23000	27400	35600	45800	57700	76000
	CR4（%）	32.86	31.74	33.21	35.61	34.02	37.09	40.13

资料来源：CPIA、中国光伏产业报告。

贝恩分析法是对产业内垄断和竞争程度的划分方法，该方法将集中类型分为六个等级，如表 4-5 所示。由表分析得出，我国光伏产业多晶硅生产环节属于高度集中寡占型或极高寡占型，市场集中度随着产业的发展整体呈现出先上升后下降的趋势。从产业发展特点来看，这一环节对企业的资金力量和技术水平要求较高，进入壁垒也相对较高。一线厂商为抢占更多的市场份额，不断提高规模经济壁垒，市场集中度进一步提升。根据国家能源局数据显示，2016 年我国新增光伏装机量 3454 万千瓦，较上年同比增加 128%，中小光伏企业纷纷扩大生产规模，这也是 2016 年多晶硅生产环节的 CR4 由 71.71% 降为 62.78% 的重要原因。同时在 2016 年和 2017 年随着改良西门子法工艺的引进和实施，国内多家企业在技术、产品质量等方面有所提升，企业效益也相应提高，市场集中度呈下降趋势。另外，硅片生产环节属于中(下)集中寡占型,电池片和组件生产环节属于低集中寡占型,2011~2017年这两个环节市场集中度都呈现先下降后上升的趋势,下降趋势相对平缓,表明我国光伏产业已逐步进入成长期。在硅片、电池片和组件的生产过程中,由于进入壁垒相对较低,面对全球光伏市场需求的大幅增加,越来越多的企业进入市场,市场集中度下降。但随着行业的进一步发展,从技术积累、品牌溢价、先发优势等多方面来看,一线龙头企业与二三线企业相比更有优势,再加上国家补贴政策逐渐减少,规模小、生产成本高、融资能力差的中小企业被迫退出市场,新进入者和替代品的威胁不大,市场集中度又呈现逐步上升趋势。

表4-5　　　　　　　　　贝恩产业类型划分

CR4	类型
原子型	30%以下
低集中寡占型	30%~35%
中(下)集中寡占型	35%~50%
中(上)集中寡占型	50%~65%
高度集中寡占型	65%~75%
极高寡占型	75%以上

4.2.3 我国光伏行业产能过剩的测度

从微观层面看,当企业未能观察到市场需求的变化而做出非理性的产能决策时,就会带来产能过剩的风险。为了对我国光伏产业的产能过剩现状有更加清晰直观的了解,首先要测算我国光伏产业的产能过剩程度。只有在科学地判断我国光伏行业产能过剩的前提下,才能在治理的过程中做到有的放矢。

(1)产能过剩的测度方法。

由于生产函数法考虑了资本、劳动力和技术进步对产出的共同影

第4章 政府因素与中国产能过剩的实证分析

响,具备要素价值理论的基础,同时准确性、可操作性较高,是目前学术界较为认可的估算潜在产出的方法,因此本部分将利用生产函数法对我国光伏产业的产能利用率进行测度。

(2)指标选取和数据来源。

根据上述模型的测度方法,本部分研究对象为我国光伏概念股中32家主营业务属于光伏行业的上市公司(包括8家上游企业、14家中游企业、10家下游企业),所需要的基础数据为这些企业在2011~2017年的面板数据。选取上市公司的年度主营业务收入作为产出指标,选取年度固定资产净额作为资本要素的投入指标,将上市公司上市公司年度员工人数作为劳动要素的投入指标。所选取的光伏上市企业数据来自同花顺行情中心和WIND数据库。为保证测度结果的客观性和真实性,上述所有价格数据,均以2011年为基期,利用相应的价格指数进行平减得到,其中固定资产投资价格指数和工业生产者价格指数的相关数据来源于《中国统计年鉴》。

(3)我国光伏行业产能利用率测算结果分析。

基于2011~2017年32家光伏上市公司的面板数据,采用生产函数法测度所选取样本的产能利用率。为消除由于企业的异质性带来的数据自相关的问题,对数据进行一阶自相关处理,并运用Stata 15.0回归得到光伏行业整体的平均生产函数:

$$LnY = 8.7235 + 0.2302LnK + 0.7541LnL \tag{4.2}$$

由此得到边界生产函数:

$$\dot{Y} = e^{10.4985} K^{0.2302} L^{0.7541} \tag{4.3}$$

光伏产业作为国家重点发展的高新技术行业,其边界生产函数中的资本产出弹性为0.2302,小于劳动产出弹性为0.7541。测算结果也表明了我国多数光伏企业处在价值链的劳动密集型制造环节,技术水平仍需进一步提升,以提升企业的资源配置效率。表4-6为2011~2017年上、中、下游企业产能利用率的描述性统计。

表4-6　2011~2017年我国光伏产业产能利用率的描述性统计

	上游				中游				下游			
	最小值(%)	最大值(%)	均值(%)	方差	最小值(%)	最大值(%)	均值(%)	方差	最小值(%)	最大值(%)	均值(%)	方差
2011	9.47	80.32	22.40	0.28	16.41	91.43	43.79	0.26	23.91	100.00	52.73	0.25
2012	6.03	45.09	18.51	0.13	11.73	62.27	35.62	0.12	20.28	68.09	49.24	0.14
2013	10.52	35.64	17.23	0.11	9.58	87.31	36.18	0.15	19.05	54.38	48.15	0.09
2014	7.12	36.44	15.49	0.17	12.45	100.00	34.27	0.23	21.33	56.71	48.73	0.10
2015	8.54	44.81	19.82	0.18	10.06	73.54	38.25	0.14	24.52	80.83	49.56	0.15
2016	11.67	65.42	27.09	0.32	14.93	82.45	42.94	0.17	26.78	73.27	52.39	0.12
2017	7.32	50.54	21.18	0.11	9.17	81.26	44.17	0.11	25.65	64.59	51.52	0.11
N	8	8	8	8	14	14	14	14	10	10	10	10

资料来源：作者计算整理。

首先，分析不同生产环节的产能利用率现状。我们结合国际上的通行标准，对不同环节的产能利用现状进行了分类并列出了相应的产能利用率均值。

由表4-7测度结果可得，2011~2017年我国光伏产业链的上、中、下游均存在不同程度的产能过剩。在上游企业中，共55个样本出现了产能过剩，产能利用率的均值不足30%。上游多晶硅的厂商所获得的高利润吸引了大量的潜在进入者，为了提升企业竞争力，厂商不断扩大生产规模，但由于技术水平落后于国际先进标准，我国仍需要进口大量高纯度的多晶硅，导致国内低端产能急剧增加，上游的产能过剩状况日益严峻。在选取的中游企业的98个样本中，产能过剩的样本占比达93.88%，产能利用率均值为38.76%。中游光伏电池和组件的生产技术门槛低，存在严重的产品同质化现象。2012~2013年我国光伏市场发展受到欧美反倾销、反补贴的制约，国际光伏产品需求萎靡不振，产品价格大幅下降，大量企业被迫退出市场。在下游环节，整体产能利用率达26.33%，造成该环节产能过剩的一个主要原因是我国光伏发电成本较高，与风电、水电及传统能源发电相比缺乏竞争优势，2016年我国光伏发电量占全年总发电量的占比仅为1%。因此，目前我国光伏产业的发展仍需要适当的政府补贴提供支持。

表4-7　2011~2017年32家光伏企业产能利用现状分类

	产能过剩 （<80%） 样本数	产能正常 （80%~90%） 样本数	产能不足 （>90%） 样本数	不同环节CU 均值（%）
上游	55	1	0	20.3
中游	92	4	2	38.76
下游	65	3	2	26.33

其次，观察不同生产环节的产能利用率变化趋势。2011~2017年，由于国际贸易政策和国内产业政策的变化，加大了光伏市场需求的不确定性，导致我国光伏产业链不同生产环节的产能利用率也随之上下变动。为了更直观地了解不同生产环节产能利用率的变化情况，图4-3为上、中、下游企业产能利用率变化趋势的折线图。可以看到，上游企业产能利用率均值大致位于15%~30%，中游企业产能利用率均值则主要集中在35%~45%，下游企业产能利用率均值围绕50%上下浮动。2011年，国际光伏市场需求大幅增长，国内光伏企业的产能利用率得到提升，这一年上、中、下游环节的产能利用率均值在七年中均处于前三位。而随后2012~2014年由于国外光伏市场的负面冲击，我国光伏产业链不同生产环节的产能利用率均呈现下降趋势，上游和中游企业的下降幅度比下游更加明显。同时，国家出台了多项补助优惠政策，大力扶持该产业的发展，导致行业内出现大规模的重复建设，进一步加深了产能过剩程度，2014年中游环节产能利用率均值为七年间的最低值，仅34.21%。2015~2017年，我国新增光伏装机量呈爆发式增长，不同生产环节的产能利用率均出现回升，也表明了我国光伏行业进入快速成长阶段，其中中游企业产能利用率连续三年上升，上游和下游企业则在2017年有所下降。可能的

解释是2016年我国光伏新增装机量较上年同比增加128.35%，整个行业呈现良好的发展势头，但是2017年一些企业在未对市场环境进行科学判断的情况下盲目扩大产能规划，导致自身产能利用率下降。总体来看，我国光伏产业既存在政府不当干预带来的体制性产能过剩，同时也存在市场需求不确定影响下的阶段性产能过剩。因此，该行业产能过剩的形成机制需要结合市场、政府、企业等多方因素作进一步分析。

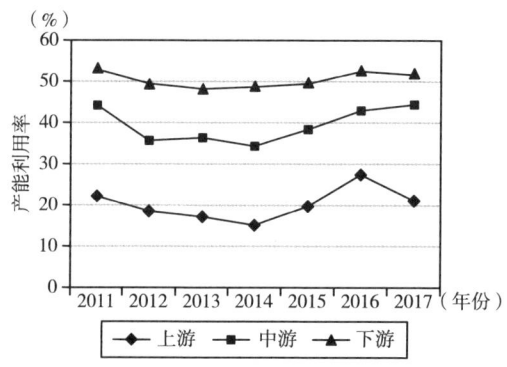

图4-3 不同生产环节产能利用率均值变化趋势

4.2.4 光伏行业产能过剩影响因素的实证研究

（1）模型设定及变量选取。

本部分的研究对象为2011~2017年沪深两市中属于光伏概念股的32家上市企业，根据不同的生产环节分为8家上游企业、14家中游企业、10家下游企业。根据上述测算数据可得，在具有较高市场集中度的多晶硅生产环节和市场集中度相对低的电池片和组件生产环节均出现不同程度的产能过剩，可见关于光伏行业产能利用率和市场集中度之间的关系并非单纯的线性关系，因此，在回归模型中引入了CR4的二次项，进一步检验光伏行业市场结构与产能过剩的关系。为了检验前面的理论模型，构建软预算约束、产品异质性、市场集中度

第 4 章 政府因素与中国产能过剩的实证分析

与产能利用率关系的实证模型:

$$CU_{mnt} = \alpha_0 + \alpha_1 Sof_{mnt} + \alpha_2 Dif + \alpha_3 CR4_{mt} + \alpha_4 (CR4_{mt})^2 + \alpha_5 Growth + \alpha_6 Age + \alpha_7 State + \alpha_8 Year + \varepsilon_{mnt} \quad (4.4)$$

其中，m 表示上、中、下游不同环节，n 代表产业链内不同的企业，t 表示时间，ε_{it} 代表随机误差项。采用已测得的中国光伏行业产能利用率（CU）作为被解释变量，政府软预算约束（Sof）用政府提供给企业的财政补贴和金融支持的总和代表，其中以上市公司营业外收入中的补贴收入作为财政补贴的指标；借鉴吴春雅、吴照云（2015）的方法，以企业现金流量表中的筹资活动现金流入作为金融支持的指标；另外，借鉴齐鹰飞、张瑞（2015）采用企业研发投入衡量各环节企业的产品创新的方法，用企业研发投入来代表产品异质性（Dif）；光伏产业链不同生产环节的市场集中度用 CR4 表示。同时模型中还引入了相关的控制变量，其中，Growth 代表企业成长能力，Age 代表企业年龄，State 代表企业性质。为控制不同年份政府产业政策和国际经济形势变动对产能过剩程度的影响，我们还将年份虚拟变量（Year）引入模型。所采用的相关上市企业数据来源于 WIND 数据库及上市公司年报。各变量的具体定义如表 4-8 所示。

表 4-8　　　　　　　　　变量定义与说明

变量属性	变量名称	变量代码	变量测度
被解释变量	产能利用率	CU	上文测算得出
核心解释变量	软预算约束	Sof	财政补贴、金融支持之和的对数值
	产品异质性	Dif	研发投入对数值
	市场集中度	CR4	前四家企业销售额占总行业的比重
控制变量	成长能力	Growth	营业收入增长率
	企业年龄	Age	调查年份与公司上市年份的差值
	企业性质	State	1：表示国有企业；0：表示非国有企业
	年份虚拟变量	Year	以 2011 年为参照组

(2) 描述性统计分析。

通过搜集和整理相关数据,得到核心变量的描述性统计分析,如表4-9所示。

表4-9　　　　　　　　核心变量的描述性统计

变量名	观测数	均值	标准差	最小值	最大值
CU	224	0.398	0.704	0.041	1.000
Sof	224	10.878	1.591	2.120	13.990
Dif	224	8.760	1.286	4.175	12.116
CR4	224	0.390	0.129	0.285	0.784

(3) 面板数据单位根检验及协整检验。

首先,采用IPS检验对面板数据进行单位根检验,然后对自变量和因变量进行水平序列检验时发现个别变量存在单位根。取各变量一阶差分后,除企业年龄(Age)在5%的水平下显著,其他变量均在1%的水平下显著,即各变量取一阶差分后均表现平稳。检验结果如表4-10所示。

表4-10　　　　　　　　主要变量的单位根检验

变量名		一阶差分	
CU	-3.1796 (0.0743)	D. CU	-5.9827*** (0.0000)
Sof	-2.7629 (0.0614)	D. Sof	-6.4062*** (0.0000)
Dif	-3.0156 (0.0403)	D. Dif	-4.8795*** (0.0000)
CR4	-7.1505 (0.5217)	D. CR4	-11.6348*** (0.0005)
Age	6.4379 (1.0000)	D. Age	-3.5327** (-0.0091)

注:括号里面是P值,***、**、*分别表示在1%、5%、10%的水平下显著。

利用Stata 15.0中Pedroni检验对面板数据进行协整检验,所得出统计量对应的 P 值均为 0.0000，故拒绝"不存在协整关系"的原假设，表明模型中因变量与自变量存在稳定的关系。

（4）实证结果及分析。

结合我国光伏产业的发展特点，由于模型设计过程中政府补贴和市场集中度可能存在内生性问题，故采用标准误差更小的 GMM 动态面板模型进行计量回归。并将实证模型细分为三个：模型一未加入控制变量及年份虚拟变量；模型二加入控制变量，未加入虚拟变量；模型三同时加入控制变量和虚拟变量，回归结果如表 4-11 所示。对三个模型进行 Hansen'J 过度识别检验，检验结果均大于 0.1，故接受原假设，验证了工具变量的外生性。由表 4-11 可见，三个模型中的主要解释变量绝大多数通过 P 值检验，表明计量模型较为理想。

表 4-11　　　　　　　　　　实证结果分析

变量	模型一	模型二	模型三
Sof	-0.2612**	-0.1705***	-0.1946***
	(0.048)	(0.009)	(0.000)
Dif	0.0923*	0.0682**	0.0796***
	(0.054)	(0.023)	(0.000)
CR4	0.1863**	0.2692**	0.2168***
	(0.041)	(0.016)	(0.005)
(CR4)^2	-0.0732*	-0.0403**	-0.0528**
	(0.068)	(0.049)	(0.018)
Growth		0.0418*	0.0552**
		(0.076)	(0.039)
Age		0.0613*	0.0436**
		(0.082)	(0.047)
State		-0.1158	-0.0814
		(0.316)	(0.498)
_cons	8.9526	10.5632	14.2349
	(0.152)	(0.061)	(0.000)
Hansen' J	0.428	0.613	0.745
N	224	224	224

注：括号内数字为 P 值，***、**和*分别表示在1%、5%和10%的显著性水平下显著。

根据得出的回归结果可知,三个模型中的核心解释变量都通过了显著性水平的检验。在所研究的样本内,软预算约束(Sof)与产能利用率呈负相关,政府软预算约束力度越大,企业产能利用率越低。表明政府对光伏企业的过度补贴会促使企业作出非理性的产能决策,进而加剧了产能过剩程度。产品异质性(Dif)对企业产能利用率起到了正向作用,表明随着技术研发投入的增加,产品质量和市场竞争力提高,企业也将获得更大的市场份额,产能过剩的现状得到改善。市场集中度(CR4)系数均为正,$(CR4)^2$系数均为负,说明市场结构对光伏行业的产能利用率也具有显著性影响,并可初步推断市场集中度与产能利用率呈现倒"U"形关系,当市场集中度较低时,产能利用率随市场集中度的增加而增加。此时,企业的盲目扩张会降低生产效率,从而导致低端产能过剩;当市场集中度到达一定水平时,产能利用率随市场集中度的增加而降低。因此,在我国光伏产业内仅凭借提高市场集中度来化解产能过剩存在一定局限性,还应结合政府层面的软预算约束和企业层面的产品异质性进一步探讨治理产能过剩的对策。在三个模型中核心解释变量的系数符号均相同,可见光伏产业链内不同的市场集中度并未改变软预算约束和产品异质性对产能过剩的内在作用机理。综上所述,假设4-1和假设4-2成立。

在控制变量中,企业年龄(Age)与产能利用率呈正相关,随着企业成立的时间增加,所掌握的技术水平和管理经验都有所提升,能够及时地观察到市场需求的变化并较快地调整生产计划,产能利用率得到提高。企业成长能力(Growth)对产能利用率的影响为正,营业收入增长率是企业经营效率的直接体现,企业的经营效率越高,产能过剩程度越低。模型三中引入年份虚拟变量(Year),核心解释变量的显著性水平均有所增加,软预算约束(Sof)和产品异质性(Dif)对产能利用率的影响均增大,而市场集中度对产能利用率的影响有所降低,可见每年经济形势和产业政策的变化也会对企业的产能利用率产生影响。企业性质(State)的系数不显著,表明不同于传统的工

第4章 政府因素与中国产能过剩的实证分析

业行业，光伏企业是否具有国有性质对产能利用率的影响并不显著。

（5）稳健性检验。

为检验上述模型的稳健性，进行如下回归检验：首先，加入控制变量对样本进行稳健性检验。除了已选取的控制变量外，企业对资产的利用效率可能也会在一定程度上影响其产能过剩程度，本部分用资产收益率（Roa）代表企业的资产利用效率并将其作为新的控制变量引入模型四，考察原计量结果是否会发生显著性变化。其次，上述模型研究的样本是光伏产业整体，为检验模型的稳健性，进一步考察市场的划分是否会对模型计量结果产生显著性影响。将不同生产环节的光伏企业分别作为研究样本进行回归，模型五、模型六、模型七的研究对象分别为8家上游企业、14家中游企业和10家下游企业。检验结果如表4-12所示。

表4-12　　　　　　　　　　稳健性检验

变量	模型四	模型五	模型六	模型七
Sof	-0.2972***	-0.0674*	-0.4918**	-0.1265**
	(0.006)	(0.065)	(0.017)	(0.046)
Dif	0.0478**	0.0952*	0.1352**	0.0723*
	(0.025)	(0.062)	(0.037)	(0.081)
CR4	0.2126**	0.0379***	0.0724*	0.0672*
	(0.018)	(0.009)	(0.067)	(0.056)
(CR4)^2	-0.0494**	-0.0362**	-0.0650**	-0.0542**
	(0.028)	(0.034)	(0.012)	(0.031)
Growth	0.0437*	0.0632**	0.2514**	0.1763*
	(0.063)	(0.015)	(0.026)	(0.052)
Age	0.0232	0.0536*	0.0385*	0.0872
	(0.136)	(0.056)	(0.064)	(0.436)
State	-0.0635	-0.5217	-0.4021	-0.4723
	(0.347)	(0.442)	(0.256)	(0.114)
Roa	0.0339**			
	(0.046)			
_cons	14.3269	7.6052	15.5692	-11.2358
	(0.000)	(0.053)	(0.004)	(0.382)
N	224	56	98	70

注：括号内数字为P值，***、**和*分别表示在1%、5%和10%的显著性水平下显著。

由检验结果可知，主要解释变量系数的符号与前面所构建的模型保持一致，且均通过了显著性检验。其中，在模型四中加入资产收益率这一新的控制变量之后，产品异质性（Dif）和市场集中度（CR4）的显著性水平相较于模型三略有下降，但仍在5%的水平下显著。新引入的资产收益率与产能利用率呈正相关关系，随着资产收益率的增加，产能利用率也会提高，说明企业对现有资产的充分利用不但能够获得更多的利润，对化解过剩产能也有着积极的作用。在对不同环节的样本数据进行回归后，模型六中的产品异质性（Dif）在5%的水平下显著，模型五和模型七中该变量的显著性水平有所下降，可能与样本数以及产品市场的特点不同有关，且在这三个模型中产品异质性（Dif）回归系数分别为0.0952、0.1352、0.0923，可见在产品同质化严重的中游环节，加大对先进设备和生产技术的研发投入，不断推进产品创新的进程，从而提升行业内光伏产品的差异化程度，有利于进一步缓解光伏企业的产能过剩现状。当考虑企业和政府的关系时，政府软预算约束（Sof）对中游环节产能利用率的负向影响最大，由于上游多晶硅的生产对技术水平的要求高于中游电池、组件的生产环节，政府补贴较多地用于研发环节，因此产品差异化程度相对较高，政府软预算约束对产能利用率的负向影响也有所减弱。可见，当政府加大对企业的科技创新补贴时，有助于激励企业提高产品的质量，相应地，企业的市场竞争力和产能利用率也会得到提升。另外，由上述四个模型中市场集中度（CR4）回归系数的符号可推测市场集中度和产能利用率之间的倒"U"形关系依然存在，当考虑企业和市场的关系时，市场集中度（CR4）对中游环节产能利用率的正向影响最大，这也从侧面说明了这一环节产业同构现象严重，应采取适当措施加快淘汰落后产能，提高市场集中度，从而改善产能过剩的现状。以上分析共同说明了前面所构建模型的回归结果具有较好的稳健性。

第5章　产能过剩治理过程中的员工权益保障分析

第5章 产能过剩治理过程中的员工权益保障分析

员工妥善安置是政府推进产能过剩治理过程中必须处理好的关键问题之一。本章将对目前去产能过程中员工权益保障的现状及面临的困境进行梳理，并运用行为法经济学的相关理论对员工权益保障的难点问题进行解析，从而为有关地区切实做好员工安置和权益保障工作提供有益借鉴。

5.1 问题的提出

2015年年底，中央经济工作会明确确定要推进供给侧结构性改革，实行"三去一降一补"，去产能是供给侧改革的首要任务。2016年2月，国务院相继发布了《关于钢铁行业化解过剩产能实现脱困发展的意见》和《关于煤炭行业化解过剩产能实现脱困发展的意见》两个文件，提出在近年来淘汰落后钢铁产能的基础上，从2016年开始，用5年时间再压减粗钢产能1亿~1.5亿吨，同时严格限制产能过剩行业新增项目审批。2017年第十二届全国人民代表大会第五次会议《政府工作报告》指出，2017年重点工作任务之一是扎实有效去产能，淘汰落后产能，提高行业效率，运用市场化、法制化手段，有效处置"僵尸产业"。这些政策措施对于优化我国产业结构起到了积极作用。但由于去产能涉及的多是以劳动密集型为主的高耗能产业，不可避免地会给相关产业职工的生产生活带来影响，造成一部分职工下岗分流，就业与职工安置问题日益突出。以河北省为例，据统计，到2017年，河北省化解产能过剩涉及职工54.7万人，其中钢铁42.6万人、水泥6.5万人、平板玻璃5.6万人。这些分流员工年龄较大，自身文化水平较低，且专业技能水平有限，再就业难度大。如果不能妥善安置职工，将会给经济发展和社会稳定造成一定的负面影响。目前，由于化解产能过剩下失业职工情况较复杂，相关政策制定存在很大的难度，政策覆盖难或救济不公的现象时有发生，导致一部分分流职工产生不满情绪,出现消极配合等现象,不利于员工权益保障和社会稳定。

习近平总书记在党的十九大报告中深刻指出"要坚持在发展中保障和改善民生。在发展中补齐民生短板、促进社会公平正义""保证全体人民在共建共享发展中有更多获得感,不断促进人的全面发展、全体人民共同富裕。维护社会和谐稳定,确保国家长治久安、人民安居乐业"。2019年,人社部、国家发改委等8部门就切实做好化解过剩产能中职工安置工作印发通知(人社部发〔2019〕56号),要求各地要把职工安置作为化解过剩产能工作的重中之重,稳妥推进职工分流安置。对前期安置后未找到岗位的职工,及时办理登记,提供公共就业服务,纳入常住地就业创业政策扶持体系,促进其及早再就业。符合条件的相关人员将被及时纳入最低生活保障、临时救助和工会帮扶救助等范围。可见,妥善解决去产能过程中的员工安置问题意义重大,而政府理应将员工安置问题作为治理产能过剩的重要内容。

5.2 去产能过程中员工权益保障现状及面临的困境

5.2.1 去产能过程中员工权益保障现状

长期以来,河北省经济发展始终以煤炭、钢铁、水泥等重化工业产业为主导,劳动力导向性明显,但生产率较低,资源消耗和环境污染较为严重。据统计,河北省能源消耗占全国能源总消耗的1/12,但仅创造了全国GDP的1/20,财政贡献率仅为1/34。① 因此,随着供给侧结构性改革的深入推进,河北省将承担最大的去产能任务,在

---

① 徐莉. "去产能"中河北省职工安置问题研究[J]. 中国商论, 2017 (26): 139 - 140 + 143.

第5章 产能过剩治理过程中的员工权益保障分析

此过程中必然会面临极为繁重的职工安置压力。据统计，在全面缩减过剩产能过程中，河北省直接影响就业人数达100多万，间接影响人数则更多。[①] 因此，以河北省为例来剖析去产能过程中员工权益保障的现状具有较强的代表性。

河北省去产能过程中员工安置任务虽繁重，但全省一直秉承"决不把一名职工推向社会"的宗旨，制定和实施了一系列政策措施积极研究、解决存在的问题。2014年，河北省发布《关于使用失业保险金援企稳岗的意见》，针对符合条件的企业从失业保险基金中给予稳岗补贴，帮助企业在调整产业结构的同时稳定就业岗位；2015年，又陆续出台《关于进一步做好援企稳岗工作的通知》以及《关于做好失业保险支持企业稳定岗位工作的通知》，将补贴范围扩大至所有企业，力求政策覆盖所有待安置员工，分担企业压力。作为"十三五"规划的开局之年，2016年河北省积极响应中央部委号召，先后发布了《关于做好化解钢铁煤炭等行业过剩产能职工安置工作的实施意见》《关于处置"僵尸企业"的指导意见》以及《关于进一步做好去产能企业职工安置工作的若干意见》，从企业、政府及社会等多主体出发，全力落实稳岗补贴政策，并在企业帮扶、员工权益保障、员工再就业、维稳等方面取得了显著成效。目前，河北省已有安置政策主要从以下几个方面入手：

一是支持内部退养。企业待安置员工没有解除劳动合同，距退休年龄不足10年且再就业较困难的，鼓励由企业自主安排员工内部退养；对于经营困难的企业与员工解除劳动合同的，在提前征求员工意见的前提下要与员工签订协议，明确具体安置方法以及后期补偿计划。同时政府要加大援企稳岗力度，对相关企业给予财政补贴，对于一些特定行业，可视情况申请延长补贴年限。此外，企业"40""50"人员还可享受社会保险费补助，力争援助覆盖率达到100%。

[①] 李佩姿，陈俊龙. 去产能过程中员工妥善安置路径探索——以河北省为例[J]. 经济视角，2017（6）：26-33.

据统计，截至 2017 年 6 月，河北省稳岗补贴覆盖 800 多家企业，发放金额共计 15.3 亿元，惠及员工超过 90 万余人。为其中 20 家压减过剩产能企业发放补贴 4.56 亿元，惠及员工 8.79 万人。

二是实行等待退休或自愿选择领取经济补偿金制度。相关政策规定，因破产等原因企业主体消亡的，依法终止员工劳动合同。距法定退休年龄不足 5 年的员工，可在协商一致的情况下选择等待退休或自愿领取经济补偿金制度。同时，对于选择等待退休的员工，企业应在补齐员工在岗期间工资和社保费用基础上，一次性补偿员工基本养老保险、基本医疗保险等相关费用直至正式退休，从而有力保障了安置员工的基本生活水平。此外，国家还设立财政专项奖补资金保障关停困难企业向员工发放基本生活费，标准按照当地最低工资的 80% 计算。

三是鼓励企业兼并重组，实现内部转岗再就业。通过综合考虑企业自身具体情况以及河北省产业发展趋势，将"僵尸企业"分为关停企业和特困企业两类，并指出关停企业要加快退出市场，同时支持特困企业通过兼并重组等形式实现转型转产，多元发展，推进自身转型升级，吸纳化解过剩产能企业员工。在与分流员工协商一致的前提下，可采取劳务派遣、企业间余缺调剂等方式，实现员工企业内部转岗留用。对于安排转岗职工技能培训的企业，给予每人次培训补贴 800 元；对于招用过剩产能失业人员的企业，给予每人次 1000 元就业吸纳补贴。此外，对于吸纳分流员工 30% 以上的转型企业，政府将视具体情况给予相应政策优惠。

四是鼓励自主创业，开展职业技能培训。对有自主创业意向的待安置员工，政府提供创业指导和服务，满足首次创业条件的，可申请 3 年以内社会保险补贴；对于累计缴纳失业保险超过 5 年的员工且有创业意愿的，可一次性领取超过期限标准的失业保险金；对于自主创业需要租赁经营店铺的，政府按规定给予一定的场地租赁补贴；同时，对有创业意愿的员工提供贷款担保、创业孵化以及项目推荐和跟踪服务。大力开展职业培训,及时为与企业解除劳动合同的员工办理失业登记,并对其开展转岗培训和职业技能培训,同时按规定给予职业培训补贴。对于文化水平偏低、技能单一的待安置员工,政府提供针对性技能提升培训,通过加强与当地技能培训机构合作,合理利用技能培训专项资金,精准定位市场需求,增强培训有效性和针对性,顺利实现待安置员工再就业。对于其中经济困难人员,在培训期间可给予一定的生活补贴,保障失业人员基本生活标准不降低。

五是加大政府兜底帮扶和失业保障力度。河北省于2017年1月1日起上调失业保险金标准,最高1090元,最低940元;同时全面扩大失业保险覆盖范围。据统计,截至2017年10月,全省参保员工超过500万人,提前完成2017年度的扩张指标;全省失业保险费共计征缴31.46亿元,已完成本年度征缴总额的84%。此外,针对年龄较大、就业较困难的员工建档立卡,开展"一对一"就业帮扶,与有关单位协商合作,提供多种公益性岗位。同时充分利用"一带一路"、京津冀一体化等区域发展战略,积极建立跨区域劳务输出机制,并对其中的就业困难人员按规定给予一次性交通补贴。总之,政府作为员工妥善安置的最终兜底方,要切实保障每名待安置员工实现再就业。河北省制定和实施的一系列员工安置政策取得了初步成效。据统计,2016年全省需压减产能的93家企业中有58249名员工面临分流。截至2017年年初,有3.25万人通过企业内部转岗实现再就业,0.48万人实现内部退养,0.24万人通过市场实现转岗就业,0.48万人实现自主创业,0.13万人通过公益性岗位得到安置,还有一些通过其他地区性政策得到安置,妥善安置率达99%。

六是妥善处理劳动关系。去产能过程中员工安置稍有不当就会造成劳动关系恶化,威胁社会稳定。河北省政府相关部门积极统筹,着力维护员工合法权益。措施规定,通过兼并重组内部吸纳原企业分流职工的,要保证劳动合同继续有效履行。对于企业主体发生变更的,变更后的企业主体要依法继续履行原企业订立的劳动合同,在与员工协商一致的情况下可适当修改部分内容,员工工龄计算应在原企业工作年限基础上继续计算,企业转岗安置或实行内部退养的,双方协商一致后依法变更劳动合同,并按制度规定支付相应补偿。

5.2.2 去产能过程中员工权益保障面临的困境

虽然国家对于去产能过程中的员工安置和权益保障高度重视,出台了一系列政策措施予以应对,但在实际落实过程中却存在诸多难题。一方面随着供给侧结构性改革的不断深化,去产能的推进及市场形势不断面临新变化,去产能企业内部安置潜力逐渐减弱,安置难度进一步加大;另一方面,由于去产能员工数量多,人员结构复杂,相关制度体系和政策措施难以实现全覆盖,造成企业生存与人员安置之间矛盾激化,由此导致员工安置压力进一步加大。具体说来,去产能过程中员工安置主要面临以下几个方面的难题:

(1) 企业内部转岗安置空间小,安置能力弱。

随着供给侧结构性改革的持续推进,传统行业去产能导致整体经济下行压力加大,且由于产业结构转变导致员工需求结构也发生相应变化,过去以劳动力资源为导向的企业实行转型升级和兼并重组之后对劳动力数量需求相对降低,质量需求进一步提升,加之前期已吸纳部分转岗员工,企业内部安置空间越来越小,安置能力逐渐降低。此外,面临转岗的分流员工年龄大多在40岁以上,知识水平固化,技能掌握相对单一,因此难以找到对口的行业、岗位实现企业内部再就业。此外,政府公益性岗位供给数量和层次有限,无法覆盖所有分流员工的再就业需求,安置难度越来越大。

(2) 员工内部退养面临潜在风险。

政策规定距退休年龄在10年之内且由于自身原因无法实现再就业的员工可享受内部退养,并由企业按规定标准定期发放补助金保障日常生活水平不下降。但在实际运行中却存在诸多风险:一是在政策

第5章 产能过剩治理过程中的员工权益保障分析

实施过程中存在强制退休现象。一些企业为了减轻自身负担,在未考虑员工意愿或未协调一致的情况下强制员工内部退养,造成劳资矛盾紧张。二是对于内部退养员工的补助水平较低。以河北省为例,2017年最低月工资标准为1500元左右,这一补助水平对于50岁左右的员工来说,无论从工龄、级别和职称来衡量都极不匹配,因而无法满足大多数内退员工的意愿,潜藏风险。三是内退后再就业困难。内退员工大部分迫于压力需要自行再就业,但由于他们年龄偏大,学历和技能水平难以实现较高提升,且不愿意离开本地择业,因而再就业难度大,且再就业工作环境往往变得恶劣、工作强度和负担加重,容易引发内退员工不满,从而影响社会稳定。

(3) 社会保障体系建设不够完善。

社会保障制度是否科学完善,对于失业员工妥善安置至关重要,近年来国家投入了大量资金,出台了一系列政策文件妥善安置去产能分流员工,但从社会保障制度建设层面来看,目前社会保障体系仍有许多不足之处。例如,目前相关社会保障制度大多由企业具体落实,社会化水平偏低,在此过程中企业面临产业转型与安置职工双重压力,缺乏条件和精力满足所有待安置员工的诉求。此外,目前针对员工权益保障的政策大多侧重与企业签订长期劳工合同的正式职工,那些没有与企业签订长期正式合同的就业人群权益往往难以保障,而这些员工往往家庭条件较差,再就业难度大,因此直接影响家庭和社会稳定。最后,目前针对分流员工的失业保险金水平较低,与当前经济发展程度相比存在明显滞后;资金缺口大,筹措困难;受众层次划分多,差别化补助明显等。这些问题如不能得到及时有效解决,势必会对去产能失业员工的再就业产生不利影响,加大潜在社会风险。

(4) 政府支持力度不够,补助水平偏低。

去产能造成的失业人数巨大且存在个体特殊性,这对政府提供公共服务提出了更高的要求。目前政府在安置分流员工方面还存在以下不足之处：首先，政策机制不够完善。政府尚未建立明确的主体责任划分制度，在经济补偿标准、劳资矛盾的解决以及企业在失业员工再就业中需承担的责任等方面均未作出制度层面的明确规定。其次，政府对相关政策的宣传力度不够。分流员工对政府的安置补偿政策知之甚少，选择通过政府帮扶实现再就业的不到30%，参加政府组织技能培训的仅占16%。政府对安置政策宣传不到位容易使失业员工产生消极情绪，阻碍了去产能进程。此外，再就业资金支持不充足。失业员工在与企业解除劳动关系后，需要由政府全面进行兜底帮扶，失业保险金的发放、再就业培训补贴、自主创业补助等都需要政府加大资金投入力度。尽管政府通过补贴的方式对员工开展大力度的安置工作，但是由于去产能过程中所造成的富余人员数量太多，职工补贴范围较广，政府要通过补贴解决分流人员安置所需的资金金额十分庞大，如此庞大的补贴资金，在短时间内周转困难，导致补贴难以及时到位，对于民众心理也造成了负面的影响；同时，由于补贴机制不够完善，资金补贴没有明确统一的制度标准，加上不同地区、不同企业员工待遇千差万别，对于分流人员的补贴金额也有所差别，政府的补贴很难做到公平公正；每个富余人员手中拿到的补贴金只能短时间内解决正常生活问题，相比转岗分流带来的损失，补贴并不能从根本上解决问题。政府对富余人员进行补贴的制度尚且不够完善，缺乏系统完整的补贴流程，对其监管督查也没能同步跟进。因此，现阶段的补贴制度存在较多亟待解决的问题，政府补贴也无法作为解决问题的长效手段。

（5）工会促进再就业的功能发挥不充分。

作为保护工人合法权益的群众性组织，在推进化解产能过剩过程中，职工权益保障需要企业内部工会、劳动争议协调委员会发挥更加积极有效的作用，但在现实情况下工会等机构在解决劳资矛盾问题时发挥作用不大。首先，大部分员工没有加入工会组织，对于如何加入工会，工会的职责和保障内容缺乏概念上的认知，维权意识薄弱，这些"先天缺陷"导致工会发挥作用不及时,员工合法权益受侵犯;其次,工会组织缺乏健全的信息资源分享平台,对于与工人权益密切相关的政策没有有效的发布和解读渠道,这是工人对工会缺乏信任粘性的原因;最后,工会尚未建立十分完善的就业帮扶机制。对组织内员工不够关切和重视,失业预警机制缺失,工人维权不到位,这说明工会在去产能员工再就业过程中发挥的作用并不突出。

(6) 分流员工自身竞争力弱。

由于产能过剩行业涉及的大多是劳动密集型的高耗能企业,分流员工大多具有年龄偏大、文化程度低、技能单一、禀赋心理较强等特点,因此很难适应当前市场经济发展的需求,创业意愿和能力也不高。政府积极帮助分流员工提升再就业技能,组织开展了一系列的就业技能培训,但是由于分流人员文化水平普遍不高、自主学习能力不强等原因,再就业培训工作产生的效果并不是很好。具体表现在:对分流员工展开的再就职培训实际操作性不强,大多数都是理论学习、理论阐述,加上分流员工对于这些理论性培训的理解不够到位,因此分流员工很难将培训中的内容应用到实际的再就业过程中;另外,再就职培训中大多数都是具有普遍性、相似性的基础培训,而这种培训没有考虑到分流员工个体之间的差异性,没有根据各位职工的特点、再就业意向、现有技术能力等方面做出切实性的指导,培训工作缺乏个体性和针对性,很多经过培训的员工依然不知道自己可以去找什么样的工作,分流员工也没能改变失业的现状,因此培训的效果不是很理想。此外,失业员工普遍存在观念和情绪上的偏差,作为家庭主要经济来源,失业难免会给工人带来巨大的心理压力。由于被动分流,对原有岗位和工作环境存在留恋,对安置政策及补偿数额等也极易产生不满心理,因此很难快速调整心态积极转变自身能力结构实现再就业,自主创业的意识和能力也不足。

5.3 对去产能过程中员工权益保障的行为法经济学分析

5.3.1 理解产能过剩过程中员工妥善安置问题的新视角——行为法经济学

员工妥善安置不单单是资金问题，更是一个可持续发展问题，它涉及参与主体对于公平公正的认知。由于公平标准的衡量带有极大主观性，这就需要制定法律规范来维护多元主体的利益平衡。目前关于员工安置的现有法律法规有成文法《劳动法》《破产法》《关于国有大中型企业主辅分离辅业改制分流安置富余人员的实施办法》等国务院各部委发布的一系列政策文件，以及地方政府推行的相关行政法规和政策。然而，一方面，由于法制不健全，大量在实际员工妥善安置工作中产生的矛盾缺乏相应的法律依据，对于存在的制度真空和制度冲突的领域仍然需要政府加强对相关法律法规的制定与完善；另一方面，已有相关制度在执行过程中往往遇到多种多样的公平公正难题，很多情况下难以完全在已有的法律框架内解决，需要政府根据具体情况发挥自由裁量权做出有效裁决。可以说，法制不完善、执行难是导致去产能过程中员工妥善安置难题的重要原因。基于此，本部分试图从行为法经济学视角出发，对化解产能过剩过程中员工安置参与主体的利益诉求和行为偏好进行深入分析，从而为政府妥善解决职工安置问题提供思路和启示，为相关法律法规的制定和"除偏"提供有益参考。

（1）法经济学的产生及其局限性。

法经济学是经济学与法学相结合的产物，是经济学逻辑向法律领域的延伸。随着资本主义市场经济的发展，自由放任导致的弊端日益

第 5 章 产能过剩治理过程中的员工权益保障分析

显露，政府对于经济环境的干预逐步加强，在此过程中，经济和法律的关系变得日益密切。1958 年由 Director 创办的《法经济学杂志》（*Journal of Law and Economics*）的问世，标志着法经济学的正式确立。1960 年，Coase 发表了《社会成本问题》，提出交易成本这一分析制度选择的标准，奠定了法经济学方法论的基础。美国芝加哥大学 Posner（1972）的《法律的经济学分析》，宣告了法经济学学科的完全建立，其核心理念有：一是法律行为人是完全"理性经济人"；二是法律制定是为了促进经济效率最大化；三是经济分析方法的引入有利于解决法律制度建设中存在的问题。

传统法经济学在分析方法上更多地以新古典主义经济学范式为基础，理论核心是理性选择理论，其基本思想是：市场中每一个从事经济活动的个体都追求个人利益最大化，具有稳定有序的偏好、充足的信息和完全理性的成本——收益分析能力，能够准确预估未来发生的行为可能，并从中选择满足个人利益最大化的行动方案。将理性优化的行为原理和经济学的数理化方法应用于法学领域，使人们对法律问题的研究更加精确和深入，法律研究更具科学性和严密性。

然而，随着法经济学从市场行为领域扩展到非市场行为领域时，传统法经济学理性选择的局限性开始受到法经济学界的质疑。Dworkin 指出，社会的公平正义以及个人权利的保障是司法的核心，如果以"效率""财富最大化"为准则，则会造成社会道德规范和价值观的扭曲。Hayek 则认为，理性选择理论忽视了人的主观性，完全理性假设以及对客观效率的追求是不符合实际的。Calabresi 则批判传统法经济学静止的、机械化的个人主义研究方法，主张从进化的、文化整体的角度去探索。

在中国，员工安置问题绝不是简简单单的效率问题，公平问题在某些情况下更为重要，而且公平具有很强的主观性，其偏好差异性很大且不稳定，因此完全按照传统法经济学的理论和标准制定出来的相关法律法规难以解决所有安置难题。

(2) 行为法经济学的产生及对员工妥善安置的意义。

行为法经济学（behavioral law and economics）始于1974年Simon对新古典经济学中"理性经济人"假设的批判。20世纪70年代末，Kahneman和Tversky将心理学和社会学的知识应用于经济学研究，解释了大量传统经济学无法解释的"非理性"行为，对西方古典经济学的理论基础——理性选择理论进行了重构，由此行为经济学开始向社会其他领域延伸和扩展。Jolls、Sunstein和Thaler（1998）所著的《法律经济学的行为方向》一文的发表，标志着行为主义法经济学的正式创立。

行为法经济学反对传统法经济学将个人理性抽象化和绝对化的前提假设，将人的利他属性、心理、情感等非理性因素考虑在内，对传统法经济学的理论基础进行了修正和完善，较为有效地解释了不确定条件下人们的非理性行为，提高了法律经济学在实际中的应用性和有效性。行为法经济学主要基于以下三个假设：

一是有限理性（bounded rationality），即人们的认知水平具有局限性，在决策中往往不能实现个人利益最大化的状态；二是有限自利（bounded self-Interest），行为法经济学认为法律中的行为人并非完全自利的，在很多情况下，人们会考虑公平以及对他人利益的影响，从而出现与"经济人"完全自利假设相悖的情况；三是有限意志力（bounded willpower），即在现实情况中人们往往不能坚持与自身的长期利益和整体利益相一致的行为。

行为法经济学将有限理性、有限自利与有限意志力理论纳入法律决策，通过考虑决策主体的行为偏好，对法律行为决策进行更具实践性的评估和预测，减少了法律制定和实施过程中的失误和阻力，从而更有利于保障相关群体的合法利益。这对于解决去产能过程中员工妥善安置问题具有一定的意义：首先，行为法经济学的"三个有限"正视了员工在分流安置过程中的非理性行为，并以之为前提解释员工做出复杂行为的原因，相较于传统法经济学而言拥有更强的说服力和预测力;其次,行为法经济学为政府、企业等相关主体预测和把握分流安置过程中员工的心理及行为提供了有效工具,有助于提高政府政策制定的针对性和可行性,降低政策制定和执行的成本;最后,由于目前我国在应对去产能过程中员工妥善安置问题的政策体系仍存在较大缺口,在面对现实矛盾和冲突时往往存在"无法可依"或"法不适用"的情形,这就需要政府权衡各方利益做出公正判断,而行为法经济学更贴近公序良俗的前提假设能够有效弥补法律的滞后性和保守性,为实现员工妥善安置过程中的平衡主义提供有益参考。

5.3.2 行为法经济学在去产能过程中员工妥善安置问题上的应用

(1) 最后通牒、公平偏好与员工安置。

传统法经济学以理性假设为基本前提,认为在法律关系中,每一个当事人都有自己的利益诉求,能够依据自己的偏好和最有利于自己的方式进行活动,是追求个人效用最大化的理性"经济人"。行为法经济学则指出人们除了考虑自身利益外还具有公平偏好(fairness preferences),即人们会关注收益的分配对自己和其他人来说是否公平,这对于参与人的行为决策具有重要影响。

最后通牒博弈(ultimatum game)实验清晰地展现了人们自利偏好之外的公平偏好。实验对象与陌生对象进行一次博弈,提议者出价,回应者决定是否接受,若选择拒绝则双方将一无所获。按照传统理论预测,提议者和回应者都是个人利益最大化者,因此提议者会给出一个最小金额,而回应者出于自身利益的最大化,也会选择接受。然而,Bolton 和 Zwick(1995)通过实验得出,大部分提议者的出价集中在 40%~50% 的水平,很少有提议者在 0~10% 和 51%~100% 两个区间内出价;回应者对于 40%~50% 的出价很少会拒绝,而在低于 20% 的水平时则有一半会拒绝。由此可见,在某些情况下,即使人们知道使自身利益最大化的方案,还是会选择放弃自己的经济利益以达到对公平的追求。

去产能过程中员工对于不公平安置方案的拒绝行为更加表明人们具有超越"理性人"自利偏好的公平感。在对产能过剩领域员工进行分流安置的过程中,有些地方政府和企业表现得过于强势,没有充分考虑员工情况和感受,单方面地提出安置方案,而员工处于回应者的地位,在这种情况下,他们对于公平的诉求和敏感程度会较高,容易对安置政策和实施程序产生偏见,若企业和政府的补贴措施被员工认为是不公平的,如分流去向不理想、经济补偿金过低等,那么即使符合相关法律法规,他们也会选择拒绝服从或消极服从安置程序,即使牺牲自身的利益也要表达不公平情绪。以某地产央企重组过程中员工妥善安置事件为例,董事会提出员工安置方案,以"N+1"赔偿法的标准计算赔偿金额共计26万余元,然而大部分员工则认为由于每个人薪资水平存在差异,"一刀切"的补偿标准是不公平的,加之转岗过程中不适应性问题突出,因而拒绝接受这一方案,并通过大规模罢工及拉横幅的行为表达不满。由此带来的后果是社会不稳定因素增加,阻碍了化解产能过剩进程。从更深层次来看,政府在立法和执法过程中是否遵循平衡主义就显得极为重要。平衡主义要求在权利与义务、权利与权力、权利与权利、权力与权力、权力与义务、义务与义务这六对关系中追求对等与平衡,各参与主体通过平等的参与获得满足感,达到群体之间以及群体内部关系的和谐统一。同时,它强调权力主体在执法过程中不能完全以成文法为客观公正,而要将社会正义与道德因素考虑在内,结合现实情况做出合理判断,从而实现"价值理性与工具理性在整体意义上的关联性建构"。去产能员工安置过程中出现的诸多矛盾其实质是政府、企业等相关主体没有把握好自身权力和义务以及自身权力和员工权利两对关系之间的动态平衡,造成权力单向压制权利、只行使权力而弱化义务的畸形发展模式,进而导致员工产生不满心理并采取对抗行为。

美国心理学家Admas(1963)从社会交换的角度对公平标准进行

第 5 章　产能过剩治理过程中的员工权益保障分析

评价，指出人们不仅关注自己所获劳动报酬的绝对数量，还会关注自己的所得和付出是否相匹配，以此来判断自己是否受到公平对待。FS 模型（Fehr and Schmidt，1999）表明，人们在判断自己的收益是否公平时，会与组织内其他人的收益一一比较，用自己收益与他人收益差别的大小来衡量收益的公平程度。这种公平心理在企业职工中普遍存在，一旦自身收益与他人存在差别，就会产生诸如"凭什么我干了这么多年才给这么少安置费""为什么让我走不让他走""相同的职位，凭什么他的安置费比我高"等心理，此外，由于部分分流职工文化水平较低，对消极情绪的自控能力较差，这会进一步引发他们的不满情绪和心理偏差，从而降低对政府的组织承诺，不利于员工安置工作的顺利进行。

除了基于收益的公平，Rabin 在总结归纳 Geanakoplos、Pearce 和 Satcchetti（1989）提出的心理博弈论（psychological game theory）的基础上提出了基于动机公平的博弈模型，指出除了考虑个人收益的大小和收益分配的公平程度之外，人还具有互惠的动机，即考虑公平行为实施背后的动机，互惠动机分为积极互惠（positive reciprocity）和消极互惠（negative reciprocity）。如果认为他人的行为是出于善意的，那么就会"投桃报李"，回报以善意；如果认为对方的行为是恶意的，就会"以牙还牙"，报之以恶意，即使这种帮助或伤害会牺牲自己的利益也在所不惜。Frey 和 Meier（2004）的实验结果表明，在被告知其他人做出贡献的条件下，被测试者愿意做出更大的贡献。这种互惠动机从本质上也表现为一种利他主义倾向，即人本身具有的与利己主义相对的社会属性，它促使人们从他人的立场出发，进行整体利益权衡和价值判断，并作出"超义务"的自我牺牲行为。利他主义表现的是更高的道德追求，它需要克服不同义务之间、自我利益与义务之间的多重矛盾，因而实现这种道德追求是极其困难的。即便如此，只要提议者能够将这种利他主义动机传达给回应者，无论其结果如何仍可能得到善意的回应，这就体现出相对于结果而言人们有时会更加注重动机公平。

因此,在化解过剩产能过程中政府在员工安置问题上的立场尤其重要。产能过剩问题涉及多方利益主体,政府作为解决员工安置问题的最终兜底方,需要把握在政策制定博弈过程中的角色定位,真正从员工的切身利益出发,积极主动地为员工谋求更加公平合理的补偿待遇,让分流员工感受到政府善意的政策动机,促使员工自愿对政府行为报之以同样善意的态度,积极响应和配合政府的各项安置措施。一些地方政府从企业员工的根本利益出发,对企业破产程序和标准进行了严格的限制,如陕西省规定对于全省国有企业在政策性关闭破产中,如果职工安置不能得到妥善解决、政策执行不规范的,一律不得进入破产程序。这一政策很好地体现了对职工安置问题的优先考虑。相反,如果政府以"利益政府"的角色进行自我定位,政策制定一味地以经济利益最大化为标准,更多地从企业角度考虑问题,就容易使分流员工感到不公,从而对政府政策措施产生抵触心理。劳动部印发的《违反和解除劳动合同的经济补偿办法》的通知(劳部发〔1994〕481号)第八条规定:"劳动合同订立时所依据的客观情况发生重大变化,致使原劳动合同无法履行,经当事人协商不能就变更劳动合同达成协议,由改制企业解除劳动合同的,改制企业按劳动者在本单位工作的年限,工作时间每满一年发给相当于一个月工资的经济补偿金。"然而现实情况是,分流职工的具体情况复杂多样,职工对于企业的贡献率也各不相同,如果按照统一标准进行补偿,就势必会使一些职工产生不公平的感觉。仍以某地产央企重组事件为例,许多工龄超长的员工认为自己所获赔偿不应如此,而工龄未满12年的员工则认为按照《劳动法》中"若劳动者收入未高于用人单位所在地区上年度职工月平均工资3倍,补偿不受最高12年限制"的规定,补偿金额不应按12年期限计算。因此,补偿办法和标准的制定要注重考虑现实情况,做到具体问题具体分析,政府政策法规的出台要最大限度地保障职工的合法利益,使职工切身感到公平。

第5章 产能过剩治理过程中的员工权益保障分析

(2) 科斯定理、禀赋效应与员工安置。

传统法经济学所追求的不是帕累托最优效率,而是"卡尔多-希克斯补偿原则"意义上的效率标准,即只要受益方的效用增加在补偿利益受损方的损失后仍有剩余,则是符合卡尔多效率标准的。按照这一逻辑,只要改革收益足够大,能够弥补员工因分流所造成的损失即可。但是目前去产能过程中遇到的难题之一在于:分流员工对安置条件不满意,即使企业的安置方案完全合法合规,这就涉及了不同主体对于公平的定位和理解。

科斯定理为法经济学提供了一个规范性研究基础,是传统法经济学重要的理论基石。科斯定理(Coase theorem)指出,在交易成本为零且产权界定明晰的情况下,不论初始权力如何配置,通过市场机制的协商和谈判总能使资源配置达到帕累托最优。也就是说,只要交易成本足够低,产权的变换方向不会导致价值发生变化,产权的界定与经济效率无关。Kahneman 等(1990)通过一个"代币"实验发现,当人们有机会将手中的代币换取金钱时,将近一半的代币完成了交易,这表明代币的初始分配不影响资源的配置结果。然而,当卡尼曼等人将交易对象换成康奈尔大学杯子而不是代币时,情况与科斯定理预测正好相反,最初拥有杯子的人大多拒绝交易。行为法经济学将这一现象解释为,产权的归属以及交易过程中人们的心理偏好对于权力和资源的配置存在重要影响。Thaler(1980)指出,个体对已经拥有的东西具有损失厌恶的偏好,即不愿意放弃自己的初始权利,如果迫不得已要出售自己的所有物,则要价将高于其作为买家所愿意支付的价格。这种因产权归属差异而导致的卖价高于买价的现象即禀赋效应(endowment effect)。

禀赋效应背离了传统法经济学的理论基础,是"有限理性"的表现。在禀赋效应下,法律权利的价值会受到初始权利归属的影响,传统规范经济分析在禀赋效应下通常是不成立的。行为法经济学通过大量实验证明,禀赋效应的产生源于人们的损失规避心理(loss aversion）和安于现状偏差（status quo bias）。Kahneman 和 Tversky（1979）通过实验得出，损失给人们带来的心理冲击要大于收益，损失带来的负效应是同等收益正效应的两倍多。人们在面对决策时，往往会面临两种选择：维持现状或选择一种新的方案，选择新的方案意味着决策者需要承担风险，且损失带来的负效用会远高于接受新方案带来的正效应，加之人们普遍存在交易惰性（reluctance to trade）心理，因此大多数人会倾向于维持现状，除非他们获得足够多的补偿。

具体到员工安置问题，涉及政府、企业和员工三方面的权益。从政府的角度讲，去产能改革是供给侧结构性改革的内在需要，从长远看企业是最终受益者，理应由企业承担主要的安置成本。但从企业的角度来讲，大多数企业在员工安置工作中是在已有的法制框架内进行的，因此认为自己已经履行了相应企业和社会责任。而且，很多企业认为去产能是政府主导的而非纯粹的企业行为，那么对于因按照政府要求加快去产能进程所造成的额外损失和负担，应当由政府承担。从员工的角度来看，不愿意放弃自己的初始权利，即使可以进行补偿，也往往赋值过高。而且，目前关于分流、经济补偿等政策多为多年前制定的，很多规定尤其是补偿标准不符合新形势的要求。在市场经济快速发展的当下，岗位归属被员工视为自身权利的体现，很多员工对已有岗位产生了很高程度的认同和依赖，分流员工再就业的成本很高，如果必须接受安置方案，则员工愿意接受的心理损失赔偿价格要远高于机会成本。

这对于我国政府解决员工安置问题有重要启示。面对强烈的禀赋效应和损失厌恶现象，政策制定者一方面要修改相关法律法规，根据新形势灵活地制定安置政策尤其是补偿标准，尽量以分流员工的利益诉求为标准，降低职工对企业的"粘性"。降低员工离开成本的有效手段之一是进行充分合理的补偿，目前仍存在一些地方法规制定僵化问题，这显然不利于消除员工禀赋心理。另一方面，地方政府还应加大宣传力度，协调好各方利益，以顺利完成分流员工的妥善安置。

第 5 章　产能过剩治理过程中的员工权益保障分析

（3）判断失误、偏见与员工安置。

行为法经济学基于人的"有限理性"假设，指出行为人在面对客观决策时往往会偏离预期效用理论（expected utility theory）的框架，Kahneman 和 Tversky（1979）将其总结为前景理论（prospect theory），指出人们在进行决策时存在两种行为缺陷：一是在大多数情况下决策者通常会受到情绪等心理因素的影响，自我无法保持绝对理性；二是决策者普遍存在认知失调，即无法完全理性分析自己所面临的处境。这两种缺陷使人们在做出决策时带有明显的偏见态度，从而导致判断失误（judgment errors）。

社会心理学家通过一个暗示性联想测试（implicit association test，IAT）证明人们对于某种族成员和其他群体成员存在隐性偏见，即使是那些极力否认所有形式偏见的人也表现出对于种族"黑"与"不愉快"的匹配关系，并且这种隐性偏见直接导致对其他群体成员的价值判断（Greenwald et al.，1998；Nosek et al.，2002）。

另一种主要的判断失误是自利偏见（self-serving bias）。自利偏见是指人们在面对和他人的利益分配以及责任划分问题时，往往会偏向利己的方向来筛选和理解信息，每个人的角色和利益诉求不同会导致对同一信息和问题的认知出现偏差。Loewenstein 等（1993）、Babcock 等（1995）、Loewenstein 和 Moore（2004）通过一个特殊诉讼程序实验考察了自利偏见及其后果。实验表明，在诉讼中扮演原告和被告的角色者对于相同的事实得出了不同的看法。Babcock 等（1995）通过大量实验证明，这种自利偏见的程度与纠纷的解决频率存在因果关系，并认为"自利偏见在角色信息吸收以后才有可能出现"。

在解决分流员工的安置问题上，被分流的员工由于受自身文化水平和传统习惯的影响，对于我国经济发展现状的认识存在短视效应和自利倾向，主要表现在拒绝关注整体经济发展趋势和企业可持续发展，只关注个人经济利益，过于计较个人得失。这种行为偏好使员工无法对所处环境进行客观理性的分析，容易受到主观情绪的影响。此外，在对安置方案的设计规划上，政府和分流员工作为不同的社会角色群体有不同的利益诉求，由于受自利偏见的影响，在对同一信息的认知和理解上会存在较大的偏差，这就导致政府认为比较妥善的安置工作被安置员工认为不合理不合法，从而导致合意无法达成，增加了安置工作的难度。

这对员工安置相关法律法规的制定提出了更高的要求，即如何使法律制定更为公平地体现不同利益方的诉求，尽可能地避免认知失调、判断失误以及自利偏见。目前已有的相关法律法规，更多地强调企业应当为员工安置承担哪些责任，对政府责任的规定不够详细规定，没有有效区分政府和企业在员工安置过程中的责任问题；对于员工安置方案的制定，虽然要求必须经过职代会的审议，但相关保障机制欠缺，并未充分保障员工的话语权。

5.3.3 结论

行为法经济学将行为经济学与法学相结合，通过对各参与主体的行为偏好和利益诉求进行深入剖析，为我国去产能过程中员工妥善安置政府应采取何种措施提供了更具针对性和实际性的理论参考，为化解我国去产能过程中员工妥善安置问题的困境，实现可持续发展提供了有益的视角。基于此，得出如下结论和政策建议：

第一，行为法经济学能够从更为客观真实的视角出发剖析产能过剩员工妥善安置问题中利益主体的行为偏好和利益诉求。传统法经济学以社会财富最大化为法律制定的核心，在分析方法上更多地以新古典主义经济学范式为基础，严重偏离了实际决策人的行为现实。行为法经济学将行为经济学与法学相结合，将行为主体的公平偏好、禀赋效应以及偏差等因素考虑在内，为员工安置相关主体的行为构建了一个更为有效、更为贴合实际的分析框架。

第二，被安置员工具有超越"经济人"自利偏好的公平感，同

第5章 产能过剩治理过程中的员工权益保障分析

时政府在员工安置过程中的站位和态度表达对于员工采取何种互惠行为有较大影响。因此，政府和企业等主体在安置分流员工的过程中要遵循平衡主义和利他主义的行为准则。首先，政府和企业也在制定安置方案的过程中要充分尊重职工的民主权利，坚决履行倾听员工利益诉求的义务，切实保障职工的合法权益。政府在制定相关法律法规和政策时要充分发挥"老三会"的作用，确保职工的合理诉求和意见得到充分的表达。关于员工安置以及补偿细则，要认真听取和考虑职工意见，积极沟通协商，努力平衡不同岗位职工的利益诉求，最大限度地争取补贴政策的相对公平，将不满情绪降到最低，努力实现权力与权利、权力与义务的动态平衡。其次，政府应坚决以维护员工切身利益为一切工作的出发点和落脚点，消除自身自利偏见的影响，转变政府角色，积极与分流职工达成合意，从而形成一种良性互惠关系，努力实现员工的妥善合理安置。这就要求政府始终坚持"以人为本"的理念，与职工代表进行积极谈判和协商，为各方充分表达自己的利益诉求提供有效的机制和平台。最后，职工安置方案必须经职代会审议通过，保证程序合法正义，从而实现工具理性和价值理性的整体统一。

第三，政府、企业和被安置员工对已有权益表现出明显的禀赋效应，从而产生政府、企业之间互相推责，员工不愿离开自身岗位的现象。因此，政府和企业首先要明确自身责任，企业是进行员工分流安置的直接负责人，政府是实现员工妥善安置的最终兜底方，两者都有义不容辞的责任。因此，应加强政府和企业之间的沟通协作。企业一方要切实了解员工诉求并及时向政府等相关部门反馈，同时对分流安置政策进行广泛的思想教育和宣传，消除员工的政策的偏见，对于政府制定的相关安置政策要坚决贯彻执行，切实维护好被安置员工的利益；政府一方首先要把握好政策的大方向，让职工真正参与到安置方案的制定，最大限度地尊重和维护分流员工的利益诉求，对于企业落实相关政策的行为要进行密切监督，防治政策执行过程中发生偏离。

其次，要积极发动社会力量宣传去产能的政策价值观，通过上下合力实现制度建设与社会引导齐头并进。最后，针对去产能过程中职工就业安置工作要制定专门的政策措施，将分流人员纳入就业扶持政策体系，加大对安置职工的就业创业培训、就业服务、资金创业小额贷款担保贴息等，帮助职工转岗转业，鼓励分流职工自主创业，以此来消除被安置职工对于原来工作的禀赋心理，积极探索自身职业规划。

第四，被安置员工由于受自身文化水平和传统习惯的影响，容易过度关注自身利益，产生认知偏差和判断失误现象。这种主观意识偏差需要通过完善法律标准来解决，尽量避免政府、企业等安置方的自主性行为，从而消除被安置员工的主观偏见，加深对国家整体利益的理解。目前关于员工安置法律规定存在碎片化、与实际状况存在较大偏差等问题，因此，政府要着力完善员工安置法律法规，争取制定一部统一的企业员工安置法，作为企业进行员工安置工作的法律依据。要从法理上坚持公平公正，以保障员工合法权益为立法精神，理清不同条件下政府、企业和员工的权责利，通过实体法和程序法的完善实现法律除偏，并以完善相关配套政策给予保障。

供给侧结构性改革下
中国产能过剩
问题研究

Chapter 6

第6章 治理产能过剩的新思路
——产能共享与国际产能合作

第6章 治理产能过剩的新思路——产能共享与国际产能合作

本章将在前面研究的基础上,拓展研究视野,突破所有权和国界的限制,从政府治理的角度分析产能共享与国际产能合作这两类相互联系的新型治理手段。

6.1 基于 IAD 框架的产能共享治理

6.1.1 问题的提出

产能共享是解决产能过剩问题、重构供给侧结构性改革、激发中国经济未来潜力的新经济形式。国家发改委在《关于推动发展第一批共享经济示范平台的通知》中强调通过互联网平台将分散的生产资源进行共享利用,从而实现生产能力共享。根据 2018 年《中国制造业产能共享发展年度报告》,2017 年我国制造业产能共享的市场规模高达 4120 亿元,比 2016 年同比增加 25%,以小微企业为主的 20 万家企业使用了提供产能共享服务的平台。这说明制造业的共享经济在我国的发展已经有了一个良好开端,但目前我国产能共享主要处于市场引导的企业自发建设状态,缺乏政策导向和政府支持,这主要是由于政府监管的制度创新仍落后于共享经济平台技术的快速发展。因此,国家对于产能过剩的治理和产能共享平台的构建属于公共治理范畴。本部分将在现有产能共享研究文献的基础上,运用制度分析与发展框架(Institutional Analysis and Development,IAD 框架)来分析产能共享内在的制度要素与结构,构建产能共享的制度分析与发展框架,探讨各个制度要素对于产能共享的作用机制,从而为国家产能共享平台的建设提供有效建议。

关于产能共享的文献综述。虽然产能共享目前还处于早期的实践探索阶段,但国内外已经有不少学者从发展根源、主要运营模式、影响因素等方面探讨产能共享。《2016 年中国分享经济发展分析报告》

中指出，生产能力分享指的是通过互联网平台，将不同企业闲置的生产能力进行整合，实现产品需求方和生产供应方有效对接的新型生产模式。根据2018年《中国制造业产能共享发展年度报告》，我国目前制造业产能共享的对象主要包括设备共享、技术服务共享、生产能力共享以及综合性服务共享等。吴岱蔚、马清、许恒（2018）基于一般均衡理论对政府优化共享经济平台的机理进行深入分析，围绕平台建设投入效率、建设成本以及消费者行为等方面对政府优化共享经济平台提出相应的对策建议。Singh等（2012）构建了一个MILP模型，用于确定产能需求和最具成本效益性的产能共享措施。Kádár等（2018）通过构建一个结合基于Agent技术的控制中心、匹配算法和协同IT平台的分布式产能协作框架，认为企业通过产能共享提高了其资源利用效率和服务水平。Renna（2013）利用Monte Carlo方法进行产能决策，得到与其他工厂的网络合作使产能利用率更高的结论。Qin等（2018）认为产能共享会使产能不足的企业利润增加，而对于产能过剩的企业，产能共享在其收入分成率较大时反而会降低其利润。Yang等（2017）构建了非合作序贯博弈模型，分析了成本共享合同下制造商和零售商之间的产能投资问题。Yu等（2015）构建了合作博弈模型分析了企业在企业异质的工作内容和多样的服务环境中进行产能共享的好处。Yilmaz等提出了在进行产能共享时企业协同网络（CNS）中平衡公平和效率的基本框架。谈判模式（Wang and Wang，2012）、企业的初始产能水平（Bhutta et al.，2003）、收入分成率（Qin et al.，2018）、合作期限（Kogan，Charles and Tapiero，2009）等因素影响了企业关于是否进行产能共享及产能共享占总产能份额的决策。

关于IAD框架。IAD框架是由诺贝尔经济奖得主Ostrom提出的用于公共政策分析的理论工具。目前IAD框架主要的应用领域有环境监管与治理、旅游业发展、基础设施建设、生态系统管理等方面。Ostrom主要用利用IAD框架解决"公共池塘"资源问题。Zhang和

Zhao（2019）利用中国四个郊区社区和家庭的调研数据，运用 IAD 框架，实证检验了家庭在垃圾处理检测方面的意愿和实际活动。Grafton 等（2019）在 IAD 框架的基础上评估了全球五个国家的水资源改革，提出了水资源治理改革框架和在水资源治理过程中需要考虑的七个关键性因素。Lammers 和 Hoppe 运用 IAD 框架和因果追踪方法对荷兰四个城市案例的数据进行了分析。Bhargava（2019）探讨了如何破解湖泊开发与保护所面临的物理、制度和社区因素的困境。Ostrom 等（1993）提出了一种系统地比较农村基础设施发展的替代制度安排的方法，揭示了多中心制度相比于完全集中或分散的制度的优势。何凌霄等（2017）利用 IAD 框架考察了农村干部与群众关系、制度规则等因素对于农村基础设施维护意愿的影响，首次在农户参与意愿研究中纳入了制度规则这一因素。IAD 框架除了在以上领域的应用之外，也有学者将 IAD 框架引入了社会经济政策、产业和金融发展、社会问题等方面的分析。例如，谭江华（2016）运用 IAD 框架分析了预算改革这一制度内在的制度要素及结构。冯朝睿和王上铭（2018）建立 IAD 嵌入式精准扶贫影响因素的分析框架，进而构建了基于 IAD 框架的精准扶贫新模式。聂飞从 IAD 框架的七类应用规则出发，结合我国劳动力流动的真实情况，探讨了我国当前农村普遍存在的留守家庭离散问题及其制度与规则成因。

综合来看，国内外目前鲜有以 IAD 框架为基础分析产能共享的制度框架的文献。既有的关于产能共享的文献仅仅停留在理论层面，没有考虑企业决策的外部变量、决策的通用规则、决策者的决策过程等要素。因此，本部分将在既有文献的基础上，将 IAD 框架引入对产能共享的分析，理清产能共享的制度框架，探索治理产能过剩的新思路。

6.1.2 产能共享的制度分析框架

产能共享属于共享经济在生产制造领域的应用。共享经济的本质是交易成本更低的制度安排代替交易成本偏高的制度安排。随着互联网技术的发展，基于互联网平台的产能共享，以较低的交易成本和搜寻成本促成了产能过剩企业与产能不足企业的相互匹配，减少了摩擦性产能流失，提高了产能利用效率。但由于制度创新的速度较慢，目前存在着缺乏有效监管、缺少相关法律条例、共享产能范围界定不清、共享平台推广缓慢、知名度低等问题。

为理清产能共享的制度逻辑，积累产能共享的经验知识，评估产能共享的实践成效，将运用 IAD 框架（Ostrom，1996），阐述产能共享的制度变迁路径。

产能共享的 IAD 框架包含产能共享的外部变量、行动舞台和绩效评估。

其中，产能共享的外部变量是政策实施外部条件的统一体，包括实行产能共享的自然物质条件、社会经济属性及其政策实施过程中的通用制度规则。产能共享的自然物质条件指的是相关企业和平台所拥有的建筑物、运输工具、机器设备、存货及技术条件等物质资本。产能共享的社会经济属性指的是企业所处的环境中的社会经济因素，如经济发展水平、社会性质、群体的行为规范和社会偏好等。产能共享的通用制度规则指的是参与人的共同协议，主要包括七类规则：边界规则、位置规则、决策规则、信息规则、聚合规则、支付规则、范围规则。

产能共享的行动舞台是利益相关者进行决策和动态博弈的社会空间，用于企业间在实现各自目标的基础上共享产能、交换商品和服务。产能共享的行动舞台包括产能共享的行动者及其行动情景。行动者主要包括政府、产能过剩企业、产能不足企业及产能共享平台，这些主体结合行动情景来评估自己的地位、信息、支付和潜在结果，从而做出符合现利润最大化或社会福利最大化目标的决策。行动情景指的是产能共享的内部环境，包括行动者、地位、行为、信息、支付、控制、潜在结果。

产能共享的绩效评估是对产能共享这一公共政策所带来的社会经济收益的综合性评估，包括产能共享过程中参与人的行为模式，在此行为模式下的行动结果以及产能共享的绩效评估标准。在传统经济学下，参与人的行为模式是基于严格的"理性人"假设的，无法完全应用于现实情况。Fehr和Schmidit（1999）认为存在个体在决策时不仅受利己动机的驱动，而且还厌恶不均等的结果。也就是说，参与人在产能共享政策下的行为是有限理性的，参与人在进行决策时的偏好和效用不仅仅受自身利益的影响，还受到社会偏好及互惠承诺的影响。行动结果指的是参与人在其特定行为模式下的收益。产能共享的绩效评估标准是评估其产出水平和产能共享效率的准则。具体的产能共享IAD框架总结如图6-1所示。

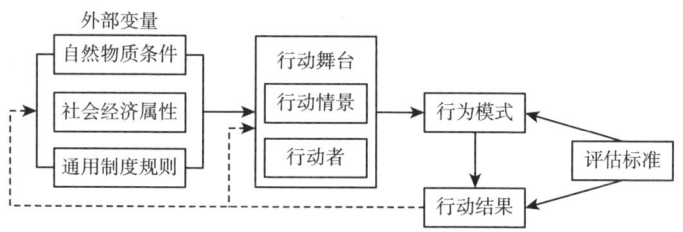

图6-1 产能共享IAD框架

资料来源：Ostrom E., *Understanding Institutional Diversity*, Princeton: Princeton University Press, 2005.

6.1.3 制度环境：产能共享的外部变量

产能共享形成的外部变量及制度环境是影响产能共享的重要因素，只有明确外部变量才能明确地探索产能共享的制度逻辑。产能共享的外部变量可以分为自然物质条件、经济社会属性和通用制度规则。

（1）产能共享的自然物质条件。

在本研究语境下，产能共享的自然物质条件指的是相关企业和平台所拥有的建筑物、运输工具、机器设备、存货及技术条件等物质资本，即企业所拥有的物质资源。企业的物质资源由企业的经验年限、经营规模、生产规模及投资规模共同决定，可以分为有形资源和无形资源。有形资源主要是指在使用过程中具有物质形态的固定资产，包括机器设备、运输工具、生产资料、建筑物、存货、计算资源（服务器）等各种企业资源。有形资源一般具有较长的使用年限和较大的价值，是构成企业产能不可或缺的一部分。无形资源指的是不具有明显的物质形态的企业资产，包括知识、技术、信息、商誉和人力资源等。无形资源虽然没有具体的形态，但也是企业生存与发展的基础，决定了企业的创新能力和发展潜力。企业所拥有的资源和经营管理效率则共同决定了企业作为产能共享这一过程的参与人所做出的决策。拥有过剩资源和生产能力的企业通过互联网平台向社会开放自身优势资源，产能不足的企业则利用这些资源满足其自身发展的需要。这一过程实现了资源的有效再分配，提高了产能利用效率，解决了产能不足企业缺技术、缺人才、缺设备等问题。

（2）产能共享的社会经济属性。

产能共享的社会经济属性指的是企业所处的环境中的社会经济因素，如经济发展水平、社会性质、群体的行为规范和社会偏好等。有一种观点认为，我国的产能过剩根源在于体制扭曲和结构失衡。例如，我国国有企业在市场经济中占有较大的市场份额，曾经是我国经济发展的中流砥柱。但随着市场化进程的不断深入，多数民营企业逐渐显现出成本优势，并不断扩张产能侵蚀高成本国有企业的市场份额，进而导致相对低效率国有企业出现产能过剩。而有时，某些地方官员为了维持一方的"经济增长"和国有企业的地位，出台大量不正当干预政策对国有企业进行扶持，从而使国有企业拥有扩张产能的外部激励。政府的不正当干预导致了资源分配的失衡，使一部分企业出现了产能过剩，另一部分企业出现了产能不足，生产制造领域的共享经济就此应运而生。从群体的行为规范和社会偏好的角度来看，不

第6章 治理产能过剩的新思路——产能共享与国际产能合作

同群体的产能共享偏好存在差异。政府促进产能共享发展的目的是利用闲置产能,增加社会总产出,促进经济发展,实现社会福利最大化,解决产能过剩问题,从而深化供给侧结构性改革。而企业的目标则与政府大相径庭,企业共享闲置产能不仅仅是为了经济利润的最大化,还考虑到与其他企业的互惠承诺、企业社会责任等因素。参与人的行为规范由产能共享的相关法律和社会规范来定义,受各地文化的影响较大。

(3) 产能共享的通用制度规则。

应用规则通常是在不断重复的行动情境内的个体为了改善结果而有意识地改动情境结构的过程中产生的。产能共享的通用制度规则指的是参与人的共同协议,主要包括七类规则:边界规则、位置规则、决策规则、信息规则、聚合规则、支付规则、范围规则。这七类规则共同作用于产能共享行动情景中的七个要素,具体作用模式如图6-2所示。

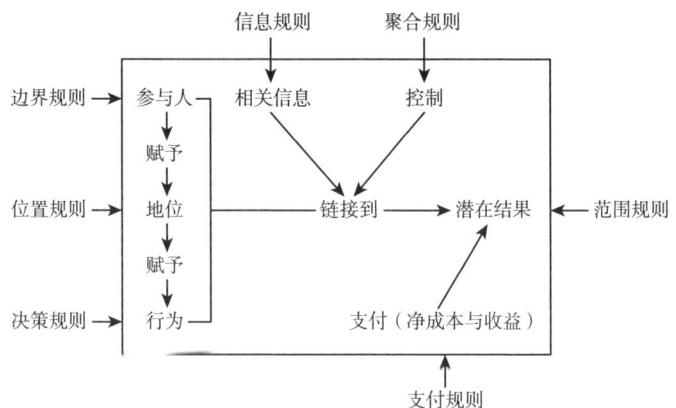

图6-2 产能共享通用规则制度作用模型

资料来源:Ostrom E., *Understanding Institutional Diversity*, Princeton: Princeton University Press, 2005.

产能共享的边界规则界定了参与产能共享的参与人的数量(例如,政府和企业),以及这些参与人如何进入和退出产能共享的决策过程。位置规则定义了参与人在产能共享计划过程中所处的地位（例如，项目负责人、项目监管人）。决策规则则具体说明可以在特定时间点采取的一系列行动，例如，根据非正式协议或政策文书、法律或条例采取的行动。信息规则指定各个参与人可获得的有限信息的数量、类型和内容以及如何使用和共享这些信息来达到其目的。聚合规则定义各个参与人决策的内容，主要说明参与人是否与其他参与人进行合作。支付规则详细地说明了参与人从其特定的行动和结果中产生的成本和收益，如生产的原材料成本、人力成本、时间成本、机会成本及经济利润在参与人之间的分配状况。范围规则定义了产能共享潜在的结果及其所有权和性质。在我国的产能从"独享"到"共享"的发展进程中，产能的所有权和使用权产生了分离，其范围规则变化较大，容易发生产权纠纷。因此，这需要政府出台相应的政策和法律来保护交易双方的利益。近几年，我国的产能共享技术及其平台以较快的速度不断发展，这主要得益于由互联网技术的进步带来的外部效应。互联网产能共享平台的搭建使产能过剩和产能不足企业的搜寻和匹配成本降低，改变了支付规则和聚合规则，促成了企业之间的合作。

6.1.4 制度空间：产能共享的行动舞台

产能共享的行动舞台包括产能共享的行动者及其行动情景，是产能共享 IAD 框架中参与人进行决策的制度空间。行动舞台对产能共享的主体及各个主体的目的进行了分析。

（1）行动者。

对于产能共享这一过程，行动者主要包括政府和企业。政府主要起了监管者和倡议者的作用，促进网络基础设施的普及，保护交易双方的利益，监督产能共享平台规范运行。企业在产能共享过程中是产能共享这一新型商业模式的主要开拓者和建设者，也是互联网技术的

第6章 治理产能过剩的新思路——产能共享与国际产能合作

主要革新者。企业在激烈的竞争与相互的产能合作中,促进了范围更大、效率更高、更加精准的生产与服务资源配置。

(2)行动情景。

行动情景指的是产能共享的内部环境,包括行动者、地位、行为、信息、支付、控制、潜在结果。本部分主要分析产能共享过程中行动者分别为产能过剩企业和产能不足企业的情况下的行动情景,基本要素如表6-1所示。

表6-1　　　　　　　　产能共享企业的行动情景

要素	产能共享	
行动者	产能过剩企业	产能不足企业
地位	过剩产能提供者	过剩产能需求者
行为	提供过剩产能	利用其他企业的过剩产能生产产品并销售给下游企业或消费者
信息	信息弱势	信息优势
支付	生产成本、机会成本、收益C	成本为产能过剩企业的收益C、搜寻成本、匹配成本、得到外部收益P
控制	低	高
潜在结果	释放其过剩产能,获得收益C	生产其订单所需的产品,获得外部收益P

产能过剩企业是过剩产能的提供者,产能不足企业在这一过程中支付给产能过剩企业C单位的货币,换取相应的产品或者资源,并利用这些资源进行生产制造,将产品出售给下游企业或者消费者,获得P单位的收益。只有当提供者所用的过剩产能满足需求者的需求且总收益大于成本时,交易才可能达成。需求者在交易过程中占主导地位,具有较强的控制权,而提供者无法完全根据自身意愿进行决策,处于相对较弱的控制地位。产能不足企业在这一交易过程中掌握更为准确的市场信息,能够把握消费者的需求,是市场信息的私有者,处于信息优势地位。而产能过剩企业处于信息弱势地位,生产的产品无

法精准地匹配消费者的需求，从而导致了资源的过剩和浪费。产能过剩企业支付的成本和收益分别是生产成本、放弃过剩产能的机会成本以及从交易中获得的收益 C，产能不足企业支付的成本和收益分别是支付给产能过剩企业的货币 C、搜寻成本、匹配成本及外部收益 P。较高的外部收益 P 和较低的交易成本是产能需求者促成产能共享交易的主要动力之一。

6.1.5 制度评价：产能共享的行动绩效

各个身份的参与人在外部变量的影响下通过行动舞台进行产能共享，得到一定的社会产出。产能共享这一政策是否能够减缓产能过剩的程度并从根本上解决产能过剩问题，需要一个综合性的评估体系。因此，我们在以上分析的基础上提出了产能共享的绩效评估，这是对产能共享这一公共政策所带来的社会经济收益的综合性评估，包括产能共享过程中参与人的行为模式，在此行为模式下的行动结果以及产能共享的绩效评估标准。

（1）行为模式。

产能共享的行为是拥有不完全信息的参与人在有限信息下做出的决策。企业在这一过程中的行为取决于其所处的外部环境和自身目标，外部环境和目标的异质性导致了企业行为的异质性。在产能共享的过程中，参与人的行为主要有确定不足（过剩）产能的数量，确定需求（供给）的产能数量，通过产能共享平台匹配供给方（需求方），通过实地考察等全面收集相关信息，根据所拥有的信息评估具体的产能共享协议的成本和收益，与供给方（需求方）达成协议并签订合同，将过剩产能投入生产制造过程。

（2）行动结果。

在制度分析与发展框架中，行动结果是各个行动者依据外部变量，通过行动舞台做出决策所得到的产出水平。换句话说，行动结果指的是参与人在其特定行为模式下所得到的收益。从微观来看，对于产能过剩企业，其通过共享产能获得的收益便是从交易中获得的收益C。对于产能不足的企业，其收益为从消费者或下游企业得到的收益P。从宏观来看，产能共享的行动结果是社会总产能利用效率的提高、资源配置效率的提高、促进产业结构升级和催生经济增长的新动力。

（3）评估标准。

产能共享的绩效评估标准是评估其行动结果和产能共享效率的准则。评估标准包括定性的评估标准和定量的评估标准。对于产能共享效率的定性评估可以通过对比进行产能共享前后企业的利润总额、利润率的提升与否来判断参与产能共享是否提高了该企业的效率。定量评估可以通过利用DEA模型、随机前沿分析法等来测度企业产能利用率、资源利用效率等指标，通过综合对比这些指标在参与产能共享前后的变化来定量分析其影响。

6.2 "一带一路"倡议下的国际产能合作

国际产能合作是近年来政府治理产能过剩所采用的重要手段之一，从本质上看，国际产能合作也可以归为产能共享的范畴。在"一带一路"倡议下，从政府层面积极推进国际产能合作可以成为政府治理产能过剩的有效手段。

6.2.1 "一带一路"倡议下的国际产能合作的必要性

"一带一路"倡议是为向全球经济发展注入活力，解决发展不平衡，应对"逆经济全球化"、单边主义和保护主义而提出的共创互利共赢局面的一项中国倡议。目前，"一带一路"倡议正在如火如荼地开展，并取得了丰硕的成果。"一带一路"倡议旨在在原有的双边机制和贸易合作基础上，进一步推动沿线各国参与国际合作，谋求共同发展。"一带一路"倡导开放包容的区域性合作，并非中国的地缘政治工具，中国通过加强与沿线国家的合作互助，实现高层友好来往、企业贸易便利化和人民欢迎倡议等方面的"五通"，并打造深入交流的命运共同体。而以"一带一路"倡议为背景提出的国际产能合作是一种新型的海外合作战略，可以使国家间的优势产业通过合作取长补短，将我国的边际优势产业和过剩优质产能转移到沿线需要这些产能的国家。近年来，国际产能合作已成为"一带一路"倡议的重要内容，合作所带来的正向经济效应越发明显，沿线国家的合作意愿也越加强烈。因此，促进我国产能过剩行业积极开展国际产能合作具有重要的实践意义。

（1）沿线国家矿产资源丰富。

部分沿线国家以矿产、油气资源储备量大而闻名。例如，东盟国家是丰富的油气资源储备国，中东地区分布着广泛的石油资源，俄罗斯是全球范围内天然气出口贸易的主力军，但鉴于东道国资源开采技术的限制，使大部分资源仍处于未开发状态，而我国拥有发达的开采技术和先进的管理经验，积极与沿线国家进行资源开发合作，为东道国提供技术支持、资金和人才，既能帮助东道国突破矿产资源难开发的"瓶颈"，为本国经济注入新的活力；又增加我国的矿产资源进口伙伴国的数量，在保障国家矿产资源安全的前提下，扩大我国矿产和能源贸易在全球范围内的布局。

（2）转移钢铁等富裕优质产能。

"一带一路"国家整体发展水平并未处于高水平行列，普遍处于工业化进程初中期，基础设施建设亟待改善，具有很大的发展潜力。这些国家对我国过剩的钢铁等富裕产能具有庞大需求，可以成为化解过剩产能的承接地，让我国固化已久的产能转化成流动的投资，提高我国企业的收益。与此同时，"一带一路"沿线国家可以得到中国的优势产能、技术、管理经验以及资金和人才,对建设基础设施、提升东道国的经济发展水平具有促进作用。

(3) 促进产能过剩行业企业"走出去"。

当前的国际经济大环境依旧在 2008 年国际金融危机冲击后的恢复期,整体环境低迷,各方需求严重缩水,钢铁等产能过剩行业的发展形势不容乐观,例如,钢铁行业普遍出现亏损现象,甚至有企业一直负债经营。产能的无处释放已经反映出国内市场处于过饱和状态,有必要激励产能过剩企业把目光投向海外市场,而"一带一路"倡议的深入开展为中国企业与沿线国家开展产能合作搭建了国际舞台,沿线工业基础薄弱的国家有对中国钢铁等建材的需求,中国企业有对东道国国内市场的需求,这成为双方开展国际产能合作的动力。

6.2.2 我国国际产能合作现状分析

随着国际产能合作的深入,国内优势产业逐渐"走出去",各方面合作成效显著。我国企业在"一带一路"沿线各国的经贸合作区规模不断扩大,为当地提供了更多的就业岗位,填补了当地在基建产业方面的空白,加深了与东道国的合作。

(1) 中国对"一带一路"沿线国家直接投资现状。

对外直接投资是国际产能合作倡议的主要实现路径,中国具有大体量的对外投资额,对产能合作有重大影响。"一带一路"倡议打通了中国企业到沿线各国投资建厂的通道,既可以促进东道国的经济和社会发展,也可以促进双方的友好贸易往来。对外投资快速增长为国际产能合作提供强大动力。近年来中国已经进入对外投资快速增长的发展阶段,中国制造的比较优势明显。2017 年我国对外投资存量居世界第 2 位,总量是我国加入世贸组织(WTO)首年年末存量的 60.5 倍。截至 2017 年年末,中国对"一带一路"沿线国家的直接投资存量位列前十的国家主要位于亚洲。

"一带一路"按照地域分布可划分为东南亚、南亚、中亚、西亚、独联体和中东欧6个区域。从近十年间沿线各个区域的对外直接投资存量看，总体呈现持续增长趋势，但区域间的规模和增速差别大，且大多集中在亚洲地区，存在一定的区域失衡现象。具体情况见图6.3～图6.9（数据来源：历年对外投资统计公报）。

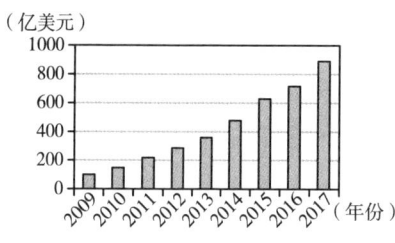

图6-3 我国对东南亚地区OFDI存量变化

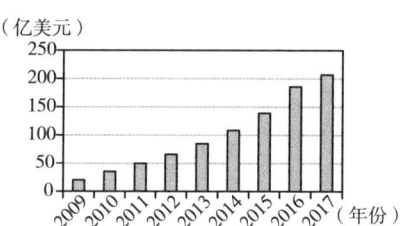

图6-4 我国对西亚地区OFDI存量变化

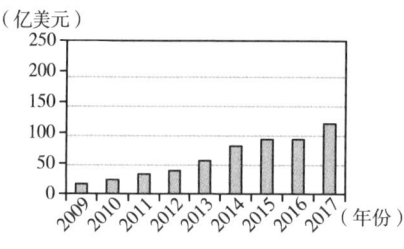

图6-5 我国对南亚地区OFDI存量变化

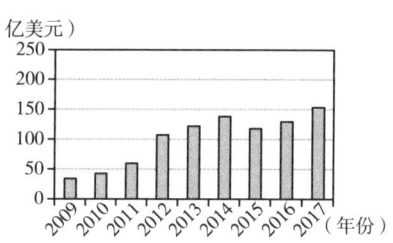

图6-6 我国对中亚地区OFDI存量变化

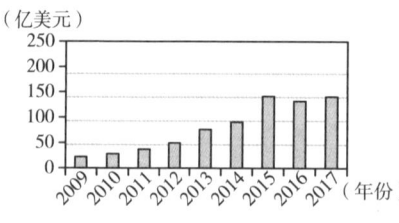

图6-7 我国独联体地区OFDI存量变化

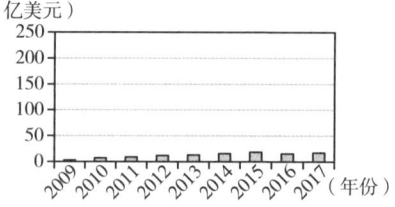

图6-8 我国对中东欧地区OFDI存量变化

第6章 治理产能过剩的新思路——产能共享与国际产能合作

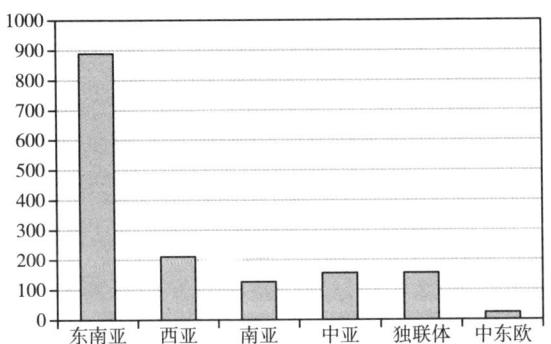

图6-9 2017年中国对"一带一路"沿线各区域的OFDI存量

（2）参与合作重点行业发展现状。

在装备制造业方面，我国装备制造业在内需市场上有巨大的市场体量，然而随着近年来国内需求已经趋于饱和，竞争加剧，发展空间有限。对外而言，我国装备制造业技术先进，正好能满足其他发展中国家不断扩大的基础设施建设需求。而"一带一路"国际产能合作倡议的提出为我国装备制造业企业出口提供了更多的市场选择，不仅能够帮助沿线各国改善基础设施建设水平，也能缓解我国国内市场的产能过剩情况，缓解装备制造业企业在国内的激烈竞争。其中，对外承包工程是我国装备制造业"走出去"的重要方式。2017年，在"一带一路"沿线国家签署的合同数量和总金额都实现了巨大飞跃，签约合同的增速说明了我国与"一带一路"沿线国家的国际产能合作前景值得期待。

在钢铁领域，目前，虽然我国钢铁行业在技术和规模上都具有较大优势，但随着国内钢铁内需减弱，产能过剩问题进一步凸显。参与合作国家的基础设施水平低，且缺乏相关的技术来改变现状，中国钢铁产业抓住了这一机遇，积极投入产能合作的倡议中，加大对基础设施不发达地区的投资力度，用优势技术帮助沿线国家改善交通条件。

在有色金属业方面，我国金属产业面临的窘境是高端产能缺乏，而中低端产品市场竞争激烈、产能过剩。过剩的有色金属可以用于电力和交通运输等方面的基础设施,目前沿线国家的基建需求不断扩大,正好是我国有色金属业"走出去"的有利时机。

随着国际产能合作进程的深入,我国也在逐步完善合作相关政策和机制。在对外加强与"一带一路"沿线国家的互惠互利合作方面,截至2017年年底,中国与越来越多的国家签订了自贸协定来使合作能够便利化进行。此外,中国还与多边开发机构签署了在国际产能合作重点产业的谅解备忘录,为"一带一路"构建稳定、可持续的融资机制。在"一带一路"高峰论坛上,中国与世界各国明确了推进"一带一路"国际产能合作的路线图。2015年8月,国务院颁布了《国务院关于推进国际产能和装备制造合作的指导意见》,提出推进国际产能和装备制造合作的指导思想和基本原则、目标任务、政策措施。为了简化行业管理,国务院取消对外承包工程的资格审批,同时建立了对外承包工程备案管理制度,对一般项目实行备案管理。为推进"一带一路"融资体系建设,2017年,在中方倡议和推动下,中国财政部与6国财政部共同核准了《"一带一路"融资指导原则》,为国际产能合作提供了有效的金融支持。

(3)我国参与国际产能合作面临的机遇和挑战。

我国参与"一带一路"沿线国家国际产能合作的优势在于国内具有完整且底蕴深厚的工业体系,需要大量的能源资源,在装备制造等国际产能合作重点领域具有较强的自主研发能力。加之,中国的经济总量和经济增速均位居世界前列,因此中国成为"一带一路"产能合作发起国。然而,国际产能合作正处于起步阶段,合作国家对这种新的国际合作方式还处于观望和探索的阶段,我国企业在开展合作的过程中还可能面临当地民众抵触或产品未能迎合当地民众需求、对当地法律和税收等政策不熟悉和当地缺乏相关的配套设施等一系列困难。虽然中国制造业具有开展国际产能合作的诸多优势,但也有一些问题尚待解决,如创新能力仍需提高等。我国并没有掌握足够的核心和高端技术,以往承接的都是中低端的制造业项目,且缺乏国际市场经验,对当地市场、资源的调研不够,缺乏大量既懂当地语言和文化又精通业务的人才,安全防范意识和宣传也不够。此外,大规模国际产能合作是一项系统工程,既需要国家政府制定有效的激励政策,而我国现有的国际产能合作机制并不完善,有待进一步改进。

6.2.3 基于DEA的中国国际产能合作效率测度

运用DEA模型测度中国国际产能合作的效率,找出存在的问题,进而为政府制定国际产能合作政策提供依据。

6.2.3.1 产出和投入指标选取

借鉴运用DEA方法分析国际产能合作和对外直接投资的相关文献(金波,2011;黄小娟,2014;王妙妙,2018),构建以东道国经济总量和东道国的相关社会效应为产出指标、以劳动和资本两大生产要素为投入指标的DEA模型。选取中国对各产能合作国的对外直接投资存量、东道国的劳动力总人数作为代表资本和劳动的投入指标。同时,考虑到健康并受到良好教育的劳动者对国家竞争力至关重要,有效的基础教育能促进劳动力掌握先进的生产工艺和技术,因此用东道国的健康与基础教育评分来衡量东道国的劳动力质量。在产出指标方面,选取东道国的GDP、中国对东道国的出口额和东道国基础设施发展指数三个指标分别反映东道国和中国的经济和东道国社会效应。各个指标的数据来源如表6-2所示。

表 6-2　　　　　　　　　产出指标和投入指标

指标类型	指标名称	单位	数据来源
投入指标	中国对东道国 OFDI 存量	百万美元	2007~2016 年《中国对外直接投资统计公报》
	东道国健康及基础教育指数		WORLD BANK 数据库
	东道国劳动力总人数	人	2007~2016 年《全球竞争力报告》
产出指标	东道国 GDP	美元（2010年不变价）	WORLD BANK 数据库
	中国对东道国出口总额	美元	联合国商品贸易数据库
	东道国基础设施发展指数		2007~2016 年《全球竞争力报告》

6.2.3.2　样本选取及投入产出指标描述性分析

我国产能合作的投资重点区域主要集中在亚洲地区，因此选取亚洲地区为研究范围。同时，由于有些亚洲国家属于我国对其援建基础设施的政策性重点国家，OFDI 指标的参考价值较小，且从数据的可得性看，世界银行的指标在个别年份的数据缺失严重且有些小国数据残缺或未纳入全球竞争力报告，因此相关国家被排除在样本范围之外。从数据的平稳性角度，选取 10 年作为时间跨度并避免将发生世界金融危机的 2008 年作为研究首年。最终，本部分选取 30 个亚洲国家，2007~2016 年 10 年的数据进行研究。同时，将这些国家按照地域划分为南、中、西、东南四个亚洲区域，使结果便于分析各个区域的效率差异。投入和产出描述性统计如表 6-3 和表 6-4 所示。

第6章 治理产能过剩的新思路——产能共享与国际产能合作

表6-3 产出指标描述性解释

产出指标 年份	东道国GDP				中国对东道国出口总额				基础设施发展指数			
	MAX	MIN	AVG	STD	MAX	MIN	AVG	STD	MAX	MIN	AVG	STD
2007	7403804474385	431906749?	1840145951138	206255582574	2962030	11268	651864	743945	6.35	1.84	3.56	1.13
2008	74663£308006	468938961	1914994509226	213654068224	3230581	13054	824599	902502	6.39	1.85	3.71	1.14
2009	7115131319222	481707=517	1932190934227	214471985895	3005194	14044	741996	822546	6.35	1.98	3.84	1.13
2010	7719017783338	4794357795	2056711232423	228787232845	4091496	36761	942688	1044256	6.26	1.81	3.93	1.16
2011	857687C83333	5079922900	2184547738516	246169940220	5053709	74439	1175666	1269569	5.33	1.87	4.03	1.11
2012	898769604397	5075244938	2278547811153	257651179528	4767751	109332	1306753	1395175	6.50	1.81	4.00	1.14
2013	9750869758?3	5629453576	2385031396?7	272725322855	4858630	97173	1487511	1601373	6.41	1.93	4.06	1.09
2014	10254665=4220	5855934963	2488075954414	286034210892	6373001	103758	1673225	1823542	6.54	2.15	4.09	1.13
2015	10878753£3373	6082952723	2590956090?4	300190107960	6601702	58967	1610773	1741041	6.49	2.15	4.12	1.08
2016	1122511367367	6346670?88	2735396774?7	318439723406	6109410	46185	1508114	1602571	6.50	2.16	4.10	1.09

表 6-4　投入指标描述性解释

产出指标年份	OFDI存量				劳动力总人数				健康与基础教育指数			
	MAX	MIN	AVG	STD	MAX	MIN	AVG	STD	MAX	MIN	AVG	STD
2007	144393	44	25481.70	34716.60	152976177	261256	30415021.90	42063059.83	6.32	4.09	5.29	0.54
2008	333477	9	37796.60	67023.65	155548637	265551	31054016.90	42792317.24	6.39	4.03	5.40	0.56
2009	485732	13	51136.93	92091.69	158053428	269926	31675371.17	43517916.01	6.32	3.95	5.36	0.58
2010	606910	87	73497.97	118664.27	160508864	274553	32287085.40	44243836.90	6.67	4.27	5.65	0.55
2011	1060269	102	114610.17	213230.20	163153759	280107	32894092.80	44999447.71	6.65	4.36	5.64	0.52
2012	1238333	301	146206.03	250708.96	165644452	285625	33491629.37	45734040.18	6.73	4.52	5.71	0.49
2013	1475070	146	182858.33	297654.81	168073394	291087	34079597.83	46463420.87	6.72	4.26	5.74	0.48
2014	2063995	376	228956.00	392535.64	170545175	296452	34660921.80	47204718.57	6.73	4.02	5.78	0.51
2015	3198491	378	294678.83	584779.68	173087947	301625	35234921.03	47962009.13	6.74	4.00	5.78	0.50
2016	3344564	301	337005.21	625067.34	175328142	305929	36590613.83	49274840.18	6.75	3.99	5.75	0.51

第6章 治理产能过剩的新思路——产能共享与国际产能合作

由投入指标的描述性统计可知，我国对"一带一路"沿线亚洲国家的OFDI存量逐年增加且增速越来越大，说明我国越来越重视"一带一路"国际产能合作战略的实施。各国劳动力总数增长不明显，且国与国之间劳动力的投入数量之间的差别显著；各国健康与基础教育指数差别不大，总体的劳动力质量呈现上升趋势。由产出指标的描述性统计可以看出，东道国GDP最大值与最小值差距明显，说明"一带一路"沿线亚洲国家的经济发展水平差异大；东道国对中国的进口贸易额总体表现为上升趋势；各国的基础设施发展指数差距不明显，且呈现逐年增长的趋势，这也证明了参与"一带一路"国际产能合作国家正在不断完善本国的基础设施建设。

（1）综合技术效率分析。

使用DEAP 2.1软件进行效率分析，用规模效率可变的BCC模型算出纯技术效率（TE），综合技术效率＝纯技术下效率×规模效率，效率值如表6-5所示。

表6-5 综合技术效率

区域	国家	2007年	2008年	2009年	2010年	2011年	2012年	2013年	2014年	2015年	2016年
东南亚	印度尼西亚	0.880	0.931	0.936	0.906	0.915	0.930	0.931	0.945	0.985	1
	文莱	1	1	1	1	1	1	1	1	1	1
	马来西亚	0.911	0.920	1	1	1	1	1	1	1	1
	菲律宾	0.713	0.883	1	0.601	0.651	0.689	0.742	0.809	0.916	1
	新加坡	1	1	1	1	1	1	1	1	1	1
	柬埔寨	0.552	0.677	0.688	0.552	0.629	0.583	0.590	0.549	0.581	0.596
	泰国	0.888	1	1	1	1	1	1	1	1	1
	越南	0.614	0.620	0.734	0.802	0.840	0.877	1	1	1	1
中亚	哈萨克斯坦	0.620	0.625	0.676	0.639	0.688	0.749	0.753	0.775	0.713	0.757
	塔吉克斯坦	0.532	1	1	0.566	0.597	0.562	0.547	0.531	0.574	0.627
	吉尔吉斯斯坦	0.439	0.895	0.528	0.493	0.565	0.537	0.547	0.567	0.585	0.629
	蒙古国	0.421	0.403	0.422	0.547	0.566	0.565	0.572	0.567	0.559	0.572

续表

区域	国家	2007年	2008年	2009年	2010年	2011年	2012年	2013年	2014年	2015年	2016年
西亚	巴林	1	1	1	1	1	1	1	1	1	1
	塞浦路斯	1	1	1	1	0.937	0.894	0.881	0.880	0.959	
	沙特阿拉伯	1	1	1	1	1	1	1	1	1	1
	埃及	0.714	0.840	0.824	0.799	0.771	0.762	0.700	0.683	0.752	0.726
	土耳其	1	1	1	1	1	1	1	1	1	1
	伊朗	0.761	0.844	0.825	0.762	0.735	0.734	0.684	0.669	0.735	0.664
	以色列	1	1	1	1	1	1	1	1	1	1
	约旦	0.780	0.941	0.920	0.849	0.872	0.852	0.885	0.920	1	1
	卡塔尔	1	1	1	1	1	1	1	1	1	1
	科威特	1	1	1	0.885	0.936	0.945	0.931	0.878	0.865	1
	黎巴嫩	0.605	1	0.991	1	1	1	1	1	1	1
	阿曼	0.834	1	1	1	1	1	0.964	0.973	0.976	1
	阿联酋	1	1	1	1	1	1	1	1	1	1
南亚	孟加拉国	0.566	0.683	0.903	1	0.926	0.786	0.762	1	0.755	0.946
	印度	1	1	1	1	1	1	1	1	1	0.966
	尼泊尔	0.434	0.497	0.470	0.424	0.453	0.465	0.418	0.451	0.439	0.457
	巴基斯坦	0.764	0.774	0.806	0.658	0.656	0.618	0.632	0.670	0.687	0.733
	斯里兰卡	0.552	0.772	0.761	0.654	0.732	0.789	0.751	0.757	0.758	0.737
	均值	0.786	0.877	0.883	0.838	0.851	0.846	0.843	0.854	0.861	0.879

从表6-5中数据可知，文莱、新加坡、巴林、沙特阿拉伯、土耳其、以色列、卡塔尔、阿联酋在2007~2016年10年间的综合技术效率值均为1，说明我国在这些国家的投资得到了较为有效的利用，全部投入都转化为产出。马来西亚、泰国、黎巴嫩、阿曼、印度在大部分年份也处于DEA有效的状态。而10年间哈萨克斯坦、吉尔吉斯斯坦、蒙古国、埃及、伊朗、斯里兰卡、尼泊尔、巴基斯坦的综合技术效率值DEA无效，说明我国对这些国家的投资有较大的浪费，未能发挥出应有的经济和社会效益。

第6章 治理产能过剩的新思路——产能共享与国际产能合作

从区域划分来看，西亚处于 DEA 有效的国家占区域国家数的比例最多，中亚长期处于 DEA 无效的国家最多，若区域内有大部分国家处于 DEA 无效状态，则说明了中国对这些区域投资效率较低。在这 10 年间，处于 DEA 有效的国家数量和综合效率均值由 0.786 上升至 0.879，呈现递增的趋势，说明了效率水平趋于好转。2010 年的综合技术效率均值有所下降，但并不影响 10 年间效率总体好转的趋势。趋势逐渐变好的原因可能是由于中国近年来大力倡导"走出去""一带一路"、国际产能合作等战略，以及中国经济实力和国际话语权的提升，使中国与其他原本就有良好合作基础的国家的贸易往来逐渐加深，提高了国际产能合作的效率。

综合技术效率由规模效率和纯技术效率共同组成，接下来将从纯技术效率和规模效率两个层面来分析造成我国对"一带一路"国家整体效率不处于最佳状态的原因。

（2）纯技术效率分析。

纯技术效率值如表 6-6 所示。

表 6-6　　　　　　　　　　纯技术效率

区域	国家	2007年	2008年	2009年	2010年	2011年	2012年	2013年	2014年	2015年	2016年
东南亚	文莱	1	1	1	1	1	1	1	1	1	1
	柬埔寨	1	1	1	1	1	0.986	0.979	0.959	0.969	0.999
	印度尼西亚	0.930	0.952	0.936	0.910	0.920	0.933	0.935	0.947	1	1
	马来西亚	1	0.944	1	1	1	1	1	1	1	1
	菲律宾	0.967	0.990	1	0.918	0.924	0.956	0.995	1	1	1
	新加坡	1	1	1	1	1	1	1	1	1	1
	泰国	0.930	1	1	1	1	1	1	1	1	1
	越南	0.928	0.911	0.953	0.957	0.969	0.970	1	1	1	1
中亚	哈萨克斯坦	0.936	0.923	0.935	0.970	0.959	1	1	1	1	1
	塔吉克斯坦	0.940	1	1	1	1	1	1	0.947	0.954	0.928
	吉尔吉斯斯坦	0.919	1	1	1	1	1	1	1	1	1
	蒙古国	0.906	1	1	1	1	1	1	0.913	0.967	1

续表

区域	国家	2007年	2008年	2009年	2010年	2011年	2012年	2013年	2014年	2015年	2016年
西亚	巴林	1	1	1	1	1	1	1	1	1	1
	塞浦路斯	1	1	1	1	1	0.940	0.936	0.883	0.908	1
	沙特阿拉伯	1	1	1	1	1	1	1	1	1	1
	埃及	0.885	0.976	0.936	0.943	0.961	0.977	0.999	0.974	0.999	0.956
	土耳其	1	1	1	1	1	1	1	1	1	1
	伊朗	0.881	0.919	0.893	0.900	0.890	0.888	0.882	0.896	0.868	0.857
	以色列	1	1	1	1	1	1	1	1	1	1
	约旦	0.815	0.948	0.959	1	1	0.996	1	1	1	1
	卡塔尔	1	1	1	1	1	1	1	1	1	1
	科威特	1	1	1	1	1	1	1	1	1	1
	黎巴嫩	1	1	0.995	1	1	1	1	1	1	1
	阿曼	0.839	1	1	1	1	1	0.989	0.995	1	1
	阿联酋	1	1	1	1	1	1	1	1	1	1
南亚	孟加拉国	0.984	1	1	1	1	0.995	1	1	1	1
	印度	1	1	1	1	1	1	1	1	1	1
	尼泊尔	1	1	1	1	1	1	1	0.936	0.990	0.985
	巴基斯坦	1	1	1	1	1	1	1	1	1	1
	斯里兰卡	0.810	0.895	0.883	0.821	0.873	0.920	0.925	0.864	0.902	0.877
	均值	0.956	0.982	0.983	0.981	0.983	0.985	0.988	0.977	0.977	0.987

纯技术效率的均值小于1，说明存在由于决策偏差等原因使投资虚耗或OFDI不足等情况。例如，纯技术效率有效的决策单元与无效单元的差值就是浪费的效率值。从整体看，纯技术效率均值稳定在较高水平上并有所上升，说明了中国对"一带一路"沿线各国投资的有效程度高，投资对产出的贡献越来越高，中国企业在参与"一带一路"国际产能合作的适应环境能力不断提升。

然而，斯里兰卡、伊朗、埃及等国家的纯技术效率值一直维持在均值以下的水平，这也说明了企业在对这些国家进行OFDI时对当地的适应程度较低，相应的投资水平没有发挥最大的产出，此时，我国参与这些国家投资的企业就应当调整经营决策，而凭借我国企业单方面的努力是不够的，还需要东道国通过一系列的有效措施如维持社会

第6章 治理产能过剩的新思路——产能共享与国际产能合作

稳定、加大对公共基础设施的投入等方式来改善当地投资环境。除此之外，文莱、新加坡、巴林、沙特阿拉伯、土耳其、以色列、卡塔尔、科威特、印度、巴基斯坦在 2007~2016 年的纯技术效率值一直为 1，即我国对这些国家的投资在这 10 年间始终是有效的，规模因素导致无效，应当适当调整中国对这些国家的投入规模。

（3）规模效率分析。

BCC 模型的规模效率分析的是在规模报酬可变的情况下，通过增减要素投入来达到最优的生产规模，如表 6-7 所示。

表 6-7　　　　　　　　　　规模效率

区域	国家	2007 年	2008 年	2009 年	2010 年	2011 年	2012 年	2013 年	2014 年	2015 年	2016 年
东南亚	文莱	1	1	1	1	1	1	1	1	1	1
	柬埔寨	0.552	0.677	0.688	0.552	0.629	0.591	0.603	0.573	0.599	0.596
	印度尼西亚	0.946	0.979	1	0.996	0.994	0.996	0.995	0.998	0.985	1
	马来西亚	0.911	0.975	1	1	1	1	1	1	1	1
	菲律宾	0.738	0.891	1	0.655	0.704	0.721	0.745	0.809	0.916	1
	新加坡	1	1	1	1	1	1	1	1	1	1
	泰国	0.955	1	1	1	1	1	1	1	1	1
	越南	0.662	0.681	0.770	0.838	0.867	0.904	1	1	1	1
中亚	哈萨克斯坦	0.662	0.677	0.723	0.659	0.717	0.749	0.753	0.775	0.773	0.757
	塔吉克斯坦	0.566	1	1	0.566	0.597	0.562	0.547	0.561	0.601	0.676
	吉尔吉斯斯坦	0.478	0.895	0.528	0.493	0.565	0.537	0.547	0.567	0.585	0.629
	蒙古国	0.465	0.403	0.422	0.547	0.566	0.565	0.572	0.621	0.578	0.572
西亚	塞浦路斯	1	1	1	1	1	0.997	0.956	0.998	0.969	0.959
	沙特阿拉伯	1	1	1	1	1	1	1	1	1	1
	埃及	0.807	0.861	0.880	0.847	0.802	0.780	0.701	0.701	0.753	0.759
	土耳其	1	1	1	1	1	1	1	1	1	1
	伊朗	0.864	0.918	0.924	0.846	0.826	0.776	0.746	0.846	0.775	
	以色列	1	1	1	1	1	1	1	1	1	1
	约旦	0.956	0.992	0.959	0.849	0.872	0.855	0.885	0.920	1	1
	卡塔尔	1	1	1	1	1	1	1	1	1	1
	科威特	1	1	1	0.885	0.936	0.945	0.931	0.878	0.865	1
	黎巴嫩	0.605	1	0.996	1	1	1	1	1	1	1
	阿曼	0.995	1	1	1	1	1	0.975	0.978	0.976	1
	阿联酋	1	1	1	1	1	1	1	1	1	1

续表

区域	国家	2007年	2008年	2009年	2010年	2011年	2012年	2013年	2014年	2015年	2016年
南亚	孟加拉国	0.575	0.683	0.903	1	0.926	0.790	0.762	1	0.755	0.946
	印度	1	1	1	1	1	1	1	1	1	0.966
	尼泊尔	0.434	0.497	0.470	0.424	0.453	0.465	0.418	0.482	0.444	0.464
	巴基斯坦	0.764	0.774	0.806	0.658	0.656	0.618	0.632	0.670	0.687	0.733
	斯里兰卡	0.681	0.863	0.863	0.796	0.839	0.857	0.812	0.875	0.840	0.840
	均值	0.821	0.892	0.898	0.854	0.865	0.859	0.854	0.872	0.872	0.889

从表6-8中数据可以看出，中国对各个国家的投资规模效率均值小于1，可见未达到生产最优，存在投入规模无法与产能相匹配的现象，导致规模效率无效，东道国对我国的OFDI使用率低下。从国家层面分析，文莱、新加坡、巴林、沙特阿拉伯、土耳其、以色列、卡塔尔、阿联酋、印度一直是规模效率、纯技术效率最优。

表6-8 各国2007~2016年国际产能合作规模效益

区域	国家	2007年	2008年	2009年	2010年	2011年	2012年	2013年	2014年	2015年	2016年
东南亚	文莱	-	-	-	-	-	-	-	-	-	-
	柬埔寨	irs	irs	irs	irs	irs	irs	irs	irs	irs	irs
	印度尼西亚	irs	irs	irs	irs	irs	irs	irs	irs	irs	drs
	马来西亚	drs	irs	-	-	-	-	-	-	-	-
	菲律宾	irs	irs	-	irs	irs	irs	irs	irs	irs	irs
	新加坡	-	-	-	-	-	-	-	-	-	-
	泰国	irs	-	-	-	-	-	-	-	-	-
	越南	irs	irs	irs	irs	irs	-	-	-	-	-
中亚	哈萨克斯坦	irs	irs	irs	irs	irs	irs	irs	irs	irs	irs
	吉尔吉斯斯坦	irs	irs	irs	irs	irs	irs	irs	irs	irs	irs
	蒙古国	irs	irs	irs	irs	irs	irs	irs	irs	irs	irs
	塔吉克斯坦	irs	-	-	-	-	-	-	-	-	-
西亚	巴林	-	-	-	-	-	-	-	-	-	-
	塞浦路斯	-	-	-	-	-	irs	irs	irs	irs	irs
	埃及	irs	irs	irs	irs	irs	irs	irs	irs	irs	irs
	伊朗	irs	irs	irs	irs	irs	irs	irs	irs	irs	irs
	以色列	-	-	-	-	-	-	-	-	-	-

续表

区域	国家	2007年	2008年	2009年	2010年	2011年	2012年	2013年	2014年	2015年	2016年
西亚	约旦	irs	irs	irs	irs	irs	irs	irs	irs	–	–
	科威特	–	–	–	irs	irs	irs	irs	irs	irs	–
	黎巴嫩	irs	irs	drs	–	–	–	–	–	–	–
	阿曼	irs	irs	–	–	–	irs	irs	irs	–	–
	卡塔尔	–	–	–	–	–	–	–	–	–	–
	沙特阿拉伯	–	–	–	–	–	–	–	–	–	–
	土耳其	–	–	–	–	–	–	–	–	–	–
	阿联酋	–	–	–	–	–	–	–	–	–	–
南亚	孟加拉国	irs	irs	irs	irs	–	irs	–	–	irs	irs
	印度	–	–	–	–	–	–	–	–	–	drs
	尼泊尔	irs	irs	irs	irs	irs	irs	irs	irs	irs	irs
	巴基斯坦	irs	irs	irs	irs	irs	irs	irs	irs	irs	irs
	斯里兰卡	irs	irs	irs	irs	irs	irs	irs	irs	irs	irs

从规模效率的改善方向看，大多数国家处于规模报酬递增（irs）或保持现有投资规模（-）阶段，只有少数几个国家处于规模报酬递减（drs）阶段。说明投资效率的提升需要依靠扩大中国对各个东道国的OFDI来实现。而对于规模报酬递减的国家，中国应当放缓对这些国家的投资进程，适当控制投资规模。

本部分通过BCC模型从三个层面分析了国际产能合作的综合技术效率、纯技术效率、规模效率，得出结论：综合效率较高且逐渐增高；从纯技术效率角度看，平均效率值呈上升趋势，但斯里兰卡、伊朗、埃及的纯技术效率较低，应当选择合适的投资策略使市场和投资额相适应；从规模效率角度看，中国在与"一带一路"沿线亚洲国家进行国际产能合作时没有合理地配置资源、调整对各个国家的投资规模，使有些国家的投资增速过高、规模报酬呈现递减状态，而对其他大部分国家投资不足。整体而言，中国对"一带一路"沿线国家的OFDI取得了重大进展，但也存在着一些不足。

第7章　供给侧结构性改革下政府治理产能过剩的对策

第 7 章 供给侧结构性改革下政府治理产能过剩的对策

基于以上的理论与实证研究，本书从政府治理的视角，提出政府治理产能过剩的有效对策。对于不同行业，强调因地制宜，分类治理，实现一般性与特殊性的统一。

7.1 充分发挥市场的决定性作用

中国式产能过剩背后有深刻的政府行为因素，要解决好产能过剩，就必须优化好政府行为，而做到这一点就必须充分发挥市场的决定性作用。在去产能过程中，要充分发挥市场的调节作用，以市场化手段为主推动去产能。

完善市场经济，减少市场的不确定性。政府应当持续加大市场经济建设力度，优化对整个经济体系的宏观调控管理。在后危机时代，政府应当采取各种有效措施防范国际市场波动对本国市场的负面冲击，增强整个市场的抗风险力。加大力度建设产品市场，完善市场价格机制，避免企业根据错误的信息做出错误的决策。政府要承担起缓解市场不确定性的公共服务职能，加大对产能过剩行业的宏观引导，降低其获取有效信息所耗费的交易成本。

加快市场化改革进程，营造公平的市场竞争环境。政府应减少资源要素配置方面的不合理管制，建立公开透明的市场运行规则。政府应进一步转变职能，创造出更多空间让市场发挥作用，激发市场主体的创新动力。同时，应减少利率和汇率管制，积极推进利率和汇率的市场化改革；完善金融体系和多层次的金融市场，推进市场化金融市场的建立，利用市场机制和价格机制反映社会供求关系；建立存款保险制度，完善商业银行的准入机制和退出机制；建立公平合理的社会融资制度，利用市场化的方法化解过剩产能。应健全法律制度和法律体系，打破地方保护主义行为，推动生产要素的自由流动和高效配置，通过立法手段严厉打击以虚假公告等手段骗取软预算额度等行为，对政府软预算资金使用途径进行追踪，利用法律手段对企业违规使用政府补贴、非法开展生产活动等行为进行严惩，加大对企业的监管力度，约束企业合理合法开展生产活动，避免过剩产能。党的十九大报告提出，要打破行政性垄断，进一步推动要素价格市场化改革，放宽服务业准入限制，完善市场监管体制，这为我国工业行业去产能的工作明确了新目标，提供了新思路和新动力。从国家的宏观经济政策可以看出，市场化改革依然是我国产业发展的重要任务之一，市场机制将在我国工业行业发挥越来越重要的作用，但同时也对市场监管提出更高要求，如何在规避市场风险的情况下将市场化改革的作用最大化是解决产能过剩问题的重要内容。政府应当促进公平开放、合理竞争为核心的产业政策。国家应推动不同规模、不同所有制和不同盈利水平的企业在更加公平的市场环境中竞争，以市场自发的淘汰机制，推动产业结构的创新性演进和产业发展水平的不断提升。对于经过市场选择后绩效突出的企业，政府应对其发展给予重视和适度支持；而对于为市场所淘汰的企业，政府的首要任务是对其进行正确的政策引导，引导其顺应市场机制，进行转型升级，而绝非盲目对其进行财政补贴和扶持。另外，政府要重视产业生态的发展，引导相关行业的龙头企业开展公司创业，通过完善社会公共服务体系建设，为中小微企业的融资行为和创新发展提供便利，形成不同规模、不同发展水平和不同所有制企业在战略新兴市场开拓创新，进行全面化探索和发展的新局面，避免传统市场企业冗余可能带来的产能过剩情况。

鼓励高效的兼并重组，淘汰落后产能。在我国工业行业中，很大部分行业市场集中度低，存在有大量的小规模较企业，小规模企业由于其产量水平较低，生产模式较为分散，因此难以形成规模经济，行业中大量低效率的生产容易导致小型企业间的恶性竞争，不利于行业产能利用率的提高，因而使行业内出现产能过剩的现象。因此，为解决以上问题，要从提高行业的市场集中度角度出发，以市场机制来推动产能过剩严重行业的重组，将行业中生产规模较小、生产效率低

第7章 供给侧结构性改革下政府治理产能过剩的对策

下、生产设备落后的企业进行重组和整合，同时也鼓励行业中有资金、有技术的优势企业兼并收购相同生产或相关产业链条上的落后企业，加强行业内部的产能规划和产能合作；政府部门要支持鼓励中、小规模企业进行企业改革，借鉴行业中领头企业的生产方式、经营模式，以优化中小型企业自身的生产经营模式，提高生产效率；对于低端的产能过剩行业，政府部门和相关企业应鼓励、帮扶并推动其向高端产业、产能不足行业转移与发展，帮助企业转型升级，优化行业生产结构，改善行业生产环境；另外，加快对行业内生产状况不佳的落后企业、"僵尸企业"的整理和出清，淘汰部分落后产能，清理重组"僵尸企业"，整合市场内部的优质产能，减少行业内的低效生产，适度提高行业内的市场集中度，优化行业的市场结构，推动行业实现规模经济，有效降低生产成本，提高利用资本、劳动要素的效率，支持中小企业互帮互助，鼓励优势企业做大做强，培育出具有国际竞争实力的领头企业，推动行业的高质量发展，以此来缓解产能过剩的压力。

积极推动产品转型升级，走差异化发展之路。面对严峻的产能过剩形势，中国能源企业应当摆脱对价格低廉、缺乏市场竞争力的同质化产品的依赖，走差异化、精细化发展之路。准确研判国内外市场需求，优化产品结构，加大对高尖端产品的研发力度，通过装备、技术、工艺的研发和改进，着力打造能够满足市场需要的高附加值优质产品。加强行业内的产能规划和合作，整合优质产能，淘汰落后产能，构建完善的产业链，提高企业间分工协作水平，鼓励企业根据比较优势生产有市场竞争力的差异化产品，切忌一哄而上、重复投资，避免同质化生产带来的激烈价格竞争。通过加速折旧、减免税等税收优惠以及专项研发基金等政策措施，帮助企业减少产品技术创新的风险及成本，通过有效的政策引导防止行业间低水平的同质竞争。

7.2 转变发挥好政府职能，严格预算约束

7.2.1 硬化预算约束，创新企业补贴模式

政府软预算约束行为是造成产能过剩问题出现的重要因素之一，要充分坚持市场在进行资源配置过程中的决定性作用和决定性地位，清晰界定政府的职能边界，防止出现恶性软预算约束，硬化软预算约束。要尊重市场规律，通过适度的税收减免、专项基金扶持和政策引导，帮助企业推进体制机制改革和技术创新，摆脱产能过剩的束缚，但是主体责任和改革成本要由企业承担，政府不可越位。对于关乎国家经济命脉的重要行业，政府应进一步加大对预算支出体系建设的力度，建立预算支出的监督管理体系，增加预算支出的针对性和有效性，抑制相关企业滥用预算资金进行盲目扩张的行为。对于那些经营不善、没有发展前景的"僵尸企业"，政府不可救助，要通过市场和法律手段将其清除出市场。加强市场监管，继续以重工业行业为治理重点，加大对落后产能的淘汰力度。在遵守世贸组织（WTO）规则的情况下，创新对企业的补贴模式，如将企业的科创成果与补贴金额挂钩，切忌盲目对相关企业增发补贴，引导企业重视投入产出比，防止盲目投资。另外，由于国有企业承担了更多的政策性负担，会导致企业的产权界定不明晰，政府的干预力度较大，公正的市场机制无法建立；并且在完成政策性任务的压力下，容易诱发企业进行过度生产，因此应着力削弱企业的政策性负担，提高企业的自生能力，使企业在更为公平的市场环境下制定更合理的生产策略，避免产能过剩。

2018年3月，中共中央办公厅出台相关文件，要求对政府支出预算体系的建立和相关产业政策的出台开展全方位审查和全过程监管。相关指导意见指出：要硬化政府预算约束，坚决制止盲目举债行

为，对企业融资行为进行规范；对地方政府债务纳入预算管理的情况重点审查，完善政府预算管理机制，更加合理地评价地方政府举债规模；积极防范并着力化解累积的地方政府债务风险，坚决抑制隐性债务增量，杜绝新增各类隐性债务。国家的这一举措也反映出供给侧改革背景下硬化恶性预算软约束、规范企业融资行为的重要意义。为此，地方政府应响应国家的号召，进一步完善软预算约束预算、政府性基金预算、国有资本经营预算的编报；充分利用新型互联网平台，加大对政府支出预算规划和相关政策出台的监管力度，增强管理监督内容的真实性和时效性，完善相关企业对其基本面情况申报的相关机制，使政府能够更加客观清晰地了解到企业的运营状况，并以此为基础制定合理的预算政策，对企业进行创新性补贴。

7.2.2 推进国有商业银行体制改革

我国工业行业主要企业在进行融资活动时，主要通过国有商业银行获得。国有商业银行作为连接政府和企业之间的纽带之一，通过其放债和融资机制对企业的软预算约束水平有重要的影响，不仅如此，其自身也会接受来自央行的软预算约束。凭借地位的特殊性，国有商业银行成为治理软预算约束问题中的重要一环。由于软预算约束现象的存在，参与银行业务的经济主体的寻租动机被加深，也增加了国有商业银行扭曲决策、发生道德风险的概率。在政府向企业发放补贴和贷款时，国有商业银行要在其中发挥职能，维系企业的运营。可以说，政府通过这种方式将软预算约束风险转嫁给了国有商业银行，使国有商业银行在政府对企业进行软预算约束过程中起到了支持体的作用，而两者在进行政策决策和政策履行的过程中，可能会因为目标的不一致性和信息的不对称性导致金融风险和恶性软预算约束的发生。要想缓解这一现状，必须大力推进国有商业银行改革，改变国有商业银行在政企关系中所扮演的被动接受者和软预算约束支持者的角色，减少政府对国有商业银行的不合理干预，减少政府强加给国有商业银行的政策性负担，提高国有商业银行进行自主经营的主体地位。在对相关企业进行放债和融资的过程中，国有商业银行应做好企业基本面信息和经营状况的全面审查，重点审查企业的资产负债情况和盈利状况，从而对放债和融资活动的合理性做出自主性判断，而非一味地接受政府的政策，对企业进行非理性补贴和非理性放贷，通过建立新型的政银、银企关系，缓解体制性的产能过剩。

另外，当前我国金融市场竞争力水平不足，国有商业银行在一定程度上具有垄断地位，不利于金融风险的分散和市场绩效的提高，因为银行体系内竞争性不足导致的恶性软预算约束现象屡见不鲜。因此，应着力引入较强竞争性的金融市场机制，稳步推进我国金融市场的开放，股市、债市的开放，引入国外金融市场的先进资本和先进技术，大力推进我国国有金融资本、非国有金融资本和国际金融资本的有机融合，提高我国银行业的竞争性和国际竞争力。

7.2.3 进一步完善地方政府政绩考核体系

在制定政绩考核体系标准时，不应过度强调地区经济增长的速度，而要将经济增长的质量纳入重点考核范围。如此，在制定和实施产业政策时，地方官员就会更加关注当地企业的产能利用率以及生态环境质量等与地区经济可持续发展密切相关的因素，避免出现地区间无序的政绩锦标赛。另外，政府要加大对预算支出监督管理体系建设的力度，制定实施细则督促光伏企业定期申报与经营状况相关的数据，使政府对企业的运营有更加客观全面的了解，从而制定合理有效的预算政策，避免相关企业为扩大产能滥用预算资金，合理有效地运用资金也有助于提升光伏行业的产能利用率，减轻其产能过剩程度。

7.2.4 千方百计维护员工合法权益

第一,加大政府扶持力度,完善社会保障体系。政府作为安置失业员工的最终兜底方,应主动作为,积极建立完善的社会保障体系和再就业帮扶机制。随着去产能改革的不断推进,员工妥善安置任务也越来越严峻。在此背景下,政府首先应加快制定完善的政策细则,对于失业保障制度的受众范围、资金补偿标准、主体责任划分等方面做出明确的制度规定,为化解员工安置过程中的矛盾提供合法依据,减少员工维权阻力;其次,要进一步加大援企稳岗支持力度,全面落实财政专项补贴资金用于员工转岗培训补助、基本生活补助等,努力减轻企业压力;再次,政府应加快建立与市场紧密对接的职业培训机制,与相关企业合作,并结合员工自身能力结构开展订单式培养,提高培训针对性和有效性;最后,对于有自主创业意愿的员工在贷款、税收、审批流程等方面给予一定的优惠政策,鼓励有条件的失业人员进行自主创业;另外,进一步加大相关政策宣传力度,拓宽信息发布渠道,完善再就业信息服务平台,为失业员工及时提供各种再就业及培训信息,从而有效避免员工消极情绪,实现失业员工有效就业。

第二,在化解产能过剩过程中要尊重职工的民主权利,倾听职工的利益诉求,切实保障职工的合法权益。政府在制定相关法律法规和政策时要充分发挥"老三会"的作用,确保职工的合理诉求和意见得到充分的表达。关于员工安置以及补偿细则,要认真听取和考虑职工意见,积极沟通协商,努力平衡不同岗位职工的利益诉求,最大限度争取补贴政策的相对公平,将不满情绪降到最低。政府应积极消除自身自利偏见的影响,转变政府角色,积极与分流职工达成合意,努力实现员工的妥善合理安置。这就要求政府始终坚持"以人为本"的理念,与职工代表进行积极谈判和协商,为各方充分表达自己的利益诉求提供有效的机制和平台。需要注意的是,职工安置方案必须经职代会审议通过，保证程序合法正义。

第三，政府应加强对分流职工关于安置政策的思想教育和宣传，积极消除政策偏见。政府不仅要让职工参与安置方案的制定，尽量以分流员工的利益诉求为标准，而且要发动社会力量宣传去产能的政策价值观，通过上下合力实现制度建设与社会引导齐头并进。此外，针对去产能过程中职工就业安置工作要制定专门的政策措施，将分流人员纳入就业扶持政策体系，加大对安置职工的就业创业培训、就业服务、资金创业小额贷款担保贴息等，帮助职工转岗转业，鼓励分流职工自主创业。

第四，完善员工安置法律法规，制定专门的员工安置法。改变目前关于员工安置法律规定过于分散的现状，争取制定一部统一的企业员工安置法，作为企业进行员工安置工作的法律依据。要从法理上坚持公平公正，以保障员工合法权益为立法精神，理清不同条件下政府、企业和员工的权责利，通过实体法和程序法的完善实现法律除偏，并以完善相关配套政策给予保障。

7.3 优化政府的产业政策

第一，要科学识别产能过剩，采取科学的产能规制政策。中国近年来严重的产能过剩严重影响了宏观经济运行和企业的可持续发展，严厉的规制政策是必要的。但是，从长期来看，应当科学识别市场中的产能过剩现象，对于正常的产能过剩没有必要采取过激的规制政策，过度追求产能与产量的均衡。在确保政府政策科学性的情况下，可以加强对企业的生产决策的引导，但由于"政府失灵"的普遍存在，在目前的中国市场经济环境下，要把握好规制政策的度，塑造新型的政企关系，尽可能地通过市场手段来推进去产能。此外，产能不足也要引起足够的重视。中国在面临产能过剩问题时，很多科技含量

第7章 供给侧结构性改革下政府治理产能过剩的对策

高、附加值高的高尖端产品却存在产能不足的现象,需要深化供给侧结构性改革,对有良好市场前景的能源项目在税收、投融资、审批等方面给予相应的政策扶持,激励企业技术管理创新,实现产品升级与转型转产,打造高附加值、高利润、有竞争力的产品,实现供给侧结构的优化。

第二,探索优化产业政策发展的新思路。非优即劣的强指向性的产业发展政策可能会导致企业的盲目进入和盲目扩张,应充分发挥市场的调配功能,在尊重市场决定性作用的基础上修订产业发展新政策,推动行业间与企业间的良性竞争;用市场化手段来控制信贷规模,构建市场化的资源配置机制;加强金融扶持力度,用市场化方法处置企业不良债务和不良资产,预防金融风险;通过金融去杠杆,推动企业生产和投资的优化,促进行业内优胜劣汰,实现宏观经济的转型升级。我国目前的产业政策多为以"赶超理论"为理论基础的选择性产业政策,这一政策的基本战略是主动扶持战略新兴产业,对产业结构的演进和发展过程进行压缩,以达到加速经济发展的目标,其主要特点是大力扶持以国有企业为主的在位大型企业,通过实现规模经济和避免过度竞争来实现产业的振兴。但随着我国工业行业国有产权水平的逐步提高和产能过剩问题的激化,这一产业政策在我国的实践性也在逐步降低,在新常态经济发展背景下,应加快推动产业政策从选择性向普惠性、功能性进行转变。从另一个角度说,政府应出台更多具有普惠性质的公共政策,加强各种基础设施建设,加快技术创新进程,吸引人力资本投资,进一步降低全社会的交易成本,创造更有效率的市场环境,使市场功能得到更高效发挥的产业政策。在我国进行供给侧改革的新形势下,应将产业政策的发展核心更多地集中在如何推动便民利民和行业技术革新之上,将产业政策在促进经济增长中的作用最大化。国家应着力优化结构性产业政策、推进产业的创新发展,对全社会的公共服务体系和技术创新体系进行完善,加速提高企业自主创新、合作创新和开放创新能力的进程。我国应在稳步推进供给侧结构性改革的基础上加快落实中国制造 2025 和制造强国战略。进一步加强产业政策创新转型，大力发展创新驱动型产业；加快发展先进制造业和服务型制造业，积极引导工业创新发展；进一步深化供给侧结构性改革，加速推进合理淘汰落后产能工作；积极落实国家区域发展战略，对产业组织结构进行优化创新，引导产业的协同发展与合理有序转移；提高对外开放水平，推动形成产业开放新格局，以新型产业政策的实施化解之前积淀的过剩产能。

7.4 以国有企业改革推进去产能

以混合所有制、分类等国有企业改革推进去产能，是政府治理产能共享的有效间接治理手段。在这个过程中，政府作为国有产权所有者，要充分利用好这一间接工具，实现去产能和国有企业改革的协同推进。

第一，继续推进国有企业分类改革。分类改革是国企深化改革的重要内容和手段，对产能过剩的抑制具有明显作用。各级政府有关部门要以已有中央相关政策文件为依据，出台更为细致、可操作性强的实施细则，深入推进国有企业分类改革。加强调查研究，因地制宜，根据不同区域、不同行业的国有企业进行分类改革设计，尽快完成对国有企业的类型划分。对于一些经营业务既涉及商业领域涉及公益领域，或既涉及竞争性领域又涉及重要行业和关键领域的国有企业，要具体问题具体分析，对不同性质业务进行科学划分，采取业务剥离、分类经营等多种方式来理顺企业目标，防止出现目标混乱、考核不清等问题。以国资委为主体的国有资产监管部门要根据分类改革的形势要求，采取分类监管方式，由管企业向管资本过渡，做到"有所为有所不为"，切实履行好出资人职责。

第二，稳步推进混合所有制改革。混合所有制改革是国有企业改革的重要目标之一,国有股比例的设置是改革的核心问题,对解决产能过剩和提升社会福利具有一定意义。发展混合所有制目的在于提升效率,实现共赢。如果条件不成熟或引入的外部资本无法有效提高企业效率,那么就没有必要进行改革。因此,各级政府要因地制宜地制定国有企业的改革方案,做到充分论证和信息公开透明,不可"一刀切"、一哄而上。而且,国有企业混合所有制改革要与分类改革相互配合、协调推进,国有股比例的设置要充分考虑企业的类别。对于充分竞争行业的国有企业,国有股权比重可以灵活设置,控股、参股都可以选择。对于重要行业和关键领域,要保证国有控股;对公益领域中的国有企业,可以采取国有独资,也可在条件成熟的情况下,利用PPP等模式推进投资主体的多元化,提高向社会提供优质足量公益服务的能力。

第三,注重企业股权结构设计,推进股权多元化。前面的研究结论显示,企业的国有产权水平即国有股比例水平会对产能过剩水平产生较为显著的影响。而在发展混合所有制经济的过程中,设计合理的企业股权结构也是发展的重中之重,在不同的行业竞争力条件下,不同的股权结构会带来不同的效率,继而为整个行业带来不同的生产和发展水平。当前我国部分工业行业国有股比例过高,不利于行业效率的提升,因此,可以根据市场情况,适当降低行业国有股比例水平,同时适当抬升流通股和法人股比例水平,积极引进外资股,通过对企业股权结构的改善缓解产能过剩。

7.5 积极推进国际产能合作

在"一带一路"倡议所倡导的互利共赢理念的引导之下,政府应秉承各方共赢的原则,采取有效措施鼓励产能过剩行业积极参与到国际产能合作之中,促进过剩产能国际化转移,进而缓解国内产能过剩的压力。

7.5.1 加强投资引导，合理布局国际产能合作区位

随着"一带一路"倡议的深化，在国内和国外的双重压力和机遇下，越来越多的中国企业开始"走出去"参与到国际产能合作中，因此，政府如何进行合理战略布局、加强投资引导来提高合作效率是重中之重。对于陌生的外国投资环境，企业家们往往会选择较为熟悉的国家进行投资，而一些极具投资潜力的国家却没有得到应有的重视，无法使产出最大化。因此，政府应当消除信息不对称，及时收集和发布相关的投资信息如在投资企业的收益状况等，并对到这些国家和地区投资的企业进行专项资金补助、提供贴息贷款等政策奖励，积极引导投资者到有潜力的国家或地区进行投资，为投资企业提供适合投资的国家名单供投资者参考。此外，政府还应当加强与投资不足的东道国的高层交流，达成互惠互利的投资协议并对其提供基础设施等方面的援助，为国内投资者进行长期参与国际产能合作铺路。而对于投资过度的国家，应当通过提高国际产能合作参与门槛等方式来适当控制投资规模。由于处在"一带一路"沿线的各个亚洲国家经济发达程度不同、资源能源丰富度和市场规模也不同，中国应当通过组建专门的"一带一路"国际产能合作研究智库，召集各个领域的专家来研究我国与其他亚洲区域的合作潜力，合理布局我国的出口区位，促进我国和"一带一路"沿线国家的共赢发展。

7.5.2 加大对国际产能合作的宣传力度，消除误解

我国与"一带一路"沿线各国开展国际产能合作的过程中，不乏质疑的声音，不利于国际产能合作的进行。从以往的经验来看，部分发达国家将本国的劳动密集型产业和高能耗、高污染的产业的加工

环节转移到国外,仅仅是为了尽快实现国内的产业升级而没有考虑到下游发展中国家的切身利益,这样的国际分工明显是不合理的。然而,目前我国提出的国际产能合作的含义与前者大有不同。一方面,国际产能合作并不是只顾着我国的产业升级,同时也顾及了东道国的发展需求而进行合作;另一方面,我国面临的产能过剩只是相对过剩,列入重点产能合作的都是装备制造业等优势产业,并非落后的产能。

因此,"一带一路"沿线各国对这个全新的国际产能合作概念还需要时间去理解和探索,需要消弭社会和市场的抵触。国家应当组织商务部、外交部等相关部委与"一带一路"沿线参与国际产能合作的国家积极展开交流,根据双方合作意向制定合作项目清单和时间表,并及时将这些交流活动的相关协议成果通过各种渠道向相关企业公布,让企业更好地参与到国际产能合作中,提高合作效率。针对不理解国际产能合作的声音,我国政府应当做好对外宣传交流工作,用国家媒体和行业媒体宣传重点合作企业的企业品牌形象,推介优势产能走出国门,同时针对重点产业进行技术援助和培训,为行业对外投资创造良好氛围。熟悉国际上的通用做法,以及投资地的法律政策如劳动者权益保护法、税收缴纳、环境保护法,规避因这些方面的政策法规了解不足而导致的经营失败等。

7.5.3 发挥亚投行作用,提升沿线基础设施水平

从前面我国参与国际产能合作的区位选择东道国影响因素分析可以看出,东道国的基建和经济发展可以很好地促进合作效率的提升。所谓"要想富,先修路",提高沿线各国的基础设施水平,道路和通讯条件的改善可以使当地的资源优势迅速转化为经济优势,进而带动当地的经济发展。然而"一带一路"沿线大部分是发展中国家,基础设施相较于发达国家处于较弱水平,不利于我国各个参与国际产能

合作的企业对其进行投资。我国应当充分发挥亚投行作用,帮助"一带一路"沿线各国完善各个方面的基础设施建设,既有利于国际产能合作战略的实施,也有利于我国基建业走出国门,增加对外投资。此外,完善的基础设施可以带动沿线各国的经济发展,进而扩大合作的市场规模,提高合作水平。

7.5.4 增强国际合作,防范国际产能合作中的系统性风险

我国与"一带一路"沿线各国的国际产能合作水平与东道国的社会稳定程度也密切相关,如果东道国发生政治变革或突发战争或排外等系统性风险,将对我国在当地的企业造成极大冲击。随着"一带一路"国际产能合作的不断深入,中国与相关国家的合作规模将在长时间内保持一定程度的增长趋势,但在合作中存在的系统性风险也不容忽视。参与国际产能合作的国家还存在政治不稳定、国家主权信用评级低、极端主义泛滥等阻碍合作进展的系统性风险,从长远角度看这些风险可能会危及企业在外投资的稳定性。然而,这些风险仅凭"走出去"的企业自身是无法完全规避的,因此需要我国政府从国家层面与沿线各国增进交流,为我国参与对外直接投资的国家争取更多的优惠政策并开辟对我国企业相对有利的政治环境。然而,若东道国局势突然发生动荡或东道国排斥外资且无法提前预测,危及我国企业在当地经营时,我国政府应当及时建议企业撤资,以防更多风险。此外,我国企业也应当在东道国建立完善的风险预警和处置机制,提前做好应急预案,让企业在应对诸如恐怖袭击、政变、传染病等社会稳定性风险时提升应急处理能力。外派员工应当在出国前接受风险应急培训,并在出国后定期演练,提高警惕性。企业也应当与当地政府和驻外使领馆保持密切联系,当危险来临时及时应对。

7.5.5 完善相关顶层设计

企业在"走出去"参与国际产能合作的过程中，单凭企业的力量可能无法获取详尽的东道国市场信息来作出正确的投资决策，也可能由于现有政策的局限性而在对外投资过程中遇到很多障碍。然而国内针对推动国际产能合作的机制还不够健全，相关政策支持也还没有落实到位，支持服务体系滞后，因此搭建国际产能合作的顶层设计就显得尤为重要。政府部门应当简政放权，让境外投资项目的管理制度更加清晰透明并及时发布境外风险预警信息，在参与产能合作前先考察东道国的投资环境当前是否适合进行投资、是否存在巨大的不可控风险，规范企业在东道国在经营方面的做法，加强对参与合作企业的海外分支机构的监督，加大境外风险的保障政策支持并提升境外风险防范的综合服务水平。同时，国家应当组织外交部、发改委等相关部门通过建立智库，收录"一带一路"重点项目信息库，国家相关支持政策向这些重点项目倾斜，并分析产能合作的目标国家需求状况，实时制定和更新详细的发展规划，并提供给参与产能合作的重点企业，鼓励企业在了解"一带一路"沿线各国需求的基础上结合自己的优势"走出去"，合理选择区位。

7.6 积极推进产能共享

7.6.1 完善产能共享相关法律法规

产能共享导致了物质所有权和使用权的分离，容易导致产权的纠纷，如近几年我国"ofo小黄车"等共享经济领域的乱象，对创造良好的共享经济交易环境造成了巨大的障碍。此外，基于互联网平台的交易也存在资金安全和信息安全问题。目前我国的产能共享仍然处于起步阶段，缺乏关于产能共享平台建设的相关制度和法律，而共享经济领域的乱象也正是因为政策及制度创新远慢于科技更迭的速度。政府应该加速对于相关政策的创新，加强对目前存在的产能共享平台的监管，明晰产权的界限，保护交易双方的合法利益不受侵害，从而通过产能共享提高企业和消费者的福利水平，提高经济的发展水平。

7.6.2 建立政府性产能共享平台与数据库，共享国企过剩优质资源

我国目前的产能共享大多是通过企业自发建设的产能共享平台实现的，这些平台的行业和区域布局存在着较大的差异，也缺乏具有高知名度的产能共享平台。从行业上来看，我国目前产能共享主要以制造业为主，而服务业的占比较小。而不同行业对于原材料、技术、设备、制造过程及信息的要求差距较大，且各个行业的行业标准各异，难以为其订立统一的评价标准。如制造业中的纺织业和黑色金属冶炼和压延加工业在所需资源、生产流程、制造工艺和生产管理上差距较大。因此，由企业自发建设的混合行业的产能共享平台存在知名度低、专业度低等问题。基于此，政府应当积极推动建立行业性产能共享平台的建设，整合各个行业所需的优质生产资源，从而实现行业内各个企业的协同发展。此外，由于信息技术和交通运输的限制，早期共享经济的交易成本显著高于独享经济。而随着互联网的发展和产能共享平台的建立，信息的收集和传播成本显著下降，过剩产能的需求企业和提供企业的匹配的难度更小，产能共享的交易成本也随之降低。政府应该推动产能共享平台相关企业产能数据库的建立，引导各个参与其中的企业及时更新自己的资源状况，实现信息的有效整合，从而进一步降低交易成本，发挥互联网平台的优势。

此外，互联网技术是构建产能共享平台的核心，推动互联网技术

革新是推动产能共享发展的关键。因此，政府和企业应该合作推进大数据、云计算、物联网和人工智能等技术的发展，推进信息化和网络基础设施建设有利于产能共享平台的推广和交易成本的降低，从而能吸引更多企业利用这一平台解决企业所面临的困局，实现范围更大、精度更高的资源合理配置。

参 考 文 献

[1] 安宇宏. 国际产能合作 [J]. 宏观经济管理, 2015 (10): 83.

[2] 巴曙松, 余芽芳. 当前去产能背景下的市场化并购与政策配合 [J]. 税务研究, 2013 (11): 3-8.

[3] 巴曙松. 去产能过剩要依靠改革和市场 [J]. 经济, 2013 (9): 19.

[4] 白让让. 供给侧结构性改革下国有中小企业退出与"去产能"问题研究 [J]. 经济学动态, 2016 (7): 65-74.

[5] 白雪洁, 闫文凯. 中国新兴行业产能过剩的形成机理及疏解策略——基于光伏行业的案例分析 [J]. 南开学报 (哲学社会科学版), 2017 (1): 133-142.

[6] 白雪洁, 于志强. 资源配置、技术创新效率与新兴产业环节性产能过剩——基于中国光伏行业的实证分析 [J]. 当代财经, 2018 (1): 88-98.

[7] 波斯纳. 法律的经济分析 (第四版) [M]. 北京: 中国大百科全书出版社, 1992.

[8] 蔡之兵. 地方政府去产能效果与特征: 2006-2014 年 [J]. 改革, 2016 (10): 43-53.

[9] 陈斌开, 于也雯. 以"去产能"为契机推动国有企业改革: 战略与路径 [J]. 新疆师范大学学报 (哲学社会科学版), 2017, 38 (1): 88-98+2.

[10] 陈慧.“一带一路”背景下中国——东盟产能合作重点及推进策略 [J]. 经济纵横, 2017 (4): 42-47.

[11] 陈继勇, 蒋艳萍, 王保双.“一带一路”倡议与中国参与国际产能合作 [J]. 学习与实践, 2017 (1): 5-12.

[12] 陈敬元. 保险支持去产能的路径 [J]. 中国金融, 2016 (6): 83-84.

[13] 陈俊龙. 产品差异化、政府规制与产能过剩 [J]. 财贸研究, 2018, 29 (9): 1-11.

[14] 陈俊龙. 交易成本、科斯定理与混合所有制经济发展 [J]. 学术交流, 2014 (4): 93-97.

[15] 陈俊龙, 李良哲, 朱婧. 政府行为与产能过剩的形成、治理分析——基于2006—2016年工业行业面板数据的实证研究 [J]. 东北大学学报（社会科学版）, 2019, 21 (4): 360-366.

[16] 陈俊龙, 牛月. 市场不确定性、政府规制与产能过剩分析 [J]. 软科学, 2018, 32 (10): 38-42.

[17] 陈俊龙, 齐平, 曹凤怡, 等. 供给侧改革背景下软预算约束、国有股最优比例与产能过剩分析 [J]. 产业经济评论（山东大学）, 2016, 15 (2): 106-123.

[18] 陈俊龙, 齐平. 国有企业海外投资困境分析——一个逆向软预算约束的视角 [J]. 财经问题研究, 2014 (5): 104-108.

[19] 陈俊龙, 齐平, 李夏冰. 企业家精神、企业成长与经济增长 [J]. 云南社会科学, 2014 (3): 84-88

[20] 陈俊龙, 齐平, 杨然. 混合所有制改革中的国有股最优比例与员工妥善安置分析 [J]. 劳动经济评论, 2017, 10 (1): 176-187.

[21] 陈俊龙. 去产能过程中员工妥善安置问题的行为法经济学分析 [J]. 财金观察, 2018 (1): 47-55.

[22] 陈俊龙. 声誉、软预算约束与混合所有制经济发展 [J]. 财经问题研究, 2017 (5): 18-24.

[23] 陈俊龙, 汤昊, 杨然. 国有企业分类改革与产能过剩分析——兼论混合所有制改革中的国有股最优比例 [J]. 产业组织评论, 2017, 11 (1): 65-80.

[24] 陈俊龙, 汤吉军. 管理授权、国有股最优比例与产能过剩——基于混合寡占模型的研究 [J]. 当代财经, 2016 (2): 74-84.

[25] 陈俊龙, 汤吉军. 国有企业混合所有制分类改革与国有股最优比例——基于双寡头垄断竞争模型 [J]. 广东财经大学学报, 2016, 31 (1): 36-44.

[26] 陈俊龙, 汤吉军. 基于双寡头垄断模型的垄断国有企业改革分析 [J]. 华东经济管理, 2014, 28 (6): 97-101.

[27] 陈俊龙, 汤吉军, 汤昊. 企业交叉所有权行为与政府规制研究——兼论混合所有制企业的国有股最优比例 [J]. 中国软科学, 2018 (1): 171-182.

[28] 陈俊龙, 汤吉军, 杨然. 沉淀成本、国有股最优比例与产能过剩分析 [J]. 软科学, 2017, 31 (1): 10-14.

[29] 陈俊龙, 汤吉军. 资产专用性与所有制结构分析——兼论我国混合所有制经济的发展 [J]. 经济问题, 2014 (6): 36-40.

[30] 陈俊龙, 王沐笛, 高雅馨. 混合所有制、专利授权与国有股最优比例——基于混合寡占模型的研究 [J]. 科学学与科学技术管理, 2018, 39 (6): 34-48.

[31] 陈俊龙, 王沐笛, 胡晓慧. 最优国有化水平与教育领域混合所有制办学: 基于双寡头垄断模型的研究 [J]. 教育与经济, 2018, 34 (2): 62-70.

[32] 陈俊龙, 汪雅洁, 龙韵丞. 工会组织集中化、谈判能力与产能过剩 [J]. 劳动经济评论, 2019, 12 (1): 118-132.

[33] 陈俊龙, 杨然, 李良哲. 垂直化双边垄断市场中的交叉所有权、社会福利与政府规制 [J]. 财贸研究, 2017, 28 (8): 11-22.

[34] 陈俊龙,张晓晗. 河北省去产能过程中员工妥善安置研究 [J]. 合作经济与科技, 2018 (12): 172-173.

[35] 陈俊龙. 最优国有化水平与国有商业银行混合所有制改革 [J]. 金融经济学研究, 2015, 30 (4): 44-52.

[36] 陈丽婷. 高职院校混合所有制办学现实困境与发展路径研究 [J]. 中国高教研究, 2017 (1): 107-110.

[37] 陈叶婷,张晓涛. 国际化、产品差异化对企业绩效的影响研究:基于我国上市制造业企业的证据 [J]. 国际商务(对外经济贸易大学学报), 2015 (4): 134-142.

[38] 程慧芳,阮翔. 用引力模型分析中国对外直接投资的区位选择 [J]. 世界经济, 2004 (11): 23-30.

[39] 程俊杰. 基于产业政策视角的中国产能过剩发生机制研究——来自制造业的经验证据 [J]. 财经科学, 2016 (5): 52-62.

[40] 程俊杰. 转型时期中国产能过剩测度及成因的地区差异 [J]. 经济学家, 2015 (3): 74-83.

[41] 崔琳. 依托"一带一路"转移河北省过剩产能 [J]. 商场现代化, 2016 (1): 141-142.

[42] 崔永梅,王孟卓. 基于SCP理论兼并重组治理产能过剩问题研究——来自工业行业面板数据实证研究 [J]. 经济问题, 2016 (10): 7-13.

[43] 丁守海,沈煜. 去产能的失业风险究竟有多大——兼论两次去产能周期的比较 [J]. 中国经贸导刊, 2016 (19): 62-65.

[44] 董敏杰,梁泳梅,张其仔. 中国工业产能利用率:行业比较、地区差距及影响因素 [J]. 经济研究, 2015 (1): 84-98.

[45] 董圣足. 教育领域探索"混合所有制":内涵、样态及策略 [J]. 教育发展研究, 2016 (3): 52-56.

[46] 董曙光. 地方国企改革和去产能路径 [J]. 新产经, 2016 (3): 20-22.

[47] 范林凯,李晓萍,应珊珊. 渐进式改革背景下产能过剩的现实基础与形成机理 [J]. 中国工业经济,2015 (1): 19-31.

[48] 冯·哈耶克. 个人主义与经济秩序 [M]. 上海: 三联书店, 2003.

[49] 冯朝睿,王上铭. 主动协商型扶贫: 基于IAD框架的精准扶贫新模式分析 [J]. 学术探索, 2018 (5): 81-87.

[50] 干春晖. 地方官员任期、企业资源获取与产能过剩 [J]. 中国工业经济, 2015 (3): 44-56.

[51] 高蓓,高汉. 国有股比例与管理授权: 基于混合寡占模型的研究 [J]. 世界经济文汇, 2013 (6): 14-27.

[52] 高明华,杨丹,杜雯翠等. 国有企业分类改革与分类治理——基于七家国有企业的调研 [J]. 经济社会体制比较, 2014 (2): 19-34.

[53] 耿强,江飞涛,傅坦. 政策性补贴、产能过剩与中国的经济波动——引入产能利用率RBC模型的实证检验 [J]. 中国工业经济, 2011 (5): 27-36.

[54] 龚强,张懿. 企业的最优产品差异化选择 [J]. 经济学(季刊), 2011, 10 (2): 619-634.

[55] 郭朝先,邓雪莹,皮思明. "一带一路"产能合作现状、问题与对策 [J]. 中国发展观察, 2016 (6): 44-47.

[56] 郭朝先,刘芳,皮思明. "一带一路"倡议与中国国际产能合作 [J]. 国际展望, 2016, 8 (3): 17-36.

[57] 郭庆旺,贾俊雪. 中国潜在产出与产出缺口的估算 [J]. 经济研究, 2004 (5): 31-39.

[58] 国家信息中心. 中国制造业产能共享发展年度报告 (2018) [R/OL]. (2018-02-27) [2018-3-21]. http://www.sic.gov.cn/News/568/8874.htm.

[59] 国家信息中心信息化研究部、中国互联网协会分享经济工

作委员会. 中国分享经济发展报告 2016 [R/OL]. (2016-02-28) [2016-2-29]. http://www.sic.gov.cn/News/568/6010.htm.

[60] 国务院. 关于推进国际产能和装备制造合作的指导意见 [EB/OL]. [2015-05-16]. 新华网, http://news.xinhuanet.com/politics/2015-05/16/c_1115305230.htm.

[61] 国务院发展研究中心《进一步化解产能过剩的政策研究》课题组. 当前我国产能过剩的特征、风险及对策研究: 基于实地调研及微观数据的分析 [J]. 管理世界, 2015 (4): 1-10.

[62] 韩保江, 韩心灵. "中国式"产能过剩的形成与对策 [J]. 改革, 2017 (4): 59-69.

[63] 韩国高, 高铁梅, 王立国, 等. 中国制造业产能过剩的测度、波动及成因研究 [J]. 经济研究, 2011, 46 (12): 18-31.

[64] 韩国高. 行业市场结构与产能过剩研究——基于我国钢铁行业的分析 [J]. 东北财经大学学报, 2013 (4): 17-24.

[65] 韩文龙, 黄城, 谢璐. 诱导性投资、被迫式竞争与产能过剩 [J]. 社会科学研究, 2016 (4): 25-33.

[66] 韩秀云. 对我国新能源产能过剩问题的分析及政策建议——以风能和太阳能行业为例 [J]. 管理世界, 2012 (8): 171-172+175.

[67] "河北省产能过剩的测度、成因与化解: 理论与实证研究"项目组. 基于制度分析与发展框架的产能共享多元协同治理研究 [J]. 经济视角, 2019 (1): 31-39.

[68] 河北省统计局. 国家统计局河北调查总队. 2017 年河北省国民经济形势新闻发布稿 [J]. 统计与管理, 2018 (2): 6-8.

[69] 何蕾. 中国工业行业产能利用率测度研究基于面板协整的方法 [J]. 产业经济研究, 2015 (2): 90-99.

[70] 何立华, 崔艳艳. 中国省际炼化产业产能过剩测度及影响因素分析 [J]. 工业技术经济, 2019 (1): 133-140.

[71] 何凌霄，张忠根，南永清，等．制度规则与干群关系：破解农村基础设施管护行动的困境——基于 IAD 框架的农户管护意愿研究 [J]．农业经济问题，2017（1）：10 – 22 + 111．

[72] 贺京同，何蕾．产能利用率测度方法的比较研究 [J]．现代管理科学，2016（4）：12 – 14．

[73] 贺京同，何蕾．国有企业扩张、信贷扭曲与产能过剩——基于行业面板数据的实证研究 [J]．当代经济科学，2016（1）：58 – 67 + 126．

[74] 胡荣涛．产能过剩形成原因与化解的供给侧因素分析 [J]．现代经济研讨，2016（2）：5 – 9．

[75] 胡筱沽，戴璐．正确把握去产能过程中的几个关键问题 [J]．宏观经济管理，2017（2）：50 – 54．

[76] 黄群慧，余菁．新时期的新思路：国有企业分类改革与治理 [J]．中国工业经济，2013（11）：5 – 17．

[77] 黄小娟．中国对东非直接投资效率研究 [D]．江西：江西财经大学，2014．

[78] 江飞涛，曹建海．市场失灵还是体制扭曲——重复建设形成机理研究中的争论、缺陷与新进展 [J]．中国工业经济，2009（1）：53 – 64．

[79] 江飞涛，耿强，吕大国，李晓萍．地区竞争、体制扭曲与产能过剩的形成机理 [J]．中国工业经济，2012（6）：44 – 56．

[80] 姜江．我国部分新兴产业存在"潜在产能过剩"问题 [J]．宏观经济管理，2010（10）：22 – 23．

[81] 金波．中国对非投资促进非洲东道国经济增长的效率评价——基于 DEA [J]．技术经济，2011（10）：58 – 65．

[82] 金京玉．转型时期劳资争议协调解决机制刍议 [J]．劳动经济评论，2016，9（1）：98 – 107．

[83] 鞠蕾，高越青，王立国．供给侧视角下的产能过剩治理：

要素市场扭曲与产能过剩[J]. 宏观经济研究, 2016（5）: 3-15+127.

[84] 科斯. 社会成本问题[M]. 上海: 上海人民出版社, 1994.

[85] 孔翔, 卞继超."去产能"对中国能源安全的影响初探[J]. 工业技术经济, 2018（4）: 141-147.

[86] 蓝定香. 建立现代产权制度与国有企业分类改革[J]. 经济体制改革, 2006（1）: 48-52.

[87] 雷世平. 混合所有制职业院校的本质属性及其衍生特征[J]. 职教论坛, 2016（22）: 21-25.

[88] 李后健, 张剑. 企业创新对产能过剩的影响机制研究[J]. 产业经济研究, 2017（2）: 114-126.

[89] 李磊, 王光远. 供给侧改革下的经济新周期及其对工程咨询单位的转型影响[J]. 中国国际财经, 2017（14）: 117-118.

[90] 李丽琴, 陈少晖. 国有企业分类改革的理论依据与现实推进[J]. 现代经济探讨, 2016（4）: 25-29+82.

[91] 李佩姿, 陈俊龙. 去产能过程中员工妥善安置路径探索——以河北省为例[J]. 经济视角, 2017（6）: 26-33.

[92] 李忻岳, 张鑫, 张朔晖. 河北省玻璃产业对接"一带一路"转移过剩产能的SWOT分析和策略建议[J]. 现代经济信息, 2017（21）: 481-482.

[93] 李拥军. 关于钢铁产业淘汰落后产能的相关问题分析[J]. 中国钢铁业, 2010（12）: 7-12.

[94] 李越. 钢铁行业的去产能改革分析[J]. 现代商贸工业, 2017（29）: 17-19.

[95] 李正旴, 周靖. 产能过剩的形成与化解: 自财税政策观察[J]. 改革, 2014（5）: 106-115.

[96] 连莲, 李孟刚, 叶旭廷. 新常态下钢铁产业"去产能"研究[J]. 经济纵横, 2016（7）: 37-41.

[97] 梁金修. 加大力度淘汰和改良落后产能 [J]. 宏观经济管理, 2006 (10): 35-36.

[98] 林伯强. 供给侧改革促进煤炭"去产能" [J]. 煤炭经济研究, 2016 (4): 1.

[99] 林毅夫, 巫和懋, 邢亦青. "潮涌现象"与产能过剩的形成机制 [J]. 经济研究, 2010 (10): 4-19.

[100] 林毅夫. 林毅夫: 去产能需要政府和市场的协同发力 [J]. 财经界, 2016 (4): 68-69.

[101] 林毅夫等. "潮涌现象"与产能过剩的形成机制 [J]. 经济研究, 2010, 45 (10): 4-19.

[102] 刘海云, 包雨晴, 刘芳芳. "一带一路"背景下河北省国际产能合作的现状及对策研究 [J]. 河北经贸大学学报（综合版）, 2018, 18 (1): 58-63.

[103] 刘航, 孙早. 城镇化动因扭曲与制造业产能过剩——基于 2001-2012 年中国省级面板数据的经验分析 [J]. 中国工业经济, 2014 (11): 5-17.

[104] 刘航, 张雨微. 河北省制造业产能过剩评价与外部市场成因研究 [J]. 河北地质大学学报, 2015, 38 (1): 42-47.

[105] 刘京星, 黄健柏, 刘天琦. 中国与"一带一路"国家钢铁产能合作影响因素研究——基于多维动态距离的新视角 [J]. 经济地理, 2018, 38 (10): 99-110.

[106] 刘静, 金浩. 中国工业产能过剩测度及影响因素研究 [J]. 工业技术经济, 2014, 33 (9): 122-129.

[107] 刘瑞, 高峰. "一带一路"倡议的区位路径选择与化解传统产业产能过剩 [J]. 社会科学研究, 2016 (1): 45-56.

[108] 刘霞, 吕博. 河北省借力"一带一路"促进过剩产能境外转移成效分析 [J]. 时代金融, 2018 (2): 96+100.

[109] 刘奕, 林铁琼. 地方政府补贴、资本价格扭曲与产能过剩

[J]．财经问题研究，2018（11）：34－41．

［110］罗弘毅．产能过剩中的政府干预因素分析［J］．地方财政研究，2017（1）：76－80．

［111］罗纳德·德沃金．认真对待权力［M］．上海：三联出版社，2008．

［112］骆家镕，李昌振．国有企业改革：分类、设计及实施［J］．经济与管理研究，2016（5）：35－40．

［113］马军，窦超．我国钢铁行业产能利用率的测度及产能过剩影响因素分析［J］．经济问题，2017（2）：85－90．

［114］马岚．河北省产能过剩行业失业人员再就业问题研究［J］．经济论坛，2015（11）：4－5．

［115］马轶群．技术进步、政府干预与制造业产能过剩［J］．中国科技论坛，2017（1）：60－68．

［116］孟萍莉，于凯地．河北省借助"一带一路"推进国际产能合作研究［J］．产业与科技论坛，2018，17（22）：20－22．

［117］莫开伟．钢铁去产能须摆脱短视利益掣肘［J］．金融经济，2016（15）：40－41．

［118］慕怀琴，王俊．"一带一路"倡议框架下国际产能合作路径探析［J］．人民论坛，2016（8）：87－89．

［119］聂飞．农村留守家庭离散问题的制度与规则分析——基于IAD框架的应用规则模型［J］．内蒙古社会科学，2015，36（4）：18－23．

［120］齐鹰飞，张瑞．市场集中度与产能过剩［J］．财经问题研究，2015（10）：24－30．

［121］乔宠如．财政注入不断钢铁如何去产能？［J］．经济，2016（4）：30－36．

［122］乔芳丽，侯强．产品差异化对创新激励的影响研究：基于技术外溢的视角分析［J］．科学学研究，2012（4）：608－613．

[123] 乔友庆,于卓民,林月云. 国际化程度与产品差异化能力对厂商绩效之影响——台湾大型制造厂商之实证研究 [J]. 管理学刊,2001,19 (5):811-842.

[124] 清风. "去产能"政策之下,引导消费创新更紧迫 [J]. 企业观察家,2018 (2):88-89.

[125] 邱斌,周勤,刘修岩,陈健. "'一带一路'背景下的国际产能合作:理论创新与政策研究"学术研讨会综述 [J]. 经济研究,2016,51 (5):188-192.

[126] 曲凤杰,李大伟,杜琼,季剑军,金瑞庭. 国际产能合作进展状况、面临障碍及应对策略 [J]. 经济与管理研究,2017 (4):3-15.

[127] 全毅,汪洁,刘婉婷. 21世纪海上丝绸之路的战略构想与建设方略 [J]. 国际贸易,2014,8:4-15.

[128] 任继球. 我国钢铁和煤炭去产能对就业的影响——基于投入产出表的实证分析 [J]. 宏观经济研究,2017 (10):83-91.

[129] 任泽平,张庆昌. 供给侧改革去产能的挑战、应对、风险与机遇 [J]. 发展研究,2016 (4):7-13.

[130] 桑百川,杨立卓. 拓展我国与"一带一路"国家的贸易关系——基于竞争性与互补性研究 [J]. 经济问题,2015 (8):1-5.

[131] 沈坤荣,钦晓双,孙成浩. 中国产能过剩的成因与测度 [J]. 产业经济评论,2012 (11):1-26.

[132] 沈利升. 我国潜在经济增长率变动趋势估计 [J]. 数量经济技术经济研究,1999 (12):3-6.

[133] 沈铭辉,张中元. 中国境外经贸合作区:"一带一路"上的产能合作平台 [J]. 新视野,2016 (3):110-115.

[134] 盛毅. 新一轮国有企业分类改革思路发凡 [J]. 改革,2014 (12):44-51.

[135] 宋可. 苏北承接苏南产业转移效率研究——基于

Malmquist 指数方法 [J]. 西安电子科技大学学报（社会科学版），2010，20（1）：41-46.

[136] 苏汝劼. 建立淘汰落后产能长效机制的思路与对策 [J]. 宏观经济研究，2012（5）：80-82.

[137] 孙巍，李何，王文成. 产能利用与固定资产投资关系的面板数据协整研究——基于制造业 28 个行业样本 [J]. 经济管理，2009（3）：38-43.

[138] 谭江华. 预算改革的制度逻辑——基于 IAD 框架的分析 [J]. 湖南社会科学，2016（2）：117-123.

[139] 谭秀杰，周茂荣. 21 世纪"海上丝绸之路"贸易潜力及其影响因素——基于随机前沿引力模型的实证研究 [J]. 国际贸易问题，2015（2）：3-12.

[140] 唐丁祥，蒋传海. 定价模式、产品差异化与企业的创新激励研究 [J]. 财经研究，2010（8）：90-99.

[141] 田春雷. 去产能形势下企业员工分流问题的研究 [J]. 全国商情，2016（34）：95-96.

[142] 田泽，许东梅. 我国对"一带一路"重点国家 OFDI 效率综合评价——基于超效率 DEA 和 Malmquist 指数 [J]. 经济问题探索，2016（6）：7-14.

[143] 田中文. 供给侧改革下我国去产能的现状、挑战与对策分析 [J]. 中国集体经济，2018（2）：603-608.

[144] 王本力，张海亮，曾昆. 国际产能合作：化解产能过剩新思路 [J]. 中国工业评论，2015（11）：64-69.

[145] 王动. 中国对"一带一路"沿线国家直接投资影响因素研究 [J]. 河南机电高等专科学校学报，2016，24（4）：35-41.

[146] 王立国，鞠蕾. 地方政府补贴、企业过度投资与产能过剩：26 个行业样本 [J]. 改革，2012（12）：52-62.

[147] 王立国，鞠蕾. 光伏产业产能过剩根源与对策寻找 [J].

改革, 2015 (5): 129-138.

[148] 王立国, 高越青. 建立和完善市场退出机制有效化解产能过剩 [J]. 宏观经济研究, 2014 (10): 8-21.

[149] 王丽锟. 河北省产业结构调整下的结构性失业再就业治理 [J]. 产业与科技论坛, 2015 (2): 39-41.

[150] 王妙妙. "一带一路"背景下中国国际产能合作效率研究 [D]. 四川: 四川外国语大学, 2018.

[151] 王群. 奥斯特罗姆制度分析与发展框架评介 [J]. 经济学动态, 2010 (4): 137-142.

[152] 王文. 去过剩产能会导致"失业潮"吗? [J]. 财政科学, 2016 (5): 5-9.

[153] 王文甫, 明娟, 岳超云. 企业规模、地方政府干预与产能过剩 [J]. 管理世界, 2014 (10): 17-36+46.

[154] 王晓萌, 龙韵丞. 河北省去产能取得的成效、问题及对策 [J]. 现代商贸工业, 2018, 39 (36): 10-12.

[155] 王艳霞, 邢明强. 河北省产能过剩行业失业人员再就业问题与对策 [J]. 公共政策, 2015 (3): 137-140.

[156] 王颖. 河北省去产能职工安置途径创新研究 [J]. 企业改革与管理, 2017 (20): 204.

[157] 王岳平. 我国产能过剩行业的分析及对策 [J]. 宏观经济管理, 2006 (6): 15-18.

[158] 魏建. 理性选择理论与法经济学的发展 [J]. 中国社会科学, 2002 (1): 101-113.

[159] 魏敏. 中国与中东国际产能合作的理论与政策分析 [J]. 阿拉伯世界研究, 2016 (6): 3-20+116.

[160] 吴崇伯. "一带一路"框架下中国与东盟产能合作研究 [J]. 南洋问题研究, 2016 (3): 71-81.

[161] 吴春雅, 吴照云. 政府补贴、过度投资与新能源产能过

剩——以光伏和风能上市企业为例［J］．云南社会科学，2015（2）：59-63．

［162］吴岱蔚，马清，许恒．政府优化共享经济平台的福利经济分析——基于一般均衡理论的视角［J］．产业经济评论，2018（4）：5-12．

［163］吴益群，范可旭．高职院校混合所有制办学改革理论研究与实践探索述评［J］．教育与职业，2016（5）：14-17．

［164］席鹏辉，梁若冰，谢贞发，苏国灿．财政压力、产能过剩与供给侧改革［J］．经济研究，2017，52（9）：86-102．

［165］夏飞龙．产能过剩的概念、判定及成因的研究评述［J］．经济问题探索，2018，437（12）：58-73．

［166］夏先良．构筑"一带一路"国际产能合作体制机制与政策体系［J］．国际贸易，2015（11）：26-33．

［167］向洪金．战略授权、软预算约束与中国国有企业产能过剩——基于混合寡占竞争模型的理论研究［J］．广东社会科学，2015（1）：17-25．

［168］项义军，周宜昕．新时代推进我国国际产能合作建设：新模式、新机制和新路径［J］．商业研究，2018（10）：1-9．

［169］谢孟军．目的国制度对中国出口和对外投资区位选择影响研究［D］．山东：山东大学，2014．

［170］谢新然．基于"一带一路"倡议的国际产能合作研究——以中国钢铁产业为例［D］．秦皇岛：东北大学秦皇岛分校经济学院，2019．

［171］邢明强，郝雅辉，王建强．河北省化解过剩产能中职工就业创业能力培训研究［J］．煤炭经济研究，2017（5）：19-26．

［172］徐朝阳，周念利．市场结构内生变迁与产能过剩治理［J］．经济研究，2015（2）：75-87．

［173］徐莉．"去产能"中河北省职工安置问题研究［J］．中国

商论，2017（26）：145-146+149.

［174］徐齐利，聂新伟，范合君. 政府补贴与产能过剩［J］. 中央财经大学学报，2019（2）：98-118+128.

［175］闫志强，李志鹏，王立. 中非钢铁产能合作：形势分析与路径思考［J］. 国际经济合作，2016（2）：4-9.

［176］杨飞虎，晏朝飞. "一带一路"倡议下我国对外直接投资实施机制研究［J］. 理论探讨，2015（5）：80-83.

［177］杨瑞龙. 国有企业分类改革的战略选择［J］. 中国工业经济，1999（8）：9-11.

［178］杨挺，李志中，张媛. 中国经济新常态下对外投资的特征与前景［J］. 国际经济合作，2016（1）：28-37.

［179］杨卫东. 企业去产能职工安置问题的理论启示与政策建议——以山西省煤炭企业为例［J］. 煤炭经济研究，2017，37（5）：14-18.

［180］杨阳. 新时期成人教育面临的严峻问题与考验［J］. 继续教育研究，2017（2）：56-57.

［181］杨振兵，张诚. 中国工业部门产能过剩的测度与影响因素分析［J］. 南开经济研究，2015（6）：92-108.

［182］杨振兵. 有偏技术进步视角下中国工业产能过剩影响因素分析［J］. 数量经济技术经济研究，2016（8）：30-46.

［183］叶旭东. 我国煤炭行业去产能面临的挑战及对策建议［J］. 煤炭经济研究，2016（6）：28-31.

［184］于芳. 上半年河北发放稳岗补贴7.5亿元［N］. 人民日报，2017-09-25.

［185］于会娟，韩立民. 海洋战略性新兴产业结构性产能过剩：表现、成因及对策［J］. 理论学刊，2013（3）：67-71.

［186］于立，张杰. 中国产能过剩的根本成因与出路：非市场因素及其三步走战略［J］. 改革，2014（2）：40-51.

[187] 于燕玲,朱一博,李轩宾. 中国钢铁产业产能过剩化解与结构升级问题研究——基于"一带一路"国际产能机制的分析[J]. 现代商贸工业, 2017(6): 8-10.

[188] 于洋,王嘉硕,李书琪,赵倩,李斯泽. 借力"一带一路",河北省转移过剩产能的区位选择研究[J]. 河北企业, 2018(12): 92-93.

[189] 余东华,吕逸楠. 战略性新兴产业的产能过剩评价与预警研究——以中国光伏产业为例[J]. 经济与管理研究, 2017(5): 96-104.

[190] 余东华,吕逸楠. 政府不当干预与战略性新兴产业产能过剩——以中国光伏产业为例[J]. 中国工业经济, 2015(10): 53-68.

[191] 余东华,邱璞. 产能过剩、进入壁垒与民营企业行为波及[J]. 改革, 2016(10): 54-64.

[192] 袁丽梅,朱谷生. 我国开展国际产能合作的动力因素及策略[J]. 企业经济, 2016(5): 172-177.

[193] 袁梁. 双寡头垄断市场的纵向产品差异化与价格博弈分析[J]. 统计与决策, 2011(12): 174-175.

[194] 曾湘泉,杨涛,刘华. 兼并重组、所有制与产能过剩——基于山西省煤炭去产能困境的案例分析[J]. 山东大学学报(哲学社会科学版), 2016(5): 24-31.

[195] 曾晓东,刘莉. 不同所有制幼儿园服务行为分析及其政策启示[J]. 学前教育研究, 2016(8): 14-23.

[196] 张华. 论国有企业经营者选择机制的分类改革[J]. 经济体制改革, 2001(4): 67-69.

[197] 张华少,蒋伟杰. 中国的产能过剩:程度测试与行业分布[J]. 经济研究, 2017(1): 89-102.

[198] 张连杰. 我国西部地区承接产业转移的效率研究[D].

甘肃：兰州商学院，2013.

[199] 张林. 中国式产能过剩问题研究综述 [J]. 经济学动态，2016（9）：90-100.

[200] 张鹏. 2017年去产能的深化调整与产业转型升级——以河北"6643"工程为案例 [J]. 领导科学论坛，2017（10）：47-62.

[201] 张卫东，卜偲琦. 由独享到共享的制度逻辑 [J]. 长安大学学报（社科版），2018，20（3）：49-57.

[202] 张原，刘丽. "一带一路"沿线国家劳动力市场比较及启示 [J]. 西部论坛，2017，27（6）：93-110.

[203] 张云，河北"6643"工程全面收官压减炼钢、炼铁产能合计13700万吨 [EB/OL]. http：//www.hebnews.cn/.

[204] 张占斌，孙飞. "去产能"的相关问题探讨——兼评邯钢的经验及启示 [J]. 理论探索，2017（1）：111-115.

[205] 张占斌，孙飞. 中国上一轮去产能的经验与启示 [J]. 人民论坛，2016（10）：47-49.

[206] 赵德余，顾海英，刘晨. 双寡头垄断市场的价格竞争与产品差异化策略：一个博弈论模型及其扩展 [J]. 管理科学学报，2006（5）：1-7.

[207] 赵东麒，桑百川. 中国自由贸易试验区功能定位与投资规则构建 [J]. 亚太经济，2015（4）：128-131.

[208] 郑春霞. 深化与"一带一路"沿线国家产能合作的产业选择——基于区位优势的视角 [J]. 特区经济，2018（12）：41-42.

[209] 郑锐锋. 供给侧改革背景下煤炭行业去产能路径研究 [J]. 煤炭经济研究，2016（4）：37-41.

[210] 郑耀群，王婷. 基于产能利用率测度下的中国产能过剩问题研究 [J]. 统计与信息论坛，2017（3）：85-91.

[211] 钟春平，潘黎. "产能过剩"的误区——产能利用率及产能过剩的进展、争议及现实判断 [J]. 经济学动态，2014（3）：35-47.

[212] 钟飞腾. "一带一路"产能合作的国际政治经济学分析 [J]. 山东社会科学, 2015 (8): 40-49.

[213] 仲云云. 中国制造业产能过剩影响因素的实证研究——基于供给侧结构性改革视角 [J]. 现代经济探讨, 2018 (12): 70-77.

[214] 周瑞辉, 廖涵. 所有制异质、官员激励与中国的产能过剩——基于一个DSGE框架的扩展分析 [J]. 产业经济研究, 2014 (3): 32-41.

[215] 卓丽洪, 贺俊, 黄阳华. "一带一路"倡议下中外产能合作新格局研究 [J]. 东岳论丛, 2015, 36 (10): 175-179.

[216] 邹艳芬, 陆宇海. 战略性新兴产业的同构隐患、内因探究及其政府规制行为 [J]. 改革, 2013 (5): 42-50.

[217] ADAMS J. S. Towards an understanding of inequity [J]. Journal of Abnormal and Social Psychology, 1963, 67 (5): 422-436.

[218] ALLEY W. A. Partial ownership arrangements and collusion in the automobile industry [J]. The Journal of Industrial Economics, 1997, 45 (2): 191-205.

[219] AVINERI E. On the use and potential of behavioural economics from the perspective of transport and climate change [J]. Journal of Transport Geography, 2012, 24: 512-521.

[220] BANERJEE A. V. A simple model of herd behavior [J]. The Quarterly Journal of Economics, 1992, 107 (3): 797-817.

[221] BANSAK C., Morin N., Starr M. Technology, capital spending and capacity utilization [J]. Economic Inquiry, 2007, 45 (3): 631-645.

[222] BáRCENA-RUIZ J. C, Garzón M. B. Capacity choice in a mixed duopoly under price competition [J]. Economics Bulletin, 2007, 12 (26): 1-7.

[223] BASU S., FERNALD J. G., SHAPIRO M. D. Productivity growth in the 1990s: technology, utilization, or adjustment [J]. Carne-

gie-rochester confser public policy, 2001, 55 (1): 117 - 165.

[224] BASU S. Procyclical productivity: increasing returns or cyclical utilization [J]. Quarterly Journal of Economics, 1996, 111 (3): 719 - 751.

[225] BHARGAVA M. Interactive governance at anasagar lake management in India: analyzing using institutional analysis development framework [M]. Interactive Approaches to Water Governance in Asia, Springer, Singapore, 2019: 197 - 225.

[226] BHUTTA K. S., HUQ F., FRAZIER G., et al. An integrated location, production, distribution and investment model for a multinational corporation [J]. International Journal of Production Economics, 2003, 86 (3): 201 - 216.

[227] BILS M., CHO JO. Cyclical factor utilization [J]. Journal of Monetary Economics, 1994, 33 (2): 319 - 354.

[228] BOLTON G. E., ZWICK R. Anonymity versus punishment inultimatum bargaining [J]. Games and Economic Behavior, 2010, 10 (1): 95 - 121.

[229] CAI D. P., KARASAWA-OHTASHIRO Y. International cross-ownership of firms and strategic privatization policy [J]. Journal of Economics, 2015, 116: 39 - 62.

[230] CALABRESI G. Some thoughts on risk distribution and the law of torts [J]. Yale Law Journal, 1961, 70 (4): 499 - 553.

[231] CAVES R. E. International corporation: the industrial economics of foreign investment [J]. Economica, 1971, 38 (149): 1 - 27.

[232] COPELAND M. A. The theory of monopolistic competition [J]. Journal of Political Economy, 1934, 42 (4): 531 - 536.

[233] CHEN J. L., HU X. H. Separate exploration on the development path of mixed ownership system in China's educational field [J].

Eurasia Journal of Mathematics Science and Technology Education, 2017, 13 (10): 6891-6899.

[234] CHEN J. L., LIU R., NIU Y., et al. Impact of product heterogeneity and soft budget constraint on excess capacity in Chinese energy industry based on the duopoly model [J]. Journal Chinese Journal of Population Resources and Environment, 2019, 17 (2): 123-134.

[235] CHEN J. L., MA Q., Research on the role of cross ownership on excess capacity based on game analysis: a government regulation respective [J]. Technical Journal of the Faculty of Engineering, 2016, 39 (12): 282-287.

[236] CHEN J. L., WANG M. D., GAO Y. X., LONG X. C. Duopoly, mixed ownership, and the optimal proportion of employee stocks in state-owned enterprises in China [J]. Managerial and Decision Economics, 2019, 40 (4): 550-558.

[237] CHEN J. L., XU L. C., MO F. F., BIAN Z. Y. Regulation of education market access based on mixed oligopoly model [J]. Educational Sciences: Theory & Practice, 2018, 18 (5): 1389-1399.

[238] CHEN J. L., XU L. C., TANG H., LIU J. L. Duopoly, optimal proportion of state-owned shares and international cross-ownership [J]. Revista De Cercetare Si Interven□ie Socială, 2019, 64: 352-365.

[239] CHEN J. L., TANG J. J. Managerial delegation, optimal proportion of state-owned shares and excess capacity: a study based on mixed oligopoly model [J]. Contemporary Finance & Economics, 2016. Chinese.

[240] CHEN J. L. Research on the soft budget constraints problem of the overseas investment of Chinese state-owned enterprises [J]. Beijing: Economic Science Press. 2014. Chinese.

[241] CHEN Y. T., ZHANG X. T. Influences of internationalization

and product differentiation on enterprise performance: an empirical research based on China's listed manufacturing companies [J]. International Business, 2015, 4: 134 – 142. Chinese.

[242] DAGDEVIREN H., MAHRAN HA. A tale of industrial stagnation from Africa [J]. International Review of Applied Economics, 2010, 24 (4): 495 – 510.

[243] CAI D. P., KARASAWA-OHTASHIRO Y. International cross-ownership of firms and strategic privatization policy [J]. Journal of Economics, 2015, 116: 39 – 62.

[244] DAVIG T., LEEPER E. M. Monetary-fiscal policy interactions and fiscal stimulus [J]. European Economic Review, 2011, 55 (2): 211 – 227.

[245] DEWATRIPONT M., MASKIN E. Credit and efficiency in centralized and decentralized economies [J]. Review of Economic Studies, 2003, 62 (4): 357 – 371.

[246] DIXIT A. K., STIGLITZ J. E. Monopolistic Competition and Optimum Product Diversity [J]. American Economic Review, 1977, 67 (3): 297 – 308.

[247] EVA K. Sectoral linkages of foreign direct investment firms to the Czech economy [J]. Research in International Business and Finance. 2016, 19 (2): 251 – 265.

[248] FAGNART J. F., LICANDRO O., PORTIER F. Firm heterogeneity, capacity utilization, and the business cycle [J]. Review of Economic Dynamics, 1999, 2 (2): 433 – 455.

[249] FANTI L., MECCHERI N. Unionization regimes, capacity choice by firms and welfare outcomes [J]. Manchester School, 2017, 85 (6): 661 – 681.

[250] FANTI L. Social welfare and cross-ownership in a vertical in-

dustry: when the mode of competition matters for antitrust policy [J]. Japan & The World Economy, 2016 (37): 8 - 16.

[251] FEHR E., SCHMIDT K. M. A theory of fairness, competition, and cooperation [J]. The quarterly journal of economics, 1999, 114 (3): 817 - 868.

[252] FENG M., CHEN P., HAO R. Quantitative analysis of the excess capacity of the Chinese iron and steel industry [J]. Journal of Scientific & Industrial Research, 2018, 77: 377 - 380.

[253] FLANAGAN R. J. Macroeconomic performance and collective bargaining: an international perspective [J]. Journal of Economic Literature, 1999, 37 (3): 1150 - 1175.

[254] FREEMAN R. B. Labour market institutions and economic performance [J]. Economic Policy, 1988, 3 (6): 64 - 80.

[255] FREY B., Meier S. Social comparisons and pro-social behavior: testing "conditional cooperation" in a field experiment [J]. American Economic Review, 2004, 94 (5): 1717 - 1722.

[256] GAO J. G. The effect of product differentiation on the market structure-based on evolutionary economics [J]. Industrial Economics Research, 2006, 6: 30 - 36.

[257] GAROFALO G. A., MALHOTRA D. M. Regional measures of capacity utilization in the 1980s [J]. Review of Economics and Statistics, 1997, 8: 415 - 421.

[258] GENAKOPLOS J., Pearce D. & SATCCHETTI E. Phychological games and sequential rationality [J]. Games and Economic Behavior, 1989, 1 (1): 60 - 79.

[259] GENG Q., JIANG F., FU T. Policy-related subsides, overcapacity and China's economic fluctuation-empirical testing based on RBC model [J]. China Industrial Economics, 2011, 5: 27 - 36.

[260] GEORGE K., MANNA, MMAL. Mixed duopoly, inefficiency, and public ownership [J]. Review of Industrial Organization, 1996, 11 (6): 853 – 860.

[261] GILO D., MOSHE Y., SPIEGEL Y. Partial cross ownership and tacit collusion [J]. RAND Journal of Economics, 2006, 37 (1): 81 – 99.

[262] GRAFTON R. Q., GARRICK D., MANERO A., et al. The water governance reform framework: overview and applications to Australia, Mexico, Tanzania, USA and Vietnam [J]. Water, 2019, 11 (1): 137.

[263] GREENWALD A. G., MCGHEE D. E. & SCHWARTZ J. LK. Measuring individual differences in implicit cognition: the implicit association test [J]. Journal of Personality and Social Psychology, 1998, 74: 1464 – 1480.

[264] HAGGAI K. One belt one road strategy in China and economic development in the concerning countries [J]. World Journal of Social Sciences and Humanities, 2016, 2 (1): 10 – 14.

[265] HAUCAP J., WEY C. Unionisation structures and innovation incentives [J]. Economic Journal, 2004, 114 (494): 149 – 165.

[266] HE J., & HE L. Do the supportive policies for photovoltaic industry work? —Evidence from Chinese stock market [J]. Modern Economic Science, 2016 (1), 58 – 67 + 126.

[267] HILKE J. C. Excess capacity and entry: some empirical evidence [J]. Journal of Industrial Economics, 1984, 33 (2): 233 – 240.

[268] HUANG H., XU C. Institutions, innovations, and growth [J]. American Economic Review, 1999, 89 (2): 438 – 443.

[269] HUANG Y. Understanding China's belt & road initiative: motivation, framework and assessment [J]. China Economic Review, 2016

(40): 314-321.

[270] JAIN R., PAL R. Mixed duopoly, cross-ownership and partial privatization [J]. Journal of Economics, 2012, 107 (1): 45-70.

[271] JEFFERSON G. H. China's state enterprises: public good, externalities, and Coase [J]. American Economic Review, 2001, 88 (2): 428-432.

[272] JIANG F. T., GENG Q., LV D. G., et al. A modeling analysis of local governments competing in offering subsidies to attract investment: the cause of industrial over-capacity [J]. China Economist, 2012, 278 (3): 102-113.

[273] JU M., FUNG H. G., MANO H. Firm capabilities and performance [J]. The Chinese Economy, 2013, 46 (5): 86-104.

[274] JUURIKKALA O. The behavioral paradox: why investor irrationality calls for lighter and simpler financial regulation [J]. Fordham Journal of Corporate & Financial Law, 2012 (18): 33-93.

[275] KáDáR B., EGRI P., PEDONE G., et al. Smart, simulation-based resource sharing in federated production networks [J]. CIRP Annals, 2018, 67 (1): 503-506.

[276] KAHNEMAN, D. & TVERSKY A. Prospect theory: an analysis of decision under risk [J]. Econometrica, 1979, 47: 263-292.

[277] KAHNEMAN D., KNETSH J. L., THALER R. Experimental tests of the endowment effect and thecoase theorem [J]. Journal of Political Economy, 1990, 98: 1325-1348.

[278] KAMIEN M. I., SCHWARTZ N. L. Uncertain entry and excess capacity [J]. American Economic Association, 1972, 62 (5): 918-927.

[279] KATZ H. C. The decentralization of collective bargaining: a literature review and comparative analysis [J]. Industrial & Labor Relations Review, 1993, 47 (1): 3-22.

[280] KIRKLEY J., MORRISON C. J., SQUIRES D. Capacity and capacity utilization in common-pool resource industries [J]. Environmental and Resource Economics, 2002, 22: 71-97.

[281] KLEIN L. R., LONG V. Capacity utilization: concept, measurement and recent estimates [J]. Brooking Papers on Economic Activity, 1973, 743-763.

[282] KLEIN L. R., PRESTON R. S. Some new results in the measurement of capacity utilization [J], American Economic Review, 1967, 57 (1): 34-58.

[283] KOGAN K., TAPIERO C. S. Optimal co-investment in supply chain infrastructure [J]. European Journal of Operational Research, 2009, 192 (1): 265-276.

[284] KORNAI J. Economics of shortage [J]. Amsterdam: North-Holland. 1982, 92 (367): 712.

[285] LAMMERS I., HOPPE T. Watt rules? Assessing decision-making practices on smart energy systems in Dutch city districts [J]. Energy research & social science, 2019, 47: 233-246.

[286] LAVRUTICH M. N. Capacity choice under uncertainty in a duopoly with endogenous exit [J]. European Journal of Operational Research, 2017, 258 (3): 1033-1053.

[287] LAYARD R., NICKELL S. Labor market institutions and economic performance [J]. Handbook of Labor Economics, 1999, 3: 3029-3084.

[288] LEGROS B. Dynamic repositioning strategy in a bike-sharing system: how to prioritize and how to rebalance a bike station [J]. European Journal of Operational Research, 2018, 272: 740-753.

[289] LI B., LI X., BAI X., LI Z. Storage capacity allocation strategy for distribution network with distributed photovoltaic generators

[J]. Journal of Modern Power Systems and Clean Energy, 2018, 6 (6): 1234-1243.

[290] LIN J., KAHRL F., LIU X. A Reginal analysis of excess capacity of China's power systems [J]. Resources Conservation and Recycling, 2017, 129: 93-101.

[291] LIN Y. F., LIU M. X., ZHANG Q. Policy burden and enterprise's soft budgetary building: a case study from China [J]. Manage World, 2004, 8: 81-89+127.

[292] LIN Y. F. Wave phenomenon and the reconstruction of macroeconomic theories for developing countries [J]. Journal Economics Research, 2007, 1: 126-131.

[293] LIN Y., WU H. & XING Y. "Wave Phenomena" and formation of excessive capacity [J]. Economic Research Journal, 2010, 10: 4-19.

[294] LIU B., WANG Y. J., WANG X. M., CHEN J. L. Excess capacity of higher education products based on duopoly model [J]. Educational Sciences: Theory & Practice, 2018, 18 (5): 1375-1388.

[295] LIU R. M., SHI L. The dual efficiency loss of state-owned enterprises and economic growth [J]. Economic Research, 2010, 1: 127-137.

[296] LOEWENSTEIN G., MOORE D. A. When ignorance is bliss: information exchange and inefficiency in bargaining [J]. Journal of Legal Studies, 2004, 33: 37-58.

[297] LOEWENSTEIN G., ISSACHAROFF S., CAMERER C., BABCOCK L. Self-serving assessments of fairness and pretrial bargaining [J]. Journal of Legal Studies, 1993, 22: 135-159.

[298] LU Y., PODDAR S. Mixed Oligopoly and the Choice of Capacity [J]. Research in Economics, 2005, 59 (4): 365-374.

[299] LU Y., PODDAR S. The choice of capacity in mixed duopoly under demand uncertainty [J]. The Manchester School, 2006, 74 (3): 266 - 272.

[300] MACHO-STADLER I., VERDIER T. Strategic managerial incentives and cross ownership structure: a note [J]. Journal Economics, 1991, 53 (3): 285 - 297.

[301] MARARGOLIS S. E. The excess capacity controversy: a critique of recent criticism [J]. Economic Inquiry, 1985, 23 (2): 265 - 275.

[302] MATSUMURA T. Partial privatization in mixed duopoly [J]. Journal of Public Economics, 1998, 70 (3): 473 - 483.

[303] MECCHERI N., FANTI L. Managerial delegation contracts under centralised unionisation [J]. Managerial & Decision Economics, 2014, 35 (1): 51 - 66.

[304] MEGGINSON W. L., NETTER J. M. From state to market: a survey of empirical studies on privatization [J]. Journal of Economic Literature, 2001, 39 (6): 321 - 389.

[305] MEON P. G., SEKKAT K. FDI waves, waves of neglect of political risk [J]. World Development, 2010, 40 (11): 2194 - 2205.

[306] MIN J., FUNG H. G., MANO H. Firm capabilities and performance [J]. The Chinese Economy, 2013, 46 (5): 86 - 104.

[307] MOGHADDAM M., NOF S. Y. Combined demand and capacity sharing with best matching decisions in enterprise collaboration [J]. International Journal of Production Economics, 2014, 148: 93 - 109.

[308] MOGHADDAM M., NOF S. Y. Real-time optimization and control mechanisms for collaborative demand and capacity sharing [J]. International Journal of Production Economics, 2016, 171: 495 - 506.

[309] MUKHERJEE A., PENNINGS E. Unionization structure, li-

censing and innovation [J]. International Journal of Industrial Organization, 2011, 29 (2): 232 – 241.

[310] MURPHY D. One belt one road: international development finance with Chinese characteristics [C]. China Story Yearbook 2015: Pollution. Australia: ANU Press, 2016: 246 – 251.

[311] MYKHAYLIV D., ZAUNER K. G. Investment behavior and ownership structures in Ukraine: soft budget constraints, government ownership and private benefits of control [J]. Journal of Comparative Economics, 2013, 41 (1): 265 – 278.

[312] NAKAMURA Y. Capacity choice in a duopoly with a consumer-friendly firm and an absolute profit-maximizing firm [J]. International Review of Economics & Finance, 2014, 34: 105 – 117.

[313] NISHIMORI A., OGAWA H. Do firms always choose excess capacity [J]. Economics Bulletin, 2004, 12 (2): 1 – 7.

[314] NOSEK B. A., BANAJI M. R. and GREENWALD A. G. Havesting implicit group attitudes and beliefs from a demonstration website [J]. Group Dynamics, 2002, 6: 101 – 115.

[315] OGAWA H. Capacity choice in the mixed duopoly with product differentiation [J]. Economics Bulletin, 2006 (8): 1 – 6.

[316] OGAWA H. & NISHIMORI A. Do firms always choose excess capacity? [J]. Economics Bulletin, 2004, 12 (2): 1 – 7.

[317] OSTROM E., GARDNER R., WALKER J., et al. Rules, games, and common-pool resources [M]. University of Michigan Press, 1994.

[318] OSTROM E., SCHROEDER L., WYNNE S. Institutional incentives and sustainable development: infrastructure policies in perspective [M]. Westview Press, 1993.

[319] PAN L., LIU P., Li Z. A system dynamic analysis of China's

oil supply chain: over-capacity and energy security issues [J]. Applied Energy, 2017, 188: 508 – 520.

[320] PAOLO R. Capacity investment decision by Monte Carlo approach in a cooperation network [J]. 2013, 51 (21): 6455 – 6469.

[321] PARASKEVOPOULOS D., KARAKITSOS E., RUSTEM B. Robust capacity planning under uncertainty [J]. Management Science, 1991, 37 (7): 787 – 800.

[322] PECORA N., SODINI M. A heterogenous cournot duopoly with delay dynamics: hopf bifurcations and stability switching curves [J]. Communications in Nonlinear Science and Numerical Simulation, 2018 (58): 36 – 46.

[323] PETRI P. A. The determinants of bilateral FDI: Is Asia different? [J]. Journal of Asian Economics, 2010, 23 (3): 201 – 209.

[324] QIAN Y., ROLAND G. Federalism and the soft budget constraint [J]. Working Papers, 1998, 88 (5): 1143 – 1162.

[325] QIAN Y., XU C. Innovation and bureaucracy under soft and hard budget constraints [J]. Review of Economic Studies, 1998, 65 (1): 151 – 164.

[326] QIAO F. L., HOU Q. The research on the impact of product differentiation to innovation incentives-based on spillovers [J]. Studies in Science of Science, 2012, 30: 608 – 613.

[327] QIN J., WANG K., WANG Z., et al. Revenue sharing contracts for horizontal capacity sharing under competition [J]. Annals of Operations Research, 2018: 1 – 30.

[328] RAY S., DAS A. Distribution of cost and profit efficiency: evidence from Indian banking [J]. European Journal of Operational Research, 2010, 201 (1): 297 – 307.

[329] RENNA P. Capacity investment decision by Monte Carlo ap-

proach in a cooperation network [J]. International Journal of Production Research, 2013, 51 (21): 15.

[330] RENNA P., ARGONETO P. Capacity sharing in a network of independent factories: a cooperative game theory approach [J]. Robotics and Computer Integrated Manufacturing, 2010, 27 (2): 405 - 417.

[331] REYNOLDS R. J., SNAPP B. R. The competitive effects of partial equity Interests and joint ventures [J]. International Journal of Industrial Organization, 1986, 4 (2): 141 - 153.

[332] ROBLES J. Demand growth and strategically useful idle capacity [J]. Oxford Economic Papers, 2013, 63 (4): 767 - 786.

[333] SAHA B., SENSARMA R. Mixed ownership, managerial incentives and bank competition [J]. Bulletin of Economic Research, 2011, 63 (4): 385 - 403.

[334] SEGAL R. Monopoly and soft budget constraint [J]. RAND Journal of Economics, 1998, 29: 596 - 609.

[335] SEOK H., NOF S. Y. Dynamic coalition reformation for adaptive demand and capacity sharing [J]. International Journal of Production Economics, 2014, 147: 136 - 146.

[336] SHAIKH A. M., MOUDUD J. K. Measuring capacity utilization in OECD countries: a cointegration method [J]. The Levy Economics Institute of Bard College Working Paper, 2004, 415 (9): 1 - 19.

[337] SHEN G., CHEN B. Zombie firms and over-capacity in Chinese manufacturing [J]. China Economic Review, 2017, 44: 327 - 342.

[338] SHLEIFER A., VISHNY R. W. Politicians and firms [J]. The Quarterly Journal of Economics, 1994, 109 (4): 995 - 1025.

[339] SINGH G., SIER D., ERNST A. T., et al. A mixed integer programming model for long term capacity expansion planning: a case study from The Hunter Valley Coal Chain [J]. European Journal of Operational

Research, 2012, 220 (1): 210 - 224.

[340] SINGH N., VIVES X. Price and quantity competition in a differentiated duopoly [J]. RAND Journal of Economics, 1984, 15: 546 - 554.

[341] SMITHIES A. Economic fluctuations and growth [J]. Econometrica, 1957, 25: 1 - 52.

[342] SUETRONG K., MUKHERJEE A. Unionisation structure and outward foreign direct investment [J]. Journal of Institutional & Theoretical Economics Jite, 2012, 168 (2): 266 - 279.

[343] TANG D. X., JIANG C. H. Study on pricing mode, product differentiation and innovation incentives of enterprises [J]. Journal of Finance and Economics, 2010, 36: 90 - 99.

[344] THALER R. Toward a positive theory of consumer choice [J]. Journal of Economic Behavior & Organization, 1980, 1 (1): 39 - 60.

[345] TOMARU Y., NAKAMURA Y., SAITO M. Strategic managerial delegation in a mixed duopoly with capacity choice: partial delegation or full delegation [J]. Manchester School, 2011, 79 (4): 811 - 838.

[346] TOMBU M., JOLICOEUR P. Testing the predictions of the central capacity sharing model [J]. 2005, 31 (4): 790 - 802.

[347] VAN GOEVERDEN K., DE ALMEDIA CORREIA G. H. Potential of peer-to-peer bike sharing for relieving bike parking capacity shortage at train stations: an explorative analysis for the Netherlands [J]. European Journal of Transport and Infrastructure Research, 2018, 18 (4): 457 - 474.

[348] VIVES X. Commitment, flexibility and market outcomes [J]. International Journal of Industrial Organization, 1986, 4 (2): 217 - 229.

[349] WAN F., ZHOU Q. The defect and selection of product differentiation strategy-based on the analysis of hoteling model [J]. Technoeconomics & Management Research, 2015, 6: 49 - 52.

[350] WANG J., WU X., KRISHNAN V. Decision structure and performance of networked technology supply chains [J]. 2018, 20 (2): 199–216.

[351] Wang K. J., Wang S. M. A negotiation-based capacity-planning model [J]. IEEE Transactions on Systems, Man, and Cybernetics, Part C (Applications and Reviews), 2012, 42 (6): 983–993.

[352] WANG W., TANG O., HUO J. Dynamic capacity allocation for airlines with multi-channel distribution [J]. Journal of Air Transport Management, 2018, 69: 173–181.

[353] WEN N., SASAKI D. Would excess capacity in public firm be socially optimal [J]. Economic Record, 2001, 77 (238): 283–290.

[354] WOOD J. 2013. The effects of bailouts and soft budget constraints on the environment [J]. Environmental & Resource Economics, 2013, 54 (1): 127–137.

[355] WU J., JIANG F., HE Y. Pricing and horizontal information sharing in a supply chain with capacity constraint [J]. Operations Research Letters, 2018, 46 (4): 402–408.

[356] XIAO Y., PENG Y., LU Q., et al. Chaotic dynamics in nonlinear duopoly stackelberg game with heterogeneous players [J]. Physica A: Statistical Mechanics and its Applications, 2018 (492): 1980–1987.

[357] XIE Z. S., LI S. J. The causes and properties of soft budget constraint: an improved generalized [J]. China Economic Quarterly, 2015, 14: 1193–1210.

[358] XU Z. Y., & ZHOU N. L. The endogenous change of market structure and the harnessing of excessive production capacity [J]. Economic Research Journal, 2015 (2): 75–87.

[359] YANG F., SHAN F., JIN M. Capacity investment under cost sharing contracts [J]. International Journal of Production Economics, 2017, 191: 278 – 285.

[360] YANG Q., HOU X., ZHANG L. Measurement of natural and cyclical excess capacity in China's coal industry [J]. Energy Policy, 2018, 118: 270 – 278.

[361] YILMAZ I., YOON S. W., SEOK H. A framework and algorithm for fair demand and capacity sharing in collaborative networks [J]. International Journal of Production Economics, 2017, 193: 137 – 147.

[362] YOON S. W., NOF S. Y. Affiliation/dissociation decision models in demand and capacity sharing collaborative network [J]. International Journal of Production Economics, 2010, 130 (2): 135 – 143.

[363] YOON S. W., NOF S. Y. Demand and capacity sharing decisions and protocols in a collaborative network of enterprises [J]. Decision Support Systems, 2010, 49 (4): 442 – 450.

[364] YU D. H., LU Y. N. Government improper intervention and overcapacity of strategic emerging industries-a case study of Chinese photovoltaic industry [J]. China Industrial Economics, 2015, 10: 53 – 68.

[365] YU Y., BENJAAFAR S., GERCHAK Y. Capacity sharing and cost allocation among independent firms with congestion [J]. Production and Operations Management, 2015, 24 (8): 1285 – 1310.

[366] YU D., & LV Y. Government improper intervention and overcapacity of strategic emerging industries—A case study of Chinese photovoltaic industry [J]. China Industrial Economics, 2015, 10: 53 – 68.

[367] YUAN L. The allocation of China's higher education resources from the perspective of "excess capacity" [J]. Contemporary Education Sciences, 2010 (21): 90 – 91.

[368] ZHANG Z., ZHAO L. Voluntary monitoring of households in

waste disposal: an application of the institutional analysis and development framework [J]. Resources, Conservation and Recycling, 2019, 143: 45-59.

[369] ZHANG H. The era of double overcapacity in higher education is coming? [J]. Education Science, 2012, 28 (2): 70-76.

[370] ZHOU L., GENG N., JIANG Z., WANG X. Combining revenue and equity in capacity allocation of imaging facilities [J]. European Journal of Operational Research, 2017, 256 (2): 619-628.

[371] ZHOU L., GENG N., JIANG Z., WANG X. Multi-objective capacity allocation of hospital wards combining revenue and equity [J]. Omega, 2017, 81: 220-233.

[372] ZHOU R. H., LIAO H. Ownership heterogeneity, incentives of local officials and excess capacity of China: analysis based on the dynamic stochastic general equilibrium [J]. Industrial Economics Research, 2014 (3): 32-41.

后　　记

供给侧结构性改革下，去产能是改革的重中之重，而政府治理是去产能改革成功的关键。秉承这一理念，我们撰写了此本专著，希冀为中国去产能改革和政府治理优化提供些许有价值的建议。本书是由我、初钊鹏教授以及我的弟子们合著而成，是我们近几年来研究成果的汇总与总结。在这里，首先感谢东北大学秦皇岛分校和陈凯教授对本书出版发行的支持。其次，感谢初钊鹏教授对书稿框架、逻辑、撰写的指导与帮助。作为东北大学秦皇岛分校经济学院院长，初钊鹏教授以打造全国一流的经济学院为目标，脚踏实地，亲力亲为，锐意进取，千方百计为学院师生创造良好的科研与学习环境，本书的顺利出版也得益于初钊鹏教授的悉心指导。最后，还要感谢我优秀的弟子们，汪雅洁、李良哲、牛月、马琴、李佩姿、王晓萌、胡晓慧、张晓晗、龙韵丞、方林鋆、刘瑞等同学都不同程度地参与了本书的资料搜集、数据处理、撰写、校对等工作。在和你们共同奋进拼搏的岁月里，从你们身上我感到了后生可畏，感受到了年轻人的活力和无限潜力，你们通过自己的努力，都以优异的成绩完成学业，或去北京大学、浙江大学、南开大学、厦门大学等国内知名学府继续深造，或成为公务员为人民谋福祉，或走向企业岗位成为业务骨干，无论你们身处何地，我都将为有如此优秀的你们而骄傲。宝剑锋从磨砺出，梅花香自苦寒来，衷心希望你们在未来的学习工作生活中砥砺前行，奋发进取，百尺竿头更进一步！

陈俊龙

2019 年 9 月